FiNALEonline.de

FiNALEonline ist die digitale Ergänzung zu deinem Abiturband. Hier findest du eine Vielzahl an Angeboten, die dich bei deiner Prüfungsvorbereitung zusätzlich unterstützen.

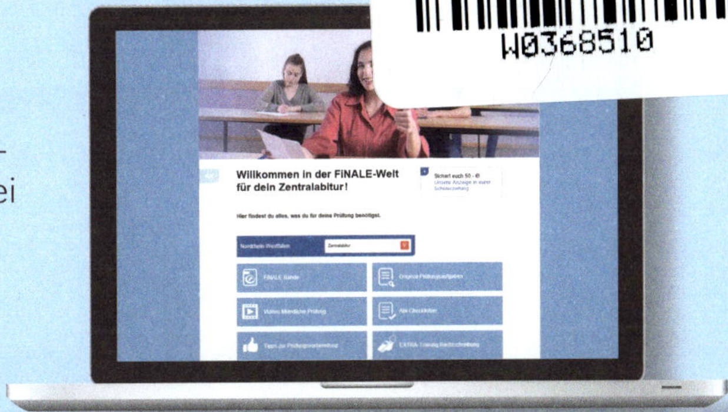

Das Plus für deine Vorbereitung:

- Original-Prüfungsaufgaben mit Lösungen (bitte Code von Seite 4 eingeben!)
- EXTRA-Training Rechtschreibung
  So kannst du einem möglichen Punktabzug bei deinen Abi-Klausuren vorbeugen.
- Videos zur mündlichen Prüfung
- Tipps zur stressfreien Prüfungsvorbereitung
- Abi-Checklisten mit allen prüfungsrelevanten Themen

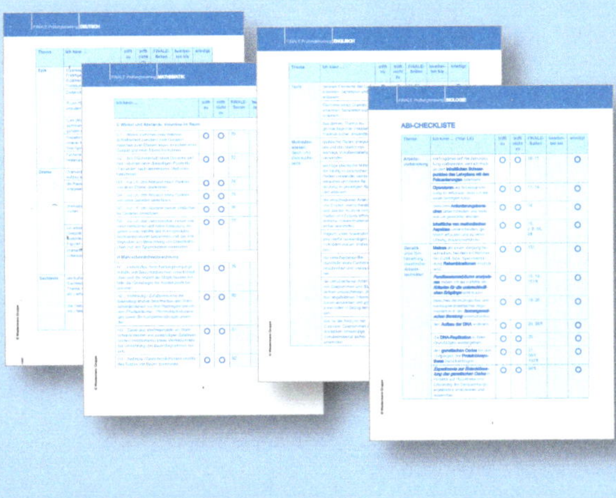

Abi-Checklisten

Sie helfen dir, den Überblick über den Prüfungsstoff zu behalten.

FiNALEonline.de

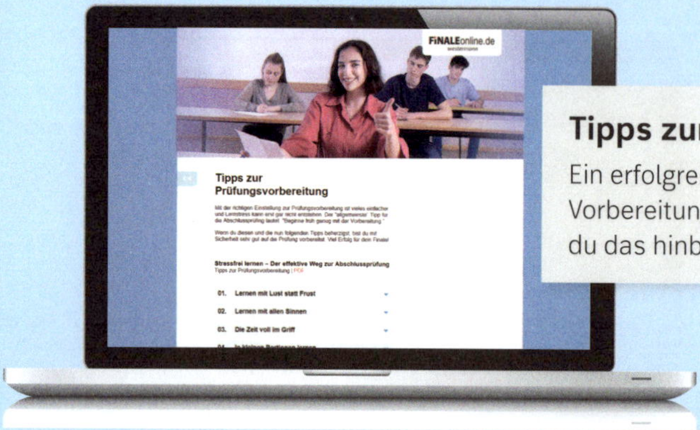

Tipps zur Prüfungsvorbereitung

Ein erfolgreiches Abitur erfordert eine gezielte Vorbereitung ohne unnötigen Lernstress. Wie du das hinbekommst, erfährst du hier!

Videos zur mündlichen Prüfung

Nur wenige Abiturienten wissen genau, wie sie abläuft, die „Mündliche". Die Videos geben dir Einblick in den Ablauf der Prüfung und Tipps für die richtige Vorbereitung.

Die Kombination aus FiNALE-Buch und FiNALEonline bietet dir die optimale Vorbereitung für deine Prüfung und begleitet dich sicher zu einem erfolgreichen Abitur 2024!

www.finaleonline.de

westermann

FINALE Prüfungstraining

Niedersachsen

Zentralabitur 2024

Deutsch

Harald Fischmann
Marcus Klinge
Carina Konowalow
Elke Helma Rothämel
Tina Schott

FiNALEonline.de

Liebe Schülerin, lieber Schüler,

sobald die Original-Prüfungsaufgaben zur Veröffentlichung freigegeben sind, können sie unter **www.finaleonline.de** zusammen mit ausführlichen Lösungen kostenlos heruntergeladen werden. Gib dazu einfach diesen Code ein:

DE8W5X6

Einfach mal reinschauen: www.finaleonline.de

Bildquellennachweis:
|CartoonStock.com, Bath: Foyle, Lindsay 95.1. |Feldhaus, Hans-Jürgen, Münster: 24.1, 26.1, 27.1. |Peter Wirtz Fotografie, Dormagen: Titel. |Picture-Alliance GmbH, Frankfurt a.M.: dpa/Wüstneck, Bernd 97.1.

Druck A[1]/Jahr 2023
Alle Drucke der Serie A sind im Unterricht parallel verwendbar.

Redaktion: omnibooks, Bielefeld
Kontakt: finale@westermanngruppe.de
Layout: LIO Design GmbH, Braunschweig
Umschlaggestaltung: Gingco.Net, Braunschweig
Umschlagfoto: Peter Wirtz, Dormagen
Illustrationen: Hans-Jürgen Feldhaus, Münster
Druck und Bindung: Westermann Druck GmbH, Georg-Westermann-Allee 66, 38104 Braunschweig

ISBN 978-3-07-**172433-4**

Inhaltsverzeichnis

Arbeiten mit FiNALE 7

Informationen und Tipps zur Prüfung

Prüfungsvorgaben zu allen Rahmenthemen 8
Die mündliche Abiturprüfung und die Präsentationsprüfung 23

Basiswissen

Grundlegende Arbeitstechniken

Arbeitsschritte zur Lösung von Abituraufgaben 28
Texte erschließen 30
Texte schreiben 35
Texte überarbeiten 38

Beispiele für Prüfungsaufgaben

Rahmenthema 1: Literatur und Sprache um 1800

Gegenwelten in der Romantik (Wahlpflichtmodul)
Gegenwelten in der Romantik: Johann Wolfgang Goethe: Faust. Der Tragödie erster Teil (e. A.)
▶ Interpretation eines literarischen Textes mit weiterführender Aufgabe 39

Rahmenthema 2: Drama und Kommunikation

Familie im Drama (prüfungsrelevantes Wahlpflichtmodul)
Georg Büchner: Woyzeck (e. A.)
▶ Literarische Erörterung (Drama) 51

Rahmenthema 3: Literatur und Sprache um 1900

Literatur als Zeitdiagnose (Wahlpflichtmodul)
Robert Musil: Die Verwirrungen des Zöglings Törleß / Thomas Mann: Mario und der Zauberer (e. A.)
▶ Interpretation literarischer Texte (Epik) 56

Rahmenthema 4: Vielfalt lyrischen Sprechens

Erfahrung von Verfolgung und Flucht (Wahlpflichtmodul)
Hilde Domin: Fremder / Franz Kafka: Der Fahrgast (g. A.)
▶ Interpretation literarischer Texte (Lyrik) & Motivvergleich mit einem Kurzprosatext 68

Rahmenthema 5: Literatur und Sprache von 1945 bis zur Gegenwart

Auf dem Suche nach dem Ich – Identitätsprobleme (Wahlpflichtmodul)
Gabriele Wohmann: Schöne Ferien (e. A.)
▶ Interpretation eines literarischen Textes mit weiterführender Aufgabe 76

Rahmenthema 6: Reflexion über Sprache und Sprachgebrauch

Sprache – Denken – Wirklichkeit (prüfungsrelevantes Wahlpflichtmodul)

Gendergerechte Sprache (g. A.)

▶ Analyse eines pragmatischen Textes mit anschließender Erörterung 83

Rahmenthema 7: Medienwelten

Zeitung (Wahlpflichtmodul)

Zukunft der Zeitung – Zeitung der Zukunft (e. A.)

▶ Materialgestütztes Verfassen argumentierender Texte 94

Original-Prüfungsaufgaben

Abitur 2022

Zoë Jenny: Der Flug des Kondors (g. A.)

▶ Textbezogenes Schreiben: Interpretation literarischer Texte 105

Christoph Ransmayr: Sternenpflücker (e. A.)

▶ Textbezogenes Schreiben: Interpretation literarischer Texte 115

Abitur 2023

grundlegendes und erhöhtes Anforderungsniveau unter www.finaleonline.de

Basiswissen

Basiswissen zu den Rahmenthemen

Rahmenthema 1: Literatur und Sprache um 1800 126

Rahmenthema 2: Drama und Kommunikation 132

▶ Prüfungsrelevantes Wahlpflichtmodul: Familie im Drama 143

Rahmenthema 3: Literatur und Sprache um 1900 145

Rahmenthema 4: Vielfalt lyrischen Sprechens 150

Rahmenthema 5: Literatur und Sprache von 1945 bis zur Gegenwart 163

Rahmenthema 6: Reflexion über Sprache und Sprachgebrauch 171

▶ Prüfungsrelevantes Wahlpflichtmodul: Sprache – Denken – Wirklichkeit 175

Rahmenthema 7: Medienwelten 176

Umgang mit Texten

Epische Texte 177

Lyrische Texte / Dramatische Texte 183

Literarische Texte in Prüfungsaufgaben 183

Sachtexte 186

Sachtexte in Prüfungsaufgaben 190

Arbeiten mit FiNALE

Seit 2006 findet in Niedersachsen die schriftliche Abiturprüfung im Fach Deutsch im Rahmen eines Zentralabiturs statt. Vor dem Hintergrund der Erfahrungen aus den vorausgegangenen Jahren sowie unter gewissenhafter Beachtung der offiziellen Vorgaben ist FiNALE speziell für Ihre Vorbereitung auf diese Prüfung konzipiert.

Zur gezielten Vorbereitung auf die Abiturprüfungen 2024 bietet FiNALE
- präzise und übersichtlich angeordnete Informationen zu den Vorgaben für das Abitur 2024 im Fach Deutsch,
- vielfältige Aufgabenbeispiele zu den Pflichtmodulen des Kerncurriculums, den für diesen Jahrgang als prüfungsrelevant festgelegten Wahlpflichtmodulen und den in den „Fachbezogenen Hinweisen" vorgegebenen Aufgabenarten,
- umfangreiche und klar strukturierte Angebote zur systematischen Wiederholung und Vertiefung des erforderlichen Basiswissens und der grundlegenden Arbeitstechniken,
- eine detaillierte Abi-Checkliste als Word-Datei und PDF zum Herunterladen auf www.finaleonline.de, mit der Sie sich einen Überblick darüber verschaffen können, welchen Wiederholungsbedarf Sie haben und welche Seiten oder Kapitel in Finale Sie daher vorrangig bearbeiten sollten, sowie
- als zusätzliche Onlineverlängerung zwei Original-Prüfungsaufgaben aus dem Abitur 2023 mit ausformulierten Beispiellösungen. Diese Original-Prüfungsaufgaben können Sie, sobald sie zur Veröffentlichung freigegeben sind, zusammen mit Musterlösungen kostenlos online herunterladen:
  www.finaleonline.de

FiNALE ist so angelegt, dass Sie sich individuell vorbereiten können. Je nach persönlichen Stärken und Schwächen in verschiedenen Lernbereichen, wie z. B. *Texte schreiben* oder *Umgang mit Texten*, kann die Arbeit mit den einzelnen Kapiteln und Teilkapiteln ausgewählt und in der Intensität nach eigenen Bedürfnissen dosiert werden. Das detaillierte Inhaltsverzeichnis, das umfassende Stichwortverzeichnis am Ende des Buches sowie zahlreiche → Querverweise erleichtern dabei die Orientierung in FiNALE.

Der systematische Aufbau und die komprimierte Form fördern eine effektive Abiturvorbereitung. FiNALE empfiehlt sich daher als sinnvolle Begleitung und Ergänzung des Fachunterrichts.

Wir wünschen Ihnen viel Erfolg!

Informationen und Tipps zur Prüfung

Prüfungsvorgaben zu allen Rahmenthemen

Die schriftliche **Abiturprüfung 2024** ist im Fach Deutsch auf erhöhtem und grundlegendem Niveau (e. A. | g. A.) für Donnerstag, den **25. April**, festgelegt. Nachschreibtermin ist der 17. Mai.
Die länderübergreifend geltenden Bildungsstandards Deutsch für die Allgemeine Hochschulreife (BiSta AHR-D, 2012) und das Kerncurriculum Deutsch für das Gymnasium – gymnasiale Oberstufe, die Gesamtschule –, gymnasiale Oberstufe, das Berufliche Gymnasium, das Abendgymnasium, das Kolleg (KC II, 2016) bilden die Grundlage der schriftlichen und mündlichen Abiturprüfung in Niedersachsen und entsprechend den inhaltlichen Rahmen des Unterrichts. Verbindlich sind zudem die „Hinweise zur schriftlichen Abiturprüfung im Fach Deutsch 2024".

Das KC II sieht für die Qualifikationsphase **sieben Rahmenthemen** mit je einem **Pflichtmodul** vor, das **verbindlich** zu unterrichten ist. Vertiefend und ergänzend sind in der Kursstufe **Wahlpflichtmodule** vorgesehen, und zwar für Kurse
- auf **e. A.** zu **jedem** Pflichtmodul ein Wahlpflichtmodul, also **sieben**;
- auf **g. A.** insgesamt **drei** Wahlpflichtmodule.

Dabei bestehen Gestaltungsräume. Die Auswahl der Wahlpflichtmodule wird schulintern getroffen, sofern es keine Setzungen durch das Kultusministerium gibt.
Für Ihren Abiturjahrgang **verbindlich gesetzt** sind zwei **Wahlpflichtmodule** aus den Rahmenthemen **2** (12.1) sowie **6** (13.1). Zudem ist mit Blick auf die **länderübergreifende** Abiturprüfungsaufgabe das Rahmenthema **3** (12.2) von besonderer Relevanz, wobei hier keine Zuschreibung zu einem Pflicht- oder Wahlmodul vorgenommen worden ist, vielmehr ein „Themenfeld" umschrieben wird.
Hier ein Überblick über die abiturprüfungsrelevanten Inhalte:

Jahrgang 12 – Q 1	
Rahmenthemen 12.1	**Pflichtmodule** (+ verbindliches Wahlpflichtmodul)
Rahmenthema 1: Literatur und Sprache um 1800	Romantik als Gegenbewegung zur Aufklärung?
Rahmenthema 2: Drama und Kommunikation	Gestaltungsmittel des Dramas → **verbindliches Wahlpflichtmodul 4: Familie im Drama**
Rahmenthemen 12.2	**Pflichtmodule** (+ verbindliches Wahlpflichtmodul)
Rahmenthema 3: Literatur und Sprache um 1900 – neue Ausdrucksformen der Epik	Krise und Erneuerung des Erzählens → **verbindliches Themenfeld: Umbrüche in der deutschsprachigen Literatur um 1900**
Rahmenthema 4: Vielfalt lyrischen Sprechens	Was ist der Mensch? – Lebensfragen und Sinnentwürfe

Jahrgang 13 – Q 2	
Rahmenthemen 13.1	**Pflichtmodule** (+ verbindliches Wahlpflichtmodul)
Rahmenthema 5: Literatur und Sprache von 1945 bis zur Gegenwart	Wirklichkeitserfahrungen und Lebensgefühle Jugendlicher – Literatur von der Nachkriegszeit bis in die Gegenwart
Rahmenthema 6: Reflexion über Sprache und Sprachgebrauch	Tendenzen in der deutschen Gegenwartssprache → **verbindliches Wahlpflichtmodul 7: Sprache – Denken – Wirklichkeit**
Rahmenthema 13.2	**Pflichtmodul**
Rahmenthema 7: Medienwelten	Medien im Wandel

Die Zahl der **Ganzschriften**, die es in der Qualifikationsphase (Q 1 und Q 2) zu lesen gilt, legt das KC II in Kursen auf **e. A.** auf mindestens **fünf**, auf **g. A.** auf mindestens **drei** aus verschiedenen Epochen fest. Die Auswahl der Texte und Materialien, die Unterrichtsgegenstand werden, liegt abgesehen von den verbindlich gesetzten Lektüren ausdrücklich in der Verantwortung der Lehrkräfte an Ihrer Schule.
Erstmals werden Ihnen in diesem Jahr insgesamt **vier** und damit eine **schriftliche Abiturprüfungsaufgabe** mehr zur Auswahl vorgelegt.
Für **drei** der Aufgaben wird ein Bezug auf die Kompetenzen festgeschrieben, die anhand der verbindlichen Unterrichtsaspekte der **Pflichtmodule** erworben wurden. Die beiden für dieses Jahr **verbindlich** gesetzten **prüfungsrelevanten Wahlpflichtmodule** sind von besonderer Relevanz.
Hinsichtlich der alljährlich **länderübergreifend gestellten Abiturprüfungsaufgabe** wird, anders als in den Vorjahren, ein Themenfeld mit inhalts- wie textsortenspezifischen Spezifika benannt (siehe oben). Zu rechnen ist mit einem in der Aufgabenstellung angelegten **Semesterübergriff**.
Folgende **Aufgabenarten** werden dabei als abiturrelevant angeführt: Interpretation literarischer Texte, Erörterung literarischer Texte, Analyse pragmatischer Texte, Erörterung pragmatischer Texte, materialgestütztes Verfassen informierender Texte sowie materialgestütztes Verfassen argumentierender Texte.

Neu ist seit der Abiturprüfung des letzten Jahres eine **Hilfsmittelregelung**, derzufolge „die im Unterricht verwendeten Textausgaben der **Pflichtlektüren** zugelassen“ sind, wobei klare Hinweise zu den akzeptierten „Eintragungen“ gemacht werden. Akzeptabel sind demnach Eintragungen, die aus der unmittelbaren Textarbeit des Unterrichts resultieren: Markierungen (auch selbstklebende Markierungszettel), Strukturierungen, Unterstreichungen, kurze Zeilenkommentare, Verweise.
Nicht akzeptabel sind Einklebungen oder Einlagen weiterer Blätter, das Einfügen von Exzerpten, Formulierungsbausteinen, Tafelbildern, Zusammenfassungen oder Interpretationen.

Diese Hilfsmittelregelung gilt sowohl für die Erörterung literarischer Texte als auch für die Interpretation literarischer Texte. Markieren Sie also gewissenhaft, um eine konkrete Bezugnahme vorzuentlasten.
Im Weiteren werden die sieben für den Deutschunterricht auf g. A. und e. A. **verbindlichen Rahmenthemen** knapp erläutert und in den jeweiligen Pflichtmodulen profiliert. Daneben stehen die **verbindlich gesetzten Wahlpflichtmodule** sowie das **Themenfeld** im Fokus, indem die **obligatorisch** gesetzten **Lektüren** in deren inhaltlichem Kern dargelegt werden, auch mit Blick auf die später konzipierte Musteraufgabenstellung.
Darüber hinaus werden alle im KC II benannten **Wahlpflichtmodule** skizziert, aus denen Ihre Lehrkräfte – von Schule zu Schule unterschiedlich – Unterrichtsinhalte ausgewählt haben. Das KC II gibt vielfältige Anregungen zu möglichen Texten und Materialien, um all diese Module auszugestalten. Die dargelegten Ausgestaltungs- und Erweiterungsmöglichkeiten werden in der konkreten unterrichtlichen Umsetzung von Kurs zu Kurs unterschiedlich (gewesen) sein.
Um für Sie in Ihrer Rekapitulation des Gelernten eine mit der schriftlichen und mündlichen Abiturprüfung **geforderte inhaltliche Vernetzung** zu unterstützen, wird für die **verbindlichen Inhalte** auf Bezüge zu anderen Rahmenthemen und/oder Pflicht- bzw. Wahlpflichtmodulen hingewiesen.

Rahmenthema 1: Literatur und Sprache um 1800

Zum Einstieg in die Arbeit der Qualifikationsphase wird ein Jahrhundertwechsel in der Literaturgeschichte genauer betrachtet, wobei mit diesem Rahmenthema die literarische und darin auch die sprachliche Gestaltung in den Blick genommen werden soll. Exemplarisch sollen „Probleme des Epochenbegriffs und der traditionellen Periodisierung beleuchtet und in Ansätzen Gründe eines Epochenübergangs diskutiert“ werden. In Kursen auf e. A. geht damit einher, „ein Standardmodell der Periodisierung der Literatur um 1800“ zu erarbeiten (KC II, S. 27).
Die unterrichtliche Umsetzung des **Pflichtmoduls „Romantik als Gegenbewegung zur Aufklärung?“** hat Sie in eine offene Fragehaltung hineingenommen, Ihnen einen vergleichend-beurteilenden Zugang zu zwei Epochen vermittels Unterrichtsinhalten zur Aufklärung in der Einführungsphase Jahrgang 11 eröffnet. Besonderes inhaltliches Augenmerk lag auf „Leitideen und Wandel des Menschenbildes (der Auffassungen vom spezifisch Menschlichen)“ (KC II, S. 27).
Mit anknüpfenden **Wahlpflichtmodulen** konnten Sie das erworbene Überblickswissen vertiefen: Das **Wahlpflichtmodul 1** bezieht sich auf die Epoche der Aufklärung und insbesondere die „bürgerlichen Figuren als tragische Helden“. Das legt den Rückgriff auf ein bürgerliches Trauerspiel oder dessen Lektüre nahe, etwa Lessings „Nathan der Weise“ oder „Emilia Galotti“, verknüpft mit den theatertheoretischen Schriften Lessings. Im **Wahlpflichtmodul 2** rückt die Epoche des Sturm und Drang in dessen Wandlungsprozess („Subjektivismus“, „Geniebegriff“) als Verbundstück zwischen Aufklärung und Romantik in den Mittelpunkt. Mit dem **Wahlpflichtmodul 3** wird das „Weimarer Kunstprogramm“ inhaltlicher Schwerpunkt und Ihnen ein kontinuierlicher Blick auf die Abfolge der Epochen möglich. Der Bogenschlag zurück in die „Idealwelten“ von Mittelalter und Antike soll mit

dem **Wahlpflichtmodul 4** geleistet werden. Das **Wahlpflichtmodul 5** schärft die Epoche der Romantik aus, indem „Gegenwelten in der Romantik“ zum Unterrichtsgegenstand werden. Heinrich von Kleist und dessen Wahrnehmung der „gebrechlichen Welt“, somit dessen episches und dramatisches Werk, wird mit dem **Wahlpflichtmodul 6** gewürdigt. Die Frage nach gesellschaftlichen Prägungen wird unter der Überschrift „Autobiografische Selbstentwürfe“ mit der Behandlung des **Wahlpflichtmoduls 7** gestellt, wobei das Spektrum romantischer „Lebensentwürfe zwischen Anpassung und Auflehnung, Gelingen und Scheitern“ eine vielschichtige Auseinandersetzung mit Autoren und Autorinnen der Romantik verspricht. Das **Wahlpflichtmodul 8** schließt eine Entwicklungslinie, das „Ende der klassisch-romantischen Kunstperiode“, ab und öffnet einen Blick auf deren Tendenz zur „Idealisierung“. Fast kann daran epochenbezogen das Rahmenthema 3 anknüpfen.

Rahmenthema 2: Drama und Kommunikation

Mit dem **Drama** steht eine der drei literarischen Gattungen und damit eine grundlegende Gestaltungsform, die Interaktion zwischen literarischen Figuren, im Fokus des zweiten Rahmenthemas.
Das **Pflichtmodul „Gestaltungsmittel des Dramas“** bietet vielfältige Anknüpfungspunkte zum vorausgegangenen Rahmenthema 1, wenn z. B. die „Elemente und Strukturen klassischer und moderner Dramen“ Inhalt sind sowie Hinweise auf Autoren und/oder Textgruppen, die „Dramen der Antike“ und „Dramen der Aufklärung“ gegeben sind. Untersucht werden sollen die „Figuren- und Konfliktgestaltung“ und die Formen der Kommunikation in offenen/geschlossenen Dramen; auf e. A. ist eine Rückbindung an „vertiefende Aspekte der Dramentheorie und Theaterkonzeption“ gefordert.
Von den weiteren vertiefenden Wahlpflichtmodulen mit verschiedenen Schwerpunkten dramatischer Ausgestaltung ist für die schriftliche Abiturprüfung 2024 das **Wahlpflichtmodul 4 „Familie und Drama“** gesetzt.

Für den Unterricht auf g. A. und e. A. ist als verbindliche Lektüre das Dramenfragment

- Georg Büchner: Woyzeck (1837)

festgelegt, das Büchner in Anlehnung an einen tatsächlichen Mordfall verfasste, vor seinem Tod im Alter von 23 Jahren jedoch nicht fertigstellen konnte. Nach erster Überarbeitung der Entwürfe und einer Zusammenstellung wurde das Fragment 1879 veröffentlicht, 1913 in München uraufgeführt. In verschiedenen Versionen und Aufführungen variieren die einzelnen Szenen, denn die von Büchner intendierte Reihenfolge ist nicht klar. Dies mag einen besonderen Reiz Ihrer inhaltlichen Durchdringung dargestellt haben.
Drei Unterrichtsaspekte standen im Zentrum Ihrer unterrichtlichen Arbeit:

- Figuren- und Konfliktgestaltung
- Beziehungen und Kommunikation zwischen den Geschlechtern
- Das Individuum in der Gesellschaft – zwischen Autonomie und Determination

Franz Woyzeck, ein mittelloser Soldat, der am Rande der Gesellschaft lebt und zur unteren sozialen Schicht gehört, ist in seinem Verhalten wesentlich durch die Beziehung zu seiner Lebensgefährtin Marie geprägt.

Um sie und den gemeinsamen kleinen Sohn Christian versorgen zu können, erledigt er über seine Dienste hinaus Persönliches für den Hauptmann (tägliche Rasur usw.) und ist gegen Bezahlung bereit, sich auf ein Ernährungsexperiment des örtlichen Doktors einzulassen, das dessen Reputation dient. So unterschiedlich Woyzecks Beziehungen zum Hauptmann und zum Doktor sind, so sehr ähneln sie einander in Sachen Erniedrigung und Ausnutzung und wenn es darum geht, sich auf Kosten Woyzecks zu amüsieren. Marie fühlt sich von einem attraktiven Tambourmajor, Anführer der Marschtrommler einer Armee, angezogen, was Woyzecks Eifersucht erregt. Er meint, Stimmen zu hören, die ihm befehlen, Marie umzubringen. Immer weiter driftet er in seine Fantasie ab, sodass die Grenzen zwischen Realität und Wahn für Woyzeck verschwimmen. Ob dies Folge der Erbsendiät sein könnte, bleibt offen.
Voll Verzweiflung plant und begeht Woyzeck den Mord an Marie. Er kauft bei einem Krämer ein Messer und lockt Marie eines Nachts an einen See vor der Stadt, wo er sie unter Gefühlsausbrüchen ersticht, weil er keine Zukunftsperspektive mehr sieht.
Zahlreiche Nebenfiguren – Woyzecks Freund Andres, der Unteroffizier, Margreth, der Marktschreier, der Ausrufer, der alte Mann, das tanzende Kind, der erste und zweite Handwerksbursch, der Narr Karl, der Jude, die Großmutter usw. – sind überwiegend nicht namentlich benannt. Sie dienen dazu, Woyzecks Situation zu veranschaulichen und ihn als Protagonist ins Zentrum des Geschehens zu stellen sowie zu erläutern, wie es zu dem tragischen Ende des Dramas hat kommen können.

Vertiefend ist für den Unterricht auf e. A. eine zweite verbindliche Lektüre desselben Autors vorgesehen:
- Georg Büchner: Leonce und Lena (1836)

Büchner schrieb dieses Lustspiel in drei Akten im Straßburger Exil. Die Veröffentlichung erlebte er nicht mehr, sie wurde von seinem Gönner Karl Gutzkow unternommen, basierend auf einer „saubern Abschrift“ von Büchners Verlobter, Wilhelmine Jaegle. Die Uraufführung fand 1895 in München statt.
Die festgeschriebenen verbindlichen Unterrichtsaspekte zur Erschließung sind:
- vertiefende Aspekte der Dramentheorie und Theaterkonzeption
- Gesellschafts- und Herrschaftskritik im Drama

Das Genre der Komödie wird von Büchner mit diesem vermeintlichen Lustspiel verspottet, indem er Elemente der romantischen Komödie mit solchen der politischen Satire verknüpft. Inhaltlich knüpft er an Tradition und Grundmuster der Verwechslungskomödien Shakespeares an. Ideengeschichtlich kreist er um die Frage: „Vorsehung oder Zufall?“ Mit der Eingangsszene als Ankleidungsszene und im Weiteren zeigt sich die Identitätsproblematik der Hauptfiguren: Sie sind verzweifelt bemüht, eine innere Leere durch über(ge)zogene Identitäten zu bekleiden. So kommt bei König Peter mit jedem Kleidungsstück eine kantische Kategorie der reinen Vernunft hinzu; Leonce möchte sich als tiefsinniger Melancholiker verstehen, Lena als Naturwesen: übergestülpte Identitäten, Masken, hinter denen nur neue Masken hervorkommen.
Der Kern der Handlung kann knapp gefasst werden: Der Müßiggänger Prinz Leonce aus dem Reich Popo und Prinzessin Lena aus dem Reich Pipi verlieben sich versehentlich

ineinander, nachdem sie einander längst versprochen sind, diese Verehelichung jedoch von beiden nicht gewünscht ist, weshalb beide ihre Reiche gen Italien verlassen, um sich so aus dem Weg zu gehen.
Jenseits der am Ende noch möglichen Hochzeit steht die Regierungsübernahme an und die Verkündung des Regierungsprogrammes dazu.
Drei Alternativen werden vorgestellt:

- Leonce: Fortsetzung des Staatstheaters? Politik als sinnentleertes, leerlaufendes Spiel von Macht und Intrige
- Lena: Künstliches Italien! Romantische Utopie eines aus der Zeit fallenden Naturparadieses
- Valerio: Narrenhaus! Abschaffung von Arbeit und Mühe per Gesetz, Verkehrung der herrschenden Vernunft: Verrückt ist, wer planvoll handelt

Leonce stellt zwar die Frage, gibt dann aber Lenas Blumenkindervision das Vorrecht, sodass beide sich am Ende ins Blumenland zurückziehen und Leonces vertrauter Freund Valerio als Minister fortan das Handeln übernimmt.
In der Literaturwissenschaft und der aktuellen Inszenierungspraxis wird das Lustspiel als soziale und politische Stellungnahme Büchners gelesen, im Grundtenor resignativ mit Blick auf die schlechte Wirklichkeit in Zeiten von Armut, brutaler Reaktion, allgegenwärtiger Zensur und der historischen Überlebtheit der Herrschenden.

Weitere Ausführungen zum **prüfungsrelevanten Wahlpflichtmodul „Familie im Drama“** finden Sie ab Seite 143.

Rahmenthema 3: Literatur und Sprache um 1900 – neue Ausdrucksformen der Epik

Dieses Rahmenthema legt seinen Schwerpunkt mit dem **Pflichtmodul** auf die **„Krise und Erneuerung des Erzählens“** um 1900 in Korrelation zu „gesellschaftlichen Verhältnissen und Prozessen“, die sich zwischen 1880 und 1930 in den Veränderungen zeigen. Vorgesehen ist ein Vergleich zwischen Erzähltexten des Realismus, dessen Prinzip der künstlerischen „Nachahmung“ der Wirklichkeit, und der Moderne in ihrer Absage an bisherige Darstellungskonventionen. Der Blick auf die Gattung der Epik wird zur Autorin / zum Autor hin erweitert.
Die realistischen Erzählerinnen und Erzähler der zweiten Hälfte des 19. Jahrhunderts haben ihre Literatur als „poetischen Realismus“ verstanden, der sich entschieden der gesellschaftlichen Wirklichkeit zuwendet, und deren Themen, Welt- und Menschenbilder sowie Erzähltechnik sich eher der traditionellen Erzählweise zuordnen lassen, indem diese Wirklichkeit dichterisch durchdrungen und in idealer Manier zur Darstellung gebracht wird. Hier haben Sie Auszüge aus erzählenden Texten gelesen, womöglich aus Gustav Freytags Roman „Soll und Haben“ oder einen Romananfang von Theodor Fontane, der den Anspruch formuliert, im ersten Absatz, im ersten Satz gar müsse der „Kern des Ganzen“ stecken, etwa „Irrungen, Wirrungen“ (1887/88) oder „Effi Briest“ (1894/95). Sie werden sich an Theodor Storms Rahmennovelle „Der Schimmelreiter“ erinnern, in dem der Erzähler in den epischen Text als Figur eingebunden wird.

Sie haben daneben die Charakteristika der literarischen Moderne als Mit- und Gegeneinander verschiedener Stilrichtungen kennengelernt, denen gemeinsam ist, dass deren Autorinnen und Autoren sich von der künstlerischen Nachahmung der Wirklichkeit abgewandt und nach neuen Darstellungsformen gesucht haben, um mit Krisenerfahrungen, vor allem Orientierungslosigkeit, Überforderung, dem Prozess gesellschaftlichen Wandels, der zunehmenden Technisierung und Industrialisierung umzugehen; gleichzeitig behielt das Bürgertum viele veraltete Wertvorstellungen bei. Sozialkritische Stimmen und der Ruf nach einem neuen Menschen wurden immer lauter. Hier haben Sie vielleicht Franz Kafkas Erzählung „Die Verwandlung“ (1912) gelesen: Der Protagonist Gregor Samsa, der als Handelsvertreter nach dem Niedergang der väterlichen Firma die gesamte Familie materiell versorgt, verwandelt sich plötzlich in einen Käfer. Dies verdeutlicht die egoistischen familiären und betrieblichen Ausbeutungsstrukturen, die schwindende Übernahme von Verantwortung, an deren Stelle Aggressivität tritt, und mündet in den Tod Gregor Samsas.
Neben der Literatur werden Sie Werke der bildenden Kunst und Musik kennenlernen sowie den Jahrhundertwechsel auf e. A. unter Hinzuziehung „programmatischer Schriften, lyrischer, essayistischer und anderer pragmatischer Texte“ erschließen (KC II, S. 37).
Für Ihren **Abiturjahrgang 2024** bleiben, wie oben angeführt, die zugeordneten Wahlpflichtmodule unberücksichtigt; vielmehr werden diese Grundthemen aspektorientiert mit Blick auf die länderübergreifend gestellte Abiturprüfungsaufgabe in einem **Themenfeld** aufgegriffen, betitelt **„Umbrüche in der deutschsprachigen Literatur um 1900“**, wobei die hier benannten inhaltlichen Schwerpunkte Entwicklungsprozesse fokussieren:

- **Spiegelung kulturgeschichtlicher Entwicklungen in der Literatur**

Ihnen sind aus dem Pflichtmodul bereits wesentliche Epochenmerkmale des Modernebegriffes bekannt, die Sie über die Literaturauszüge hinaus nun theoretisch vertieft haben werden. Dabei dürfte die Jahrhundertwende als Zeit großer technischer Fortschritte, zu denen etwa das Strahlungsgesetz und die Quantenformel von Max Planck (1900) sowie Albert Einsteins Relativitätstheorie (1905) gehörten, deutlich geworden sein und die Industrialisierung in ihrem Einfluss auf die neue Denkweise: Die steigenden Anforderungen an die Arbeiter und Arbeiterinnen schränkten die persönliche Entfaltung des Individuums ein. An die Stelle religiöser Ideen trat, ähnlich wie zur Zeit der Aufklärung (1720–1800), die Vorstellung eines autonomen Menschen mit Verstand. Insgesamt ist die Moderne damit sowohl ein Ende als auch ein Neuanfang. Sie könnten sich mit Friedrich Nietzsches philosophischem Nihilismus (ab den 1880er-Jahren) und dessen Menschenbild sowie Sigmund Freuds Psychoanalyse (1901) befasst haben.
Diese Umbrüche im Leben und Denken der Menschen spiegeln sich in der Literatur der Moderne als Stilpluralismus, der Strömungen wie Expressionismus, Impressionismus, Symbolismus, Dekadenz, Neuromantik, Dadaismus, Jugendstil und Ästhetizismus umfasst. Erstmals in der Literaturgeschichte hatte Literatur kein klares Ziel.
Die Großstadt als Ort der Entfaltung und Selbstentfremdung, als Moloch und Spiegel sozialer Gegensätze könnte inhaltlich im Zentrum gestanden haben. Besonders sprechend ist etwa der Anfang des Romans „Die Aufzeichnungen des Malte Laurids Brigge“ (1910) von Rainer Maria Rilke, in denen dieser in Tagebuchform seine Erstwahrnehmungen von

Paris beschreibt und die Lesenden an seinen daran geknüpften Gedanken teilhaben lässt. Spannend könnte nicht zuletzt ein Blick auf das noch junge Genre Film, hier Fritz Langs „Metropolis“ (1927), gewesen sein.

- **Literaturgeschichtliche Strömungen zwischen Naturalismus und Expressionismus im Überblick**

Hinsichtlich des Naturalismus (1870 – 1900) haben Sie das Grundprinzip sozialer Wirklichkeit in der Kunst mit der von Arno Holz 1891 aufgestellten Gleichung **Kunst = Natur minus X** kennengelernt. Der in der Formel vorhandene Faktor X steht für die Subjektivität des Autors oder der Autorin und soll möglichst klein gehalten werden. Ihnen ist die Abgrenzung des naturalistischen Kunstprogramms zum Poetischen Realismus bekannt, den Sie bereits im Rahmen des Pflichtmoduls erschlossen haben. Die Naturalisten legten Wert auf eine detaillierte Beschreibung der Wirklichkeit, die sie mit menschlichen Sinneseindrücken für erfahrbar hielten. Sie hatten ein materialistisches Menschenbild. Um eine objektive Darstellungsform zu erreichen, orientierten sie sich in ihrer Kunst an naturwissenschaftlichen Methoden.
Durch die Auffassung, es sei notwendig, einen Menschen in seinem Milieu durch jedes noch so winzige Detail darzustellen, hat sich der Sekundenstil entwickelt. Die Naturalisten gingen davon aus, dass es bei der Beschreibung nichts Nebensächliches gebe, denn auf den Menschen wirke alles bestimmend ein und müsse mit wissenschaftlicher Objektivität wiederzugeben sein. Womöglich haben Sie einen Textausschnitt aus der Skizzensammlung „Papa Hamlet“ (1889) von Arno Holz und Johannes Schlaf gelesen. Die kleinsten Gesten oder Bewegungen wurden punktgenau aufgezeichnet, auch die Sprache – was hier zu zahlreichen Wiederholungen führt. Der Dialekt und die Redensart, ein Ausruf, ein Stammeln und Stöhnen oder ein Satzabbruch wurden aufgeschrieben. Damit erzeugten die Naturalist(inn)en eine sehr große Nähe zum tatsächlichen Sprachverhalten der Menschen, ja sie provozierten das Publikum durch hässliche Gegenstände. Sie inszenierten Alltagsszenen in Fabriken, Kneipen und Hinterhöfen, zeigten Elend, Krankheit oder Alkoholabhängigkeit und stießen damit auf größten Widerstand. Kaiser Wilhelm II. war nach der Uraufführung des sozialen Dramas „Die Weber“ (1892) von Gerhart Hauptmann brüskiert und nannte die Literatur des Naturalismus eine „Rinnsteinkunst”. Allein das Personenverzeichnis und die umfänglichen Regieanweisungen zur Eingangsszenerie zu lesen, ist im kritischen Impetus erhellend.
Der **Expressionismus** (1905 – 1925) hingegen zeigt die innere Wirklichkeit der Autorinnen/Autoren und ist zugleich eine Wortkunst. Sie haben ihn als literarische Strömung der Jahrhundertwende vermutlich im Kontext weiterer ausgewählter Stile erschlossen, etwa mit epochenprägenden literarischen Texten wie Thomas Manns Roman „Buddenbrooks“ (1901), der über vier Generationen mit deutlich autobiografischem Bezug den Untergang einer großbürgerlichen Lübecker Familie erzählt, daran anschließend möglicherweise einen Ausschnitt aus der Novelle „Der Irre“ (1913), die den Ich-Zerfall eines schwachen negativen Helden erzählt, weiterhin vielleicht „Fräulein Else“ (1924) von Arthur Schnitzler, verfasst in der Erzähltechnik eines inneren Monologs aus Ausdruck äußerster Subjektivität, oder Stefan George, Hauptvertreter des literarischen Symbolismus als komplementäres Gegenstück zum Naturalismus, der auf größtmöglichen Abstand zur

Lebenswelt geht, um die eigene Artifizialität zu betonen, etwa in seinem Gedicht „Melancholie". Schließlich haben Sie den Expressionismus vermutlich als kulturrevolutionäre Bewegung in allen Kunstbereichen kennengelernt und Kunst als Ausdruckform der Wahrnehmung der modernen Zeit, das Bekenntnis zur radikalen Subjektivität, die Suche nach dem „Wesen der Dinge", das neue Menschenbild dieser Epoche und die Montagetechnik. Der Anfang des Romans „Berlin Alexanderplatz" (1929) von Alfred Döblin repräsentiert das Gefühl der Überforderung, der Menschenmassen, der Geschwindigkeit und der so ausgelösten, diese Epoche prägende Krise des orientierungslosen Einzelnen.

– **Neue Formen des Erzählens und des lyrischen Sprechens**
Hier können Auszüge aus der Sekundärliteratur ausgewertet worden sein, etwa von Karl Migner „Theorie des modernen Romans" (ein Textausschnitt ist unter https://www.magic-point.net/fingerzeig/literaturgattungen/roman/roman-theorie/roman-theorie.html verfügbar), ebenso zeitgenössische literarische Programmschriften usw. Damit sind Sie auf jegliche Aufgabenstellung vorbereitet, naheliegend könnten Quellen als Grundlage zum Verfassen eines materialgestützt informierenden Textes als Abiturprüfungsaufgabe sein.
Mit dem Aspekt **lyrischen Sprechens** ist eine Verknüpfung zum nächstfolgenden Rahmenthema 4 „Vielfalt lyrischen Sprechens" möglich. Das Menschenbild im Naturalismus sowie im Expressionismus in seinen Ausprägungen kann erschlossen und besonders das Wahlpflichtmodul 3, der Aspekt der Großstadtwahrnehmung, vertieft worden sein: Die Lyrik des **Naturalismus** thematisierte die Probleme des Großstadtlebens und damit die hässlichen Aspekte einer Stadt: Elend und Schmutz. Es finden sich weder Metrik noch Reimform. Ein weiteres Merkmal ist die Mittelachsenzentrierung, wobei die Verszeilen zentriert gedruckt wurden, sodass der Eindruck entsteht, sie würden links und rechts „flattern".
Die Lyrik des **Expressionismus** verdeutlicht das Gefühl von Ohnmacht und Ausgeliefertsein des Einzelnen in einer von Gott verlassenen Welt, die Bedrohlichkeit der Städte und Maschinen, Visionen des „Weltendes" sowie den Werteverlust und den Verfall zwischenmenschlicher Beziehungen.
Verwendet werden strenge und traditionelle Formen (Reim, Metrum, Strophen mit vier Versen, auch Sonett), so etwa das aus fünf Strophen mit jeweils vier Versen bestehende Gedicht „Der Gott der Stadt" (1911) von Georg Heym, das Sonett „Auf der Terrasse des Café Josty" (1912) von Paul Boldt oder das Sonett „Städter" (1914) von Alfred Wolfenstein. Daneben steht auch ein Zeilen- und Simultanstil in unverbundenem Nebeneinander, etwa das Gedicht „Morgens" (um 1914) von Jakob van Hoddis. Sprechend sind Bilderreichtum und meist surrealer Stimmungsgehalt und eine überzeichnend grelle, ausdrucksstarke Farbmetaphorik, wobei die Sprache von beschwörender Eindringlichkeit und von Neologismen (Wortneuschöpfungen) sowie fast gewaltsamen Eingriffen geprägt ist.
Auch Sprachexperimente gab es: August Stramms Gedicht „Sturmangriff" (1915) beispielsweise bedrängt in der Lautung durch sein äußerstes Maß an Unmittelbarkeit, daneben wird vielleicht das dem Dadaismus zugeordnete Lautgedicht „Karawane" (erstmals 1916 vorgetragen) von Hugo Ball im Unterricht behandelt.

- **Zentrale Themen und Motive**

In Ihrem Kursstufenunterricht sollen relevante Motive, Themen und Strukturen literarischer Schriften verglichen und in ihre Texterschließung einbezogen werden. Entsprechend ist die vorangegangene Darlegung motivbezogen angelegt. Abrundend sei jedoch ein weiteres zentrales Thema der Jahrhundertwende benannt: **Sprachskepsis** und **Sprachkritik** in der Moderne.

Unterrichtsgegenstand könnte das Gedicht „Ich fürchte mich so vor der Menschen Wort" (1897) von Rainer Maria Rilke gewesen sein, in dem er seine Angst vor dem definitorischen Gebrauch der Wörter formuliert, weil sich das Verstehen angesichts eines exzessiven Bemühens, sich verständlich zu machen, ins Gegenteil wandle. So lautet Rilkes Schlussappell, die Welt der Dinge gegen die Ansprüche des Benennens und Aussprechens zu bewahren. Auch könnte der erstmals in einer Berliner Zeitung von Hugo von Hofmannsthal veröffentlichte berühmte „Chandos-Brief" (1902) gelesen worden sein: ein aus der Perspektive der fiktiven Figur Philipp Lord Chandos geschriebener Brief, datiert auf den 22.08.1603 an den realen englischen Wissenschaftler Francis Bacon (1561–1626), in dem er seine Sprachkrise beschreibt. Chandos, einst erfolgreicher Schriftsteller, finde keine Worte mehr und könne nicht mehr denken.

Inhaltlich wird hier bereits eine Brücke zum letzten für Ihren Abiturjahrgang verbindlich gesetzten Wahlpflichtmodul im Rahmenthema 6 geschlagen.

Wesentliche Gestaltungsbezüge der Epochen sind:

Naturalismus	– Elend der sozialen Unterschichten, (erblich bedingte) Krankheiten, Verwahrlosung – Milieustudien, auch Polemik gegen ein bürgerliches Kunstverständnis – kritische Auseinandersetzung mit dem Darwinismus – Ästhetik des Hässlichen (kaum Stilisierung), Abbildung der Wirklichkeit
Literatur der Jahrhundertwende	– Orientierungslosigkeit und Ich-Zerfall – deutliche Sprachskepsis – Wahrnehmung durch subjektive Wirklichkeitserfahrung geprägt
Expressionismus	– Gefühle und Innenleben ausdrücken, Krisenerfahrungen – Überforderung und Orientierungslosigkeit durch Industrialisierung – Großstadterfahrung, Leiden an der Entmenschlichung der modernen Welt, Anonymität – Zerfall des Ichs – Provokation und Auflehnung gegen (erstarrte) Konventionen – angesichts des Ersten Weltkieges und der politischen Umwälzung: Weltende und Revolution (Desillusionierung) – Sehnsucht nach Neuanfang, Wunsch nach einer neuen Welt

Rahmenthema 4: Vielfalt lyrischen Sprechens

Das Rahmenthema 4 widmet sich der Lyrik vom Mittelalter bis in die Gegenwart. Somit steht nach Epik und Dramatik die dritte literarische Gattung explizit im Fokus. Die Leitfrage gemäß dem **Pflichtmodul** lautet **„Was ist der Mensch? – Lebensfragen und Sinnentwürfe“**. Sie fordert zur Beschäftigung mit literarisierten Lebensauffassungen und Lebensläufen, Identitätsfragen und Menschenbildern auf. Angeregt ist der Vergleich „zwischen motiv- oder themen- sowie formgleichen Gedichten“, auf e. A. ist zudem das „Menschenbild der Weimarer Klassik“ Thema (KC II, S. 41).
Vielfältig ist das Spektrum lyrischer Zusammenhänge der **Wahlpflichtmodule**, beginnend mit dem **Wahlpflichtmodul 1** „Liebesauffassungen und Liebeserfahrungen vom Mittelalter bis zur Gegenwart“, gefolgt vom **Wahlpflichtmodul 2**, das thematisch unterschiedliche Naturwahrnehmungen aufnimmt. **Wahlpflichtmodul 3** regt an, Stadtgedichte in deren ambivalenter (Groß-)Stadtwahrnehmung zu lesen, und stellt so eine Verknüpfung zum verbindlichen Themenfeld des Rahmenthemas 3 dar. Alle folgenden Wahlpflichtmodule mit unterschiedlichen Schwerpunkten nehmen den Aspekt der literarischen Verdichtung politischer Geschehnisse und Gegebenheiten der Zeitgeschichte auf: Das **Wahlpflichtmodul 4** sieht vor, Kriegs- und Antikriegsgedichte aus verschiedenen Jahrhunderten zu thematisieren, und im **Wahlpflichtmodul 5** sollen Gedichte über die „Erfahrung von Verfolgung und Flucht – Leid und Tod“ vor allem im Nationalsozialismus Unterrichtsgegenstand werden. Im Rahmen des **Wahlpflichtmoduls 6** kann die politische Prägung lyrischer Texte über die Jahrhunderte hinweg betrachtet werden. Schließlich ist mit dem **Wahlpflichtmodul 7** die Sprachreflexion als Gegenstand von Gedichten angelegt und mit dem **Wahlpflichtmodul 8** die poetologische Selbstreflexion im Gedicht als möglicher Unterrichtsinhalt benannt.

Rahmenthema 5: Literatur und Sprache von 1945 bis zur Gegenwart

Inhaltlicher Kern aller Module des Rahmenthemas 5, das Literatur und Sprache verknüpft, ist die „Thematisierung von Wirklichkeitserfahrungen in der Literatur“ in dem benannten Zeitraum. Der besondere Reiz der erzählenden Literatur, die Sie in diesem Kurshalbjahr im Rahmen des **Pflichtmoduls** im Unterricht kennenlernen, liegt darin, dass sie die Zeiterfahrung jugendlicher Protagonist(inn)en aufnimmt und so in (un)mittelbarem Bezug zu Ihrem eigenen Erleben steht. Auf e. A. sollen Sprachanalyse und „pragmatische Texte“ vertiefend hinzugezogen werden (KC II, S. 49).
An diesen Schwerpunkt anknüpfende **Wahlpflichtmodule** schärfen verschiedene Perspektiven aus.

Rahmenthema 6: Reflexion über Sprache und Sprachgebrauch

Nachdem Sie Sprachanalyse bislang primär in der Auseinandersetzung mit Literatur betrieben haben, wird diese nun selbst zum Gegenstand. Arbeitsfelder sind „Kommunikationsanalyse“, „Sprachkritik“, die „Untersuchung des Verhältnisses von Sprache und Gesellschaft bzw. Herrschaft“, die „sprachgeschichtliche Betrachtung“

und bezogen auf die Gegenwartssprache die „Berücksichtigung sprachlicher Vielfalt" sowie die „Bewertung der interkulturellen Leistungen der Sprache". Zugleich sollen Sie eine sprachkritische Position einnehmen können und mit sprachwissenschaftlichen Ansätzen vertraut gemacht werden. So entwickeln Sie ein „Sprachbewusstsein", das Ihnen letztendlich bei der Textanalyse hilft und das Schreiben von Texten erleichtert. (KC II, S. 55 f.)
Der übergeordnete Fokus des **Pflichtmoduls** liegt auf der Untersuchung von „Tendenzen in der deutschen Gegenwartssprache". Gegenstand sind nichtfiktionale sowie literarische Texte, die den „Wandel" des Deutschen zum Gegenstand haben, wobei im Besonderen auf den „Einfluss der Anglizismen" hingewiesen wird. Als weitere Entwicklungstendenz wird die „Einebnung von Unterschieden" zwischen Varietäten, zwischen Schriftlichkeit und Mündlichkeit sowie Stilebenen benannt; auf e. A. wird diese Auseinandersetzung theoretisch fundiert (KC II, S. 57).
Durch die **Wahlpflichtmodule** wird das breite Spektrum mit konkretem Bezug aufgefächert. Für Ihren Abiturjahrgang ist das **Wahlpflichtmodul 7 „Sprache – Denken – Wirklichkeit"** verbindlich gesetzt, mit dem auf „Sprachskepsis und Sprachphilosophie" rekurriert wird (KC II, 2016, S. 61).
Für Ihren Unterricht auf g. A. und e. A. ist die Arbeit mit historischen und aktuellen Textauszügen verbindlich, die Ihnen seitens des Kultusministeriums durch Ihre Lehrkraft als Textdokumente zur Verfügung gestellt worden sind, dies verbunden mit gesetzten Unterrichtsaspekten:

- Sprache und Denken: Der Diskurs über das „sprachliche Relativitätsprinzip"
- Die Kontroverse um gendergerechte Sprache

- Benjamin Lee Whorf: Sprache, Denken, Wirklichkeit (1956 posthum veröffentlicht, 1963 in deutscher Übersetzung; Auszug),

Posthum wurde aus Schriften des amerikanischen Linguisten Benjamin Lee Whorf, der sich auf seinen Lehrer Edward Sapir berief, die **„Sapir-Whorf-Hypthese"** abgeleitet, entwickelt in den 1930er-Jahren und bis heute kontrovers diskutiert.
Gedanklicher Ausgangspunkt innerhalb des gegebenen Textausschnittes ist der Regelbegriff: *„Eine Regel ist nur aufgrund ihrer Ausnahme erkennbar und formulierbar."* Anhand sprechender Beispiele entwickelt Whorf den Gedanken, wir erkennten die Regelhaftigkeit erst bewusst als solche, wenn „wir einer Störung der Regelmäßigkeit begegnen" (Z. 26).
Zentrale Annahme Whorfs ist, dass Sprache das Denken formt. Die Art und Weise, wie Menschen denken, wird durch das linguistische System, d. h. durch die Grammatik und den Wortschatz ihrer Muttersprache, beeinflusst oder bestimmt. Whorf umschreibt dies als „Abkommen, das für unsere ganze Sprachgemeinschaft gilt und in den Strukturen unserer Sprache kodifiziert ist" (Z. 50 f.). Hiervon leitet er das „linguistische Relativitätsprinzip" (Z. 55) ab: Das, was wir erkennen und denken können, ist demnach relativ, d. h., die Wahrnehmung der Wirklichkeit ist vom Sprachsystem abhängig. Kein Individuum habe die „Freiheit, die Natur mit völliger Unparteilichkeit zu beschreiben, sondern ist eben, während es sich am freiesten glaubt, auf bestimmte Interpretationsweisen beschränkt" (Z. 57 – 59). Je nach Sprache sei eine unterschied-

liche Wahrnehmung der Welt gegeben, werde „die Natur in vielen verschiedenen Weisen auf[ge]glieder[t]“ und die „Relativität aller begrifflichen Systeme, das unsere eingeschlossen, und ihre Abhängigkeit von der Sprache [...] offenbar.“ (Z. 87 – 89) Entsprechend denken Menschen nur das, was sie in ihrer Sprache ausdrücken können. Die Grammatik einer Sprache ist demnach nicht nur da, um Gedanken zum Ausdruck zu bringen, sie determiniert zugleich fundamental das Denken und die Wahrnehmung der Wirklichkeit.

- Dieter E. Zimmer: Wiedersehen mit Whorf (2008; Auszug)

Dieter E. Zimmer setzt sich gut fünfzig Jahre später kritisch mit Whorfs Denkansatz auseinander und beschreibt pointiert dessen Problematik: „Jeder Einzelne, jede Sprachgemeinschaft sind die Gefangenen ihrer Sprache, aus der es kein Ausbrechen gibt. Wirkliche Verständigung zwischen den Sprechern verschiedener Sprachen kann es nicht geben. Die Verschiedenheit unserer Sprachen macht uns hoffnungslos fremd.” (Z. 6 – 9) Der Denkansatz, „daß uns die Sprache Art und Inhalt des Denkens vorschreibe”, wird auf Humboldt als Vorläufer und auf Cusanus als Ursprung zurückgeführt. Zimmer stellt das „sprachliche Relativitätsprinzip“ (Z. 30) als schwache, nicht weiter verfolgte Version dem „Sprachdeterminismus“ (Z. 33) als starker Version gegenüber. Exemplarisch führt Zimmer die Sprache der Hopi-Indianer an, die Whorf unter anderem erforscht hat: Zeitliches Denken spiele für sie keine Rolle. Zimmer zitiert dabei Whorf, der behauptet, die Hopi-Indianer hätten hierfür entsprechend „‚keine Wörter, grammatischen Formen, Konstruktionen oder Ausdrücke, die sich direkt auf das beziehen‘“ (Z. 42 f.). Wissenschaftlich belegt korrigiert Zimmer, es gebe durchaus „Tageszeiten“ und „Hopi-Verben“, die „Vergangenes, Gegenwärtiges und Zukünftiges“ bezeichneten (Z. 52 ff.). Ganz unabhängig von diesen Befunden sieht er das Grundproblem, es sei so nicht „die Frage zu klären, ob die Sprache das Denken bestimmt. Denn sie lassen offen, was hier Ursache ist und was Wirkung.“ (Z. 59 f.) Zimmers These: „Die Sprachen unterscheiden sich nicht willkürlich. [...] Nicht die Sprache nämlich bestimmt, welche Ober- und Unterkategorien ein einzelner oder ein Volk bilden kann, sondern etwas anderes: der Bedarf.“ (Z. 70 f. und Z. 90 f.) Er schreibt sprachliche Unterschiede den „gewundenen Entwicklungen und Zufälle[n] der Kulturgeschichte“ (Z. 98 f.) zu. Die vorzufindenden „starken Nichtübereinstimmungen bei den abstrakten Begriffen“ (Z. 114) erklärt Zimmer damit, dass sie beliebig gewählt werden können.
Das abschließend formulierte Fazit Zimmers ist deutlich: „Die Sprache hält ihre Sprecher nicht gefangen; denken läßt sich auch, wofür die Sprache keine bequemen oder gar keine Mittel zur Verfügung stellt. Aber wofür fertige Ausdrucksmittel bereitstehen, läßt sich leichter denken; und wofür es sehr geläufige Ausdrucksmittel gibt, am allerleichtesten.“ (Z. 130 – 133)

- Peter Eisenberg: Wenn das Genus mit dem Sexus (FAZ, 2018)

In seinem Beitrag setzt sich Eisenberg kritisch mit der Verwendung des „generischen Maskulinums“ auseinander, mit dem unabhängig vom „natürlichen Geschlecht“ Substantive im Maskulinum verwendet werden (Z. 12 f.). Er zeichnet den „Kampf gegen das generische Maskulinum" nach, der seit Beginn der 1980er-Jahre durch die „feministische Linguistik" zum „sprachlichen Hauptanliegen der Genderbewegung" geworden sei (Z. 35f.), geht Phänomenen in der Sprachgeschichte nach und sieht in der Kritik am tradierten Sprachgebrauch aktuell die Tendenz einer „Anbiederung an den Zeitgeist" (Z. 88).

- Gabriele Diewald / Damaris Nübling: Genus und Sexus – es ist kompliziert (NZZ, 2020)

Differenziert zeichnen die Autorinnen den schwierigen Zusammenhang von Genus und Sexus nach, die verschieden seien, gleichwohl „an markanten Stellen in der deutschen Sprache enge Verbindungen" eingehen, wie die Genderlinguistik „schon immer erkannt und betont" habe. Ihr Resümee: Im Interesse „geschlechtergerechte[r] Sprache" bergen diese Verbindungen „oftmals Problemstellen, die nicht leicht zu überwinden sind. Diese Tatsache ist kein Argument gegen geschlechtergerechte Sprache. Sie ist ein Argument für noch mehr qualifizierte Bemühung." (Z. 141 – 146)

Die historische Perspektive ist vertiefend für den Unterricht auf e. A. um zwei Jahrhunderte erweitert. Entsprechend lautet der festgeschriebene Unterrichtsaspekt:

- Das Verhältnis zwischen Sprache und Denken im Kontext der Geschichte der Sprachwissenschaft

Die verbindlichen Textauszüge hier:

- Johann Gottfried Herder: Abhandlung über den Ursprung der Sprache (1772; Auszüge)

Johann Gottfried Herder hat bereits im Jahr 1769 mit seiner Abhandlung auf ein Preisausschreiben der Berliner Akademie der Wissenschaften geantwortet und den Theoriewettbewerb letztlich gewonnen. Er bricht mit der Vorstellung einer gottgegebenen Sprache und verbindet die Frage nach dem Ursprung der Sprache mit der nach dem menschlichen Wesen. Damit argumentiert er im Sinne der Aufklärung, den menschlichen Verstand und seine Freiheit macht er zu Kernmomenten, die den Menschen von anderen Wesen unterscheiden – und aus denen letztlich seine Sprache erwächst. Auch wenn sich Herders Ausführungen für uns Heutige als zu spekulativ und unplausibel lesen, lassen sie sich an aktuelle Sprachdiskurse anschließen, was auch darauf zurückgeführt werden kann, dass nachfolgende Sprachtheorien nicht selten in Auseinandersetzung mit Herder oder mit kritisch auf ihn referierenden Autorinnen und Autoren entstanden sind.

- Karl W. L. Heyse: System der Sprachwissenschaft (1856 posthum erschienen; Auszüge)

Diese nach Heyses Tod erschienene wissenschaftliche Publikation ist sein linguistisches Hauptwerk. Er definiert „Sprache" als etwas, mit dem Inneres nach außen gekehrt werde, und hat bereits den „psychische[n] Prozess der Entwickelung der Vorstellung" (Z. 17) als dem vorausgehend im Blick. Diesen Prozess erweitert er zum „lautliche[n] Prozess, entsprechend der psychischen Entwicklung im Allgemeinen" (Z. 87), womit er zu einem historisch frühen Zeitpunkt physische und psychische Aspekte der Sprachproduktion in ihrem Miteinander sieht, auch auf Humboldt rekurriert und so den Zirkelschluss zu den Ausführungen Zimmers ermöglicht.

Rahmenthema 7: Medienwelten

Mit dem geltenden KC II wird durch das Rahmenthema 7 die gesellschaftlich gegebene Medienpluralität gespiegelt. Die „Reflexion von Medienerfahrungen und -wirkungen" ist ebenso angelegt wie die „analytische und interpretierende Auseinandersetzung mit konkreten Medienprodukten". Ausdrücklich ist zudem der produktionsorientierte Weg der „eigenständigen Gestaltung" berücksichtigt (KC II, S. 62), um einen ganzheitlich erschließenden Zugang zu bislang nur punktuell etablierten Textsorten zu ermöglichen.
Das **Pflichtmodul** soll Überblickswissen stiften, den „Medienbegriff" und „Mediengeschichte" zum Unterrichtsgegenstand machen, die heutige „Mediennutzung zur Reflexion des eigenen Medienverhaltens" thematisieren und so „Ansätze zur kritischen Wahrnehmung" vor allem des dadurch geprägten und veränderten Kommunikationsverhaltens ermöglichen; in Kursen auf e. A. ist dies erweitert um den Bereich grundlegender „Medienkritik" (KC II, S. 63).
In den **Wahlpflichtmodulen** befassen Sie sich ergänzend und vertiefend mit einem ausgewählten Medium: im **Wahlpflichtmodul 1** mit dem „Buch als Massenmedium" und im Querschnitt zu den zuvor behandelten Semesterthemen mit der Lesekultur im geschichtlichen Wandel, in Gegenwart und Zukunft. Das **Wahlpflichtmodul 2** „Zeitung" macht das Medium mit der wohl längsten Tradition in seiner Genese vom Flugblatt bis hin zur Digitalisierung zum Gegenstand oder befragt den journalistischen Qualitätsanspruch. Mit **Wahlpflichtmodul 3** rückt „Der Film als eigene Kunstform" in den Fokus, wobei Motive, narrative Elemente, filmsprachliche Mittel sowie Montageprinzipien im ästhetischen Gestaltungszusammenhang betrachtet werden können. Das **Wahlpflichtmodul 4** legt den Schwerpunkt auf die „Literaturverfilmung". Das Thema des **Wahlpflichtmoduls 5** „Digitale Medien" gibt Gelegenheit zur Reflexion des eigenen Mediengebrauchs. Das Internet, soziale Netzwerke und die eigene Produktion von Blogs, Tutorials, Posts können zum Unterrichtsinhalt werden. Mit dem **Wahlpflichtmodul 6** wird das „Fernsehen" zum Gegenstand: als ein von der jungen Generation schwächer frequentiertes Medium mit den Unterrichtsaspekten „Bildungsauftrag vs. Quotenorientierung", auch mit Blick auf den Informationsgehalt oder die Entertainmentqualität, schließlich die Gratwanderung zwischen Realität und Fiktion. Ähnlich gelagert, dies verbunden mit einer längeren Tradition, ist das **Wahlpflichtmodul 7** „Hörfunk". Vom „Volksempfänger zum digitalen Spartenradio" reicht hier das Spektrum; das Sendeformat des Features und schließlich das „Hörspiel als eigene Kunstform" sind als weitere Unterrichtsaspekte benannt, auch produktive Herangehensmöglichkeiten angeführt. Das Wahlpflichtmodul 8 schließlich würdigt das „Theater" als kulturellen Ort, dessen Funktion reflektiert werden soll, aber auch Theaterinszenierungen Raum gibt. Vor allem Büchners „Woyzeck" wird aktuell vielfältig auf die Bühne gebracht.

Die mündliche Abiturprüfung und die Präsentationsprüfung

Im 5. Prüfungsfach (P5) wird eine mündliche Prüfung durchgeführt. Seit dem Abitur 2021 kann diese auf Verlangen der Abiturientin / des Abiturienten in Form einer Präsentationsprüfung durchgeführt werden (→ S. 25 ff.). Während für die schriftliche Prüfung im Fach Deutsch landesweit einheitliche Prüfungsaufgaben gelten, wird die mündliche Prüfungsaufgabe in der Regel von der Fachlehrkraft der vier Kurshalbjahre entworfen. Als Prüfer/Prüferin ist er/sie für die Aufgabenstellung und die Durchführung der Prüfung verantwortlich. Dabei muss sich die Lehrkraft streng an die in den „Bildungsstandards für die Allgemeine Hochschulreife im Fach Deutsch" festgelegten Anforderungen halten. Prinzipiell gilt, dass die mündliche Prüfung sich auf Inhalte aller vier Kurshalbjahre beziehen kann und auf zwei Sachgebiete zweier Schulhalbjahre beziehen muss. Ferner darf sie nicht denselben Inhalt wie die schriftliche Prüfung als Gegenstand haben. Zudem müssen bei der Aufgabenkonzeption die Anforderungsbereiche I, II und III berücksichtigt und die Operatoren (→ S. 29) für das Fach Deutsch verwendet werden. Als Abiturientin bzw. Abiturient sollten Sie vor allem bedenken, dass während Ihrer Prüfung Inhalte aus allen vier Semestern der Qualifikationsphase zur Sprache kommen können.

Ablauf der mündlichen Prüfung

Sie erhalten im Vorbereitungsraum eine Aufgabe, für deren Bearbeitung Sie 20 Minuten Zeit haben. Sie besteht aus ein bis zwei komplexen und zumindest für einen Teil textgestützten Aufgabenstellungen, die Ihnen schriftlich vorgelegt werden. Die Textvorlage umfasst ca. 300 Wörter und soll es Ihnen ermöglichen, Ihre fachlichen Kompetenzen an einem begrenzten Gegenstandsbereich nachzuweisen. In der Regel erhalten Sie einen Auszug aus einem dramatischen oder epischen Text, eine Kurzgeschichte, ein Gedicht oder einen Sachtext zu einem der im Unterricht behandelten Themen.

TIPP

Bereiten Sie Ihren frei zu haltenden Kurzvortrag mithilfe von stichwortartigen, prägnanten Aufzeichnungen vor. Arrangieren Sie die Stichworte für Ihren Kurzvortrag übersichtlich auf einem Blatt Papier und verlieren Sie dabei nie die konkrete Aufgabenstellung aus den Augen.

Die Prüfung dauert zwischen 20 und 30 Minuten. Sie besteht aus zwei Teilen:

1. Sie beginnen mit dem **Vortrag** der Ergebnisse der vorbereiteten Aufgabe. Dieser Teil soll nicht länger als zehn Minuten dauern. Der Prüfer bzw. die Prüferin soll sich in diesem Teil weitgehend zurückhalten und nur dann eingreifen, wenn es unbedingt nötig ist, z. B. zur Klärung des Verständnisses oder – falls Sie Probleme haben – auch zu Ihrer Unterstützung. Achten Sie darauf, Ihre Ergebnisse strukturiert und in einem zusammenhängenden Vortrag zu präsentieren. Nutzen Sie Ihre Aufzeichnungen, aber sprechen Sie so frei wie möglich.

2. Es folgt ein **Prüfungsgespräch**, welches an Ihren Vortrag anknüpfen kann, z. B. durch Nachfragen. Dann wird von der Prüferin / dem Prüfer oder Ihnen selbst ein Semesterübergriff zu einem Gegenstand eines Semesters hergestellt, das nicht Thema der vorbereiteten Aufgabe war. Dies ist kein „Frage-Antwort-Spiel", sondern es geht um größere fachliche und eventuell überfachliche Zusammenhänge und es soll sich nach Möglichkeit ein Gespräch entwickeln, in dem der Prüfer bzw. die Prüferin Aspekte aufgreift, die Sie selbst ansprechen. Sie haben also bedingt die Möglichkeit, das Gespräch mitzugestalten. Dies kann aber nur dann gelingen, wenn Sie gründlich vorbereitet sind und selbst Gesprächsschwerpunkte anbieten, z. B. indem Sie eigenständig Zusammenhänge herstellen.
   Drücken Sie sich bei Ihrem Vortrag wie auch im anschließenden Kolloquium präzise, verständlich, differenziert und angemessen fachsprachlich aus. Verzichten Sie auf umgangssprachliche oder floskelhafte Ausdrücke. Ordnen Sie Ihre Ergebnisse nach Möglichkeit in größere fachliche Zusammenhänge ein, z. B. ein von Ihnen zu analysierendes Mondgedicht in die entsprechende Tradition der Naturlyrik. Antworten Sie im Kolloquium präzise und konkret. Scheuen Sie sich nicht, etwas nachzufragen, falls Ihnen nicht klar ist, was von Ihnen verlangt wird.

Bewertung der Prüfungsleistung

Bei der Bewertung Ihrer Prüfungsleistung spielen folgende Kriterien eine zentrale Rolle:

- Sicherung und Zusammenfassung der Ergebnisse für die gestellte Aufgabe in einem strukturierten, prägnanten, anhand von Aufzeichnungen frei gehaltenen Kurzvortrag
- Führung eines themengebundenen Gesprächs
- Einsatz geeigneter Argumentationsformen und Flexibilität in der Reaktion auf Fragen und Impulse
- Darlegung eigenständiger sach- und problemgerechter Beurteilungen
- Einordnung in größere fachliche und eventuell überfachliche Zusammenhänge
- Verwendung einer präzisen, differenzierten, stilistisch angemessenen, adressaten- und normengerechten Ausdrucksweise unter adäquater Berücksichtigung der Fachsprache
- Klarheit und Verständlichkeit der Artikulation

Es genügt also nicht, zu korrekten Ergebnissen zu gelangen. Sie müssen diese zudem angemessen, differenziert und mithilfe der gelernten Fachsprache zum Ausdruck bringen. Bei der Bewertung fällt der Anforderungsbereich II am stärksten ins Gewicht, also Organisations- und Transferleistungen wie die Analyse eines Dramendialogs, eine Figurencharakterisierung zu einer Kurzgeschichte oder der Motivvergleich in zwei Gedichten.

Die Präsentationsprüfung

Seit dem Abitur 2021 gibt es diese Variante der mündlichen Abiturprüfung, die es Ihnen ermöglicht, den ersten Teil der Prüfung eigenständig vorzubereiten. Ähnlich wie bei der Facharbeit erhalten Sie dafür ein Thema, welches Sie in einem bestimmten Zeitfenster zu bearbeiten haben. Die Festlegung des Themas und der Aufgabenstellung erfolgt durch die Fachlehrkraft, zum Thema können Sie aber einen Vorschlag machen. Dazu findet nach der Abiturzulassung, aber spätestens eine Woche vor Aushändigung der Prüfungsaufgabe ein informelles Beratungsgespräch statt. Die Aufgabenstellung inklusive zugehöriger Materialien erhalten Sie zwei Wochen vor dem Präsentationstermin, also der mündlichen Prüfung. Nun haben Sie zwei Wochen Zeit, diesen Teil der Prüfung selbstständig vorzubereiten. Dabei sollen Sie wissenschaftspropädeutisch arbeiten, d. h. auch eigenständig zusätzliches Material und eine Visualisierungsmethode auswählen sowie Schwerpunkte setzen.

TIPP

Nutzen Sie gezielt im Unterricht erworbenes Wissen und achten Sie bei der medialen Unterstützung Ihrer Präsentation vor allem auf Funktionalität. Die Lehrkraft darf Sie während der Vorbereitung nicht beraten und keine Rückmeldung geben.

Schriftliche Dokumentation

Sie sind verpflichtet, eine schriftliche Dokumentation Ihrer Arbeit zu erstellen, in der Sie auch die verwendeten Hilfsmittel angeben und wie bei der Facharbeit die Eigenständigkeit Ihrer Arbeit erklären müssen. Die Dokumentation geben Sie eine Woche vor der Prüfung bei Ihrer Lehrkraft ab. Sie soll einen Umfang von drei Seiten (DIN A4, Zeilenabstand 1,5, Schrifttyp Arial, Schriftgröße 11) nicht überschreiten und folgende Elemente enthalten:

- Name, Thema, Prüfungsjahrgang, Schule, Prüferin bzw. Prüfer
- Angaben zur geplanten Struktur des mediengestützten Vortrages (Gliederung)
- Angaben zur geplanten inhaltlichen Ausrichtung (inhaltliche Schwerpunkte, grundlegende Lösungsansätze)
- voraussichtlich verwendete Präsentationsmedien
- verwendete Quellen
- Erklärung zur Eigenständigkeit der erbrachten Leistung

Die Dokumentation wird bei der Bewertung berücksichtigt. Vorab darf sie von der Lehrkraft nicht kommentiert oder korrigiert werden.

Ablauf der Präsentationsprüfung

Die Prüfung dauert zwischen 30 und 45 Minuten. Sie ist also deutlich länger als die „traditionelle“ mündliche Prüfung. Aber auch sie besteht aus zwei Teilen:

1. Sie beginnen mit der **Präsentation**, die Sie in häuslicher Arbeit vorbereitet haben. Ihre Präsentation sollte 15 bis 20 Minuten dauern und – mit medialer Unterstützung – frei vorgetragen werden. Verzichten Sie auf Karteikarten und/oder die Referentenansicht bei PowerPoint. Nutzen Sie nach Möglichkeit aus dem Unterricht bekannte und eingeübte Präsentationsmedien und setzen Sie diese unbedingt funktional ein. Im Zentrum der Präsentation steht der mündliche Vortrag, in dem Sie zeigen sollen, dass Sie den vorbereiteten Gegenstand sachangemessen, adressat(inn)en- und situationsgerecht präsentieren können. Des Weiteren sollten Sie Ihren eigenen Standpunkt differenziert und begründet vertreten. Der Vortrag soll der in der Dokumentation angegebenen Gliederung folgen, welche den prüfenden Lehrkräften vorliegt. Wenn Sie nach der Abgabe noch Änderungen daran vorgenommen haben, können Sie das im nachfolgenden Gespräch erläutern. Die Prüfungskommission wird Sie während Ihres Vortrags nicht unterbrechen, kann aber Fragen dazu stellen, sobald Sie fertig sind.

2. Es folgt das Prüfungsgespräch, das möglichst genauso lang sein soll wie Ihr Vortrag. Es dient zunächst dazu, die Eigenständigkeit Ihrer Prüfungsleistung zu erfassen. Seien Sie also darauf vorbereitet, auch inhaltliche Nachfragen beantworten zu können. Gegebenenfalls bitten die prüfenden Lehrkräfte Sie auch, die Wahl des Präsentationsmediums zu begründen, um die funktionale Anbindung an den Inhalt zu überprüfen. Des Weiteren sollen die von Ihnen dargelegten Aspekte nun in einen größeren fachlichen Zusammenhang gestellt werden; ähnlich wie bei der herkömmlichen Prüfung muss also ein Semesterübergriff erfolgen. Achten Sie auch im Gespräch darauf, Blickkontakt mit dem Prüfer bzw. der Prüferin herzustellen und die gestellten Aufgaben fachlich angemessen anzugehen. Fragen Sie nach, wenn Ihnen etwas unklar ist. Auch hier geht es darum, dass sich ein Gespräch „auf Augenhöhe“ entwickelt, in dem Sie zwar präzise und sachorientiert auf Fragen und Impulse eingehen, aber möglichst eigenständig Zusammenhänge herstellen.

TIPP

Bereiten Sie die Präsentationsprüfung gut vor! Stellen Sie sicher, dass Sie Ihren Vortrag wie geplant halten können, z. B. indem Sie die räumlichen Gegebenheiten erfragen und die technischen Voraussetzungen überprüfen. Bereiten Sie einen Papierausdruck Ihrer Präsentation vor; diesen müssen Sie nach der Prüfung für die Prüfungsakte abgeben. Üben Sie Ihren Vortrag zu Hause vor dem Spiegel oder mit Freunden.

Ein **Aufgabenbeispiel für die Präsentationsprüfung** finden Sie auf der Homepage des Niedersächsischen Kultusministeriums (www.nibis.de). Zu dem Beispiel werden auch eine mögliche Gliederung, ein Erwartungshorizont und Hinweise zur Bewertung gegeben.

INFO

Auf finaleonline.de finden Sie mehrere Videos zur Vorbereitung auf die mündliche Abiturprüfung. Die mündliche Prüfung ist bei vielen Abiturientinnen und Abiturienten ein angstbesetztes Thema.
Da ist es sicher hilfreich, in den Videos einige Tipps und Tricks für einen sicheren Auftritt zu bekommen und einer Abiturientin / einem Abiturienten während der Prüfung über die Schulter schauen zu können: https://finale.westermann.de/videos/muendliche-pruefung.

Basiswissen

Grundlegende Arbeitstechniken

Arbeitsschritte zur Lösung von Abituraufgaben

Arbeitsschritte	**Handlungen**
Zeit einteilen und effektiv nutzen	– Auswahlzeit nutzen – Zeitkontingent für Texterschließung festhalten – Zeitkontingent für die schriftliche Bewältigung der Teilaufgaben festlegen – Zeitkontingent für die Überarbeitung einplanen
Aufgabenvorschläge lesen, verstehen und auswählen	– Aufgabenvorschläge gründlich lesen – inhaltlichen und methodischen Schwerpunkt klären – eigenes fachliches Vorwissen abrufen – Operatoren (→ S. 29) und das damit geforderte methodische Vorgehen klären – sich für einen Aufgabenvorschlag entscheiden (die meisten Lehrkräfte sammeln den nicht gewählten Vorschlag nach der Auswahlzeit wieder ein)
Text bzw. Texte mit Blick auf die Aufgabenstellung analysieren	– Lesestrategien nutzen • 5-Schritt-Lesemethode • Fragen an den Text stellen – Schreibstrategien verwenden – Interpretationsverfahren berücksichtigen – Textanalyse entzerren • Vorwissen festhalten • äußere Textmerkmale kennzeichnen • Interpretationshypothese aufstellen • Inhalt erschließen • Argumentationsweg bzw. Gedankenführung herausstellen • sprachliche Mittel und ihre Funktion für die inhaltliche Aussage erarbeiten – Erschließungsergebnisse schriftlich festhalten
Klausur schreiben	– Gliederung oder Schreibplan aufstellen – einzelne Gliederungspunkte ausformulieren
Klausur überarbeiten	– Text überarbeiten in Hinsicht auf • die inhaltlichen Vorgaben der Aufgabenstellung • die Logik der Gedankenführung • die formale Richtigkeit (Textsorte erfasst?) • die sprachliche Korrektheit

Aufgabenstellungen lesen, verstehen und auswählen

Bei der schriftlichen Abiturprüfung im Fach Deutsch muss von drei verschiedenen Aufgabenvorschlägen einer ausgewählt werden. Die Bearbeitungszeit beträgt im Kurs auf grundlegendem Anforderungsniveau 220 Minuten und im Kurs auf erhöhtem Anforderungsniveau 300 Minuten. Hinzukommen jeweils 20 Minuten Einlese- und Auswahlzeit. Die Aufgabenvorschläge entsprechen den Aufgabenarten, die insbesondere in den Klausuren der letzten beiden Jahrgangsstufen und in entsprechenden schriftlichen Übungen eingeübt worden sind. Schwerpunkte bilden dabei die Analyse von literarischen Texten, die Analyse von Sachtexten sowie die Erörterung eines fachspezifischen Sachverhalts. Bei der Auswahl der Aufgabe können Sie sich an folgenden Fragen orientieren:

- Verstehe ich den Text bei einem ersten überfliegenden Lesen? (→ S. 32)
- Bezieht sich der Text auf ein Thema, das ich gut vorbereitet habe?
- Verstehe ich die Aufgabenstellung? Weiß ich, welche Handlungsanweisungen die **Operatoren** (https://nibis.de/uploads/1gohrgs/operatoren_2021/DE_2021Abi_Operatoren.pdf), die in den Aufgabenstellungen erwähnt sind, geben?

Sie wählen am besten den Vorschlag aus,
- dessen Textvorlage Sie insgesamt problemlos verstehen bzw. zu dem Sie schnell einen Zugang finden;
- zu dessen Thema Sie genügend Fachkenntnisse haben und das Sie in einen größeren Zusammenhang einordnen können;
- dessen Aufgabenstellung für Sie klar verständlich ist, sodass Sie sie bewältigen können.

Vorwissen aktivieren, Vorarbeiten durchführen

Trotz der Besonderheiten der jeweiligen Gattung ist das systematische Herangehen an einen Dramenauszug oder an zwei zu vergleichende Gedichte in den Arbeitsschritten anderen Analyseaufgaben vergleichbar (→ S. 28). Der Verstehensvorgang erfordert dabei einen besonders intensiven Blick auf die unterschiedlichen Deutungsmöglichkeiten (→ S. 30).
Im Rahmen der Vorüberlegungen empfiehlt es sich, das bereits Bekannte wachzurufen, denn die Aktivierung von Vorwissen hilft, sich in das Thema einzudenken und einen ersten Zugang zu finden: Was weiß ich bereits über das in dem Text angesprochene Thema? Sie sollten daher u. a. stichwortartig
- Ihre Leseerwartung,
- Ihre ersten Leseeindrücke und Titelassoziationen,
- Ihre Beobachtungen zur gattungspezifischen Gestaltung,
- Ihr Sachwissen über die Gattung, die Autorin / den Autor, die jeweiligen historischen Hintergründe sowie
- eventuelle Unklarheiten und weitere Fragen an den Text

notieren.

Texte erschließen

Mit Interpretationsverfahren arbeiten

Für fiktionale Texte – seien sie lyrisch, episch oder dramatisch – gilt grundsätzlich, dass deren Analyse oder Deutung (Interpretation) keine Allgemeingültigkeit beanspruchen kann. Vielmehr ist es nötig, sich der jeweiligen Lesart des Ansatzes, der die Deutung leitet, bewusst zu sein.
Grundsätzlich unterscheidet man zwei Interpretationsansätze:
- die *werkimmanente* (auch: textimmanente) und
- die *werkübergreifende* (auch: textexterne) Interpretation.

Interpretationsverfahren im Überblick

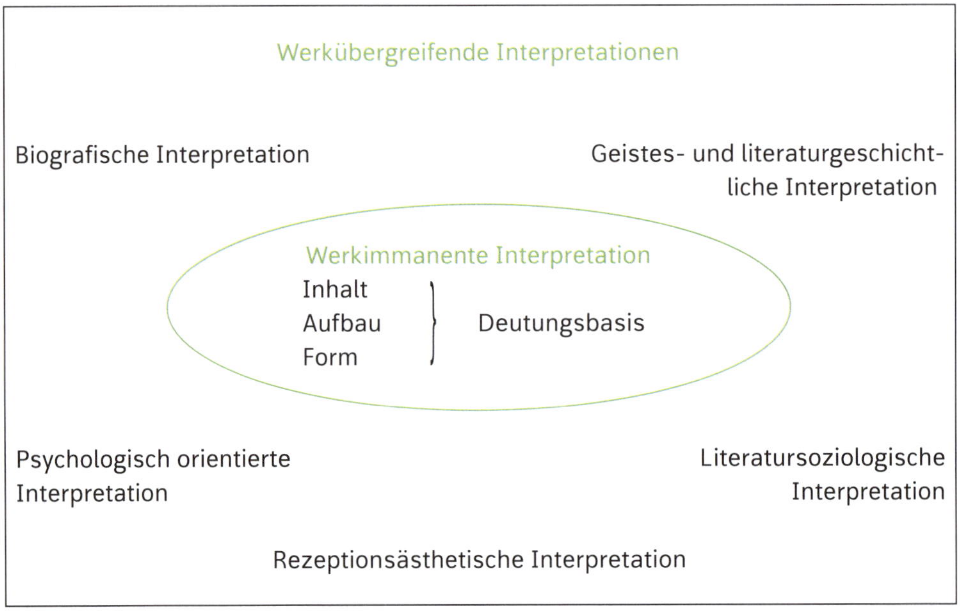

Die werkimmanente Interpretation

Die werkimmanente oder auch textimmanente Interpretation lässt alles Wissen um historische Bedingtheit, soziale Kontexte oder biografische Bezüge außer Acht und sieht den Text als Kunstwerk geradezu autonom. Ohne über den Text hinausgehende Information werden hier möglichst umfassend Inhalt und Form untersucht und interpretiert. Dabei geht es um direkte Aussagen, Verschlüsseltes, bewusst nicht Formuliertes, aber Gemeintes, um den Text in Aufbau und Gestaltung.
Der Schweizer Germanist Emil Staiger prägte diese Richtung des Interpretierens. Sie war in den Fünfziger- und Sechzigerjahren des 20. Jahrhunderts dominant in der Germanistik und im Deutschunterricht.

Dass das Bedingungsgeflecht, in dem ein literarischer Text entstanden ist – und rezipiert wird –, bei dessen Deutung stets mitzudenken ist, gehört heute zum selbstverständlichen Denken im Zusammenhang mit Interpretationen. Die werkimmanente Betrachtung ist daher inzwischen eher ein Ausgangspunkt oder eine Vorarbeit für die Deutung.

Werkübergreifende Interpretationen

- Eine *biografisch orientierte Interpretation* untersucht den Text vor allem mithilfe der Lebensgeschichte einer Autorin bzw. eines Autors und deren Selbstaussagen. Ausgangspunkt ist die These, dass sich im Kunstwerk persönliche Erfahrungen in vielfältiger Weise spiegeln.

- Leitender Aspekt einer *psychologisch orientierten Interpretation* ist die Vorstellung, dass eine Autorin / ein Autor oft auch unbewusst die Verarbeitung der eigenen psychischen Situation im Kunstwerk leistet. Modelle der Psychoanalyse, beginnend mit Sigmund Freud (1856 – 1939), können nach dieser Auffassung zur Entschlüsselung dienen. Wissen um die Biografie ist dafür unerlässlich.

- Eine *geistes- und literaturgeschichtliche Interpretation* versteht den Text als Produkt seiner Zeit, der Strömungen in Philosophie, Kunst, Naturwissenschaften sowie Politik und Gesellschaft. Die jeweilige literarische Epoche (Sturm und Drang, Naturalismus, Expressionismus usw.) wird zum Einordnungsrahmen der Untersuchung.

- Bei einer *literatursoziologisch angelegten Interpretation* steht das Verhältnis von literarischem Werk und Gesellschaft im Mittelpunkt. Die Frage, ob und wie der Text die politischen und sozialen Konflikte seiner Entstehungszeit aufgreift, ist zentral. Darüber hinaus wird nach dem Zusammenhang von Textproduktion und Textwirkung gefragt. Als dialektisch-materialistischen Ansatz bezeichnet man die literatursoziologische Interpretation, wenn bestimmte Grundannahmen des Marxismus (z. B. das Geschichtsbild: Die Geschichte als Geschichte von Klassenkämpfen) als erkenntnisleitend angenommen werden.

- Bei einer *rezeptionsästhetischen Interpretation* liegt der Schwerpunkt auf der Frage, wie die/der einzelne Lesende oder das Lesepublikum den Text verstanden bzw. rezipiert hat. Ausgangspunkt ist die Überlegung, dass alle Lesenden den Text unterschiedlich auffassen und daher keine „gültige" Interpretation möglich ist. Die Wirkung bei den Lesenden ist abhängig von seiner Herkunft, seinem Alter usw. und ermöglicht daher eine jeweils neue Sicht des Werks.

Als geeignetes Vorgehen für eine Interpretation wird heute in der Regel die **kritisch-hermeneutische Methode** angesehen, die die genannten Ansätze vereinigt und von einem sich sukzessiv entwickelnden Deutungsfortschritt ausgeht. Dabei soll sich der Erkenntnisprozess von einem ersten, noch wenig reflektierten Vorverständnis bis hin zu einer Kontexte unterschiedlichster Art einbeziehenden Interpretation entwickeln (hermeneutischer Zirkel).

Lesestrategien einsetzen

Der gezielte Einsatz von Lesestrategien hilft sowohl bei der Erschließung von Sachtexten als auch bei der Analyse von fiktionalen Texten.

Die 5-Schritt-Lesemethode

1. Schritt	**antizipierendes Lesen** – Über welches Vorwissen verfügen Sie bereits? – Welche ersten Informationen erhalten Sie durch Titel, Untertitel, Zwischenüberschriften und Layout? *Ziel:* Aufbau eines Erwartungshorizonts
2. Schritt	**überfliegendes Lesen** – Welche Informationen geben die äußeren Textmerkmale im Hinblick auf Thema und Intention des Textes? (Autorin/Autor, Titel, Textsorte, Erscheinungsort, und -jahr) – Welche Informationen geben erste innertextliche Signale? (z. B. Anfang und Ende des Textes, Absatzanfänge, Hervorhebungen) *Ziel:* grober Überblick über Inhalt und Machart des Textes
3. Schritt	**klärendes Lesen** – Welche Begriffe bzw. Textstellen müssen geklärt werden? – Welches sind die zentralen Aussagen des Textes? – Wie ist der Text gedanklich aufgebaut? An welchen Textsignalen lässt sich der argumentative Aufbau erkennen? *Ziel:* detaillierte Klärung von Textinhalt und Textaufbau
4. Schritt	**vertiefendes konzentriertes Lesen** – Welche sprachlichen Mittel verwendet die Autorin / den Autor, um ihre/seine Aussageabsicht deutlich zu machen? – Welche Aspekte des Layouts unterstützen die Textaussagen? *Ziel:* Verknüpfung von inhaltlichen Aussagen und sprachlicher sowie formaler Gestaltung des Textes
5. Schritt	**reflektierendes und beurteilendes Lesen** – Inwieweit wird der Text inhaltlich, sprachlich und formal seiner Aussageabsicht gerecht? – Welche Aspekte sprechen für, welche gegen die Position bzw. die einzelnen Aussagen des Textes? – Welche Schlussfolgerungen lassen sich aus dem Text entwickeln? *Ziel:* Entwicklung einer eigenen Position

Trainieren Sie die einzelnen Schritte zunächst systematisch. Bei mehr Routine gehen sie automatisch ineinander über.

Fragen an den Text stellen

- Wer hat den Text, wann und zu welchem Zweck verfasst?
- An wen wendet sich der Text?
- Worum geht es in dem Text?
- In welchem thematischen Zusammenhang steht der Text?
- Welches sind – bezogen auf das Thema – die zentralen Aussagen des Textes?
- Welche Position vertritt die Autorin oder der Autor?
- Wie ist der Text gedanklich aufgebaut?
- Mit welchen sprachlichen und formalen Mitteln wird die Aussageabsicht deutlich gemacht?
- Wie beurteile ich den Text vor dem Hintergrund meiner fachlichen Kenntnisse zu diesem Thema?

Es ist hilfreich, die Fragen auf einzelne Blätter, etwa in Form einer Mindmap, zu notieren und die Antworten stichwortartig zu formulieren. Auf diese Weise erhalten Sie ein Schreibgerüst, auf dessen Basis Sie den Klausurtext verfassen können.

Ergebnisse der Texterschließung festhalten

Die Ergebnisse der Texterschließung sollten für die weitere Verarbeitung schriftlich festgehalten werden. Dazu bieten sich folgende Verfahren an:

- Stichpunkte zu den einzelnen Arbeitsschritten der gewählten Lesemethode festhalten.
- Erschließungsergebnisse in einer Mindmap zusammenstellen.
- Ein Schaubild anfertigen, das den gedanklichen Aufbau eines Textes zeigt.
- Die Erschließungsergebnisse in ein Fluss- oder Strukturdiagramm umsetzen (insbesondere für die Erschließung argumentativer Texte geeignet).
- Schlüsselwörter (Wörter, die die zentralen Textaussagen enthalten, d.h. den Text aufschließen) herausschreiben und mit Pfeilen und Symbolen logisch miteinander verbinden.

Diese unterschiedlichen Verfahren sollten im Vorfeld der Prüfung erprobt werden. So können Sie feststellen, welche Verfahren für welche Textsorten besonders geeignet sind und mit welchen Verfahren Sie selbst am besten zurechtkommen.

Typische Schwierigkeiten bei der Texterschließung

Schwierigkeit	**Tipps**
Ich kann die zentralen Aussagen eines Textes nicht herausarbeiten.	– inhaltlichen Schwerpunkt der Aufgabenstellung klären – Thema formulieren – Text mit Blick auf das Thema lesen – Schlüsselwörter, d. h. immer wieder auftretende Begriffe oder Wörter, die zu einem Wortfeld gehören, markieren – zu jedem Textabschnitt einen Satz formulieren
Ich habe Probleme im Umgang mit schwierigen Textstellen.	– unbekannte Wörter mithilfe eines Wörterbuchs klären – unbekannte Wörter oder schwer zu verstehende Formulierungen aus dem Kontext heraus klären – den Satzbau ändern, Nebensätze in Hauptsätze auflösen, Satzverbindungen herstellen – die Textstelle mit eigenen Worten umschreiben – Fragen an den Text stellen
Ich kann den Aufbau eines Textes nicht erkennen.	– Thema und zentrale These des Textes klären (Hinweise enthalten oft Titel, Untertitel, erster und letzter Abschnitt eines Textes) – These, Argumente, Beispiele mit unterschiedlichen Farben oder Symbolen kenntlich machen – Konnektoren (Satzverbindungen) heraussuchen wie z. B. *dennoch, trotzdem, im Unterschied dazu, obwohl …* und Bezüge zwischen den Aussagen markieren – Überschriften für Absätze formulieren und mit entsprechenden Satzverbindungen logisch verknüpfen – Textgerüst in Form eines Schaubildes aufzeichnen
Ich gebe den Textinhalt immer nur wieder und analysiere den Text nicht.	– Texterschließung entzerren, nacheinander folgende Fragen beantworten: *Was steht im Text?* *Was bedeutet die Aussage für den gesamten Text / das Thema?* – Textstellen mit eigenen Worten umschreiben, nicht nur Zitate aus dem Text aneinanderreihen
Ich kann keine eigene Position zu einem Text entwickeln.	– sich das eigene Vorwissen vor der Lektüre des Textes klarmachen (thematisches Wissen, Kenntnisse zu Textsorte oder Autorin/Autor), Cluster oder Mindmap anlegen – Bezugspunkte aus dem Text notieren, auf die ich konkret eingehen will; Vortext in Ich-Form schreiben: *Der Autor schreibt …, ich meine …*

Texte schreiben

Schreibstrategien verwenden

Das Schreiben der schriftlichen Abiturarbeit kann durch die Berücksichtigung folgender Schreibstrategien erleichtert werden:

Die 5-Schritt-Schreibmethode

1. Schritt	**Den Schreibprozess organisieren** Vor Arbeitsbeginn wird überlegt: – Wie viel Arbeitszeit steht mir insgesamt zur Verfügung? – Wie viel Zeit setze ich für die einzelnen Arbeitsschritte an?
2. Schritt	**Den Schreibprozess vorbereiten** – Die Aufgabenstellung wird geklärt. – Der Text wird mithilfe geeigneter Lesestrategien (→ S. 32) erschlossen. – Eine Arbeitshypothese wird formuliert, z. B. *Der Text handelt von ... In dem Text geht es um ... Die Autorin vertritt die Position ...* – Eigene Ideen zu Text, Thema, Unterthemen usw. werden notiert.
3. Schritt	**Arbeitsergebnisse strukturieren** – Die Ergebnisse der Texterschließung werden nach Oberthemen sortiert. – Die einzelnen Unterthemen werden in eine logische Abfolge gebracht, z. B. in Form einer linearen Gliederung bzw. einer Mindmap. – Die eigenen Ideen aus Schritt 2 werden zugeordnet.
4. Schritt	**Die Klausur schreiben** – Die Klausur wird auf der Basis der Vorarbeiten geschrieben. Dabei entspricht jeder Gliederungspunkt einem Abschnitt. – Eine Teilaufgabe der Klausur sollte in einem Zug ohne Unterbrechung verfasst werden, damit der Gedankengang nicht gestört wird.
5. Schritt	**Die Klausur überarbeiten** Die Klausur wird überarbeitet im Hinblick – auf das verwendete Textmuster und dessen Merkmale, – den sachlogischen Aufbau, – die schlüssige Verknüpfung der einzelnen Teile, – die Korrektheit von Rechtschreibung, Zeichensetzung und Grammatik.

Typische Schwierigkeiten beim Schreiben

Schwierigkeit	Tipps
Ich weiß häufig nicht, wie ich mit der „eigentlichen" Klausur anfangen soll.	– Einleitungssatz bzw. -sätze mit Blick auf die bekannten Textmuster vorbereiten – den möglichen Verlauf der Arbeit in einem Schaubild skizzieren (Begriffsnetz, Flussdiagramm usw.) – einen Gliederungspunkt, bei dem ich mich sicher fühle, als ersten ausformulieren
Ich gebe immer nur den Text wieder, ohne ihn zu analysieren; oft verbinde ich einfach nur Zitate miteinander.	– die Textanalyse mittels Fragen staffeln, z. B.: *Was sagt der Autor?* (Informationen entnehmen) *Welche Aussageabsicht hat die Autorin?* (Intentionen erkennen) *Welcher Zusammenhang besteht zwischen Inhalt und Form?* (reflektieren) *Welche Position vertrete ich?* (bewerten) – sich von der Textvorlage lösen, eigene Formulierungen finden – Zitate so knapp wie möglich halten
Meine Klausuren werden häufig sehr lang; ich werde kaum mit der Aufgabe fertig.	– das Konzept in wenigen Sätzen skelettartig entwerfen, in welchen die Grundgedanken der Klausur enthalten sind – die Sätze im Sinne von Überschriften für die einzelnen Textabschnitte nutzen – den Text im Hinblick auf Wiederholungen kontrollieren
Ich weiß manchmal gar nicht, was ich zu einem Gliederungspunkt alles schreiben soll. Häufig fällt mir nur ein Satz ein.	– zu einem Gliederungspunkt, der zu knapp ausgefallen ist, eine Mindmap anlegen – die Perspektive wechseln: *Was müsste eine Adressatin / ein Adressat wissen, um meine Gedanken möglichst präzise zu verstehen?* – den Klausurtext mit Beispielen veranschaulichen
Mir fällt es schwer, meine Gedanken so miteinander zu verbinden, dass der logische Aufbau der Klausur deutlich wird.	– den Klausurtext in Sinnabschnitte gliedern – sich logische Zusammenhänge klar machen und entsprechende Satzverknüpfungen verwenden, z. B. *im Hinblick auf, darüber hinaus, im Gegensatz zu, anders als ...*
Ich weiß nicht, was eine knappe Zusammenfassung sein soll.	– knapp auf Hauptthese(n) bzw. zentralen Interpretationsansatz eingehen – die eigene Position nochmals verknappt formulieren

Mit Zitaten und Textbelegen arbeiten

Zitate und Textbelege haben die Funktion, die eigenen Aussagen durch Verweise auf den Ausgangstext abzusichern und nachvollziehbar zu machen.

Regeln für die Arbeit mit wörtlichen Zitaten

- Eine Textstelle, d. h. eine Formulierung, ein Satz oder auch mehrere Sätze, wird wortwörtlich aus einer Vorlage übernommen; das gilt auch für Besonderheiten der Rechtschreibung und Zeichensetzung (z. B. Textvorlagen in alter Rechtschreibung).
- Zitate werden durch Anführungszeichen deutlich gemacht.
- Auslassungen in einem Zitat – unabhängig davon, ob es sich um ein einzelnes Wort, eine Formulierung oder mehrere Sätze handelt – werden durch eckige Klammern mit drei Punkten gekennzeichnet: [...]. Ein Zitat darf nicht soweit gekürzt werden, dass die Aussage verfälscht wird.
- Zitate, die man in den eigenen Text einpasst, müssen in einigen Fällen inhaltlich (z. B. durch ein erklärendes Wort) oder grammatisch (z. B. durch eine Veränderung des Kasus) dem eigenen Satzbau angepasst werden. Die Eingriffe kennzeichnet man durch die Verwendung eckiger Klammern, z. B. *„Er wirft ihm [Danton] vor, dass [...].“*
- Zitate in Zitaten kennzeichnet man mit einfachen Anführungszeichen, z. B. *„wenn Törless die besondere Wirklichkeit immer wieder mit dem Wort ‚es‘ zu fassen sucht.“*
- Zitate werden mit einem Hinweis auf den Fundort beendet. Dies geschieht in Form von Seiten-, Zeilen- oder Versangaben, z. B. *„Er [Törless] hatte jetzt einen ganz neuen Respekt vor der Mathematik“* (S. 75, Z. 3).

TIPP

- Zitate sollten sparsam verwendet werden.
- Jedes Zitat muss ausgewertet werden, d. h. die eigenen Aussagen absichern.

Regeln für die Arbeit mit sinngemäßen Zitaten

Gibt man die Gedanken eines anderen wieder, verwendet man

- eine einleitende Formulierung, z. B. *Nach Meinung von ...*, bzw. einen entsprechenden Einleitungssatz, z. B. *Die Autorin hebt hervor, dass ...* Durch die einleitende Formulierung wird auch das eigene Textverständnis deutlich.
- indirekte Rede (Konjunktiv I), z. B. *Der Gebrauch von Anglizismen habe in Frankreich nicht in gleichem Ausmaß zugenommen.*

Sinngemäße Zitate werden wie wörtliche Zitate mit einem Verweis auf die Textstelle in Form von Seiten-, Zeilen- oder Versangaben beendet.

Texte überarbeiten

Klausurtexte überarbeiten

Klausurtexte sollten im Hinblick auf inhaltliche und formale Anforderungen überarbeitet werden. Die Überarbeitung sollte in zwei Schritten erfolgen:

CHECKLISTE zur inhaltlichen Überarbeitung

- ☑ Habe ich die Vorgaben der Aufgabenstellung entsprechend berücksichtigt?
  - inhaltliche Vorgaben: Texte, Thema, weiterführende Schreibaufgabe
  - methodische Anweisungen (Operatoren)
- ☑ Hat meine Arbeit einen roten Faden?
  - klare Gliederung
  - präzise Zuordnung der Ergebnisse zu den einzelnen Gliederungspunkten
  - keine Ausführungen, die nicht zum Thema gehören
- ☑ Ist meine Arbeit widerspruchsfrei?
  - sachliche Richtigkeit
  - schlüssige Argumentation
- ☑ Habe ich mein fachliches Vorwissen eingebracht und logisch mit den neu gewonnenen Untersuchungsergebnissen verknüpft?
  - allgemeine Kenntnisse zum Thema
  - (literarische) Fachkenntnisse zu Thema, Epoche, Autorin/Autor, Vergleichstexten

CHECKLISTE zur formalen Überarbeitung

- ☑ Entspricht meine Arbeit den Vorgaben der vorgegebenen Textsorte (Textanalyse, Textvergleich, Texterörterung, Stellungnahme usw.)?
  - Einleitung, Hauptteil, Schluss
  - Einteilung in Abschnitte, die aufeinander Bezug nehmen
  - logische Verknüpfungen zwischen den einzelnen Abschnitten durch verbindende Wörter oder Formulierungen
- ☑ Entspricht meine Arbeit den sprachlichen und formalen Erwartungen an eine Abiturklausur?
  - präzise Wortwahl
  - Verwendung von Fachvokabular
  - verständlicher, abwechslungsreicher Satzbau
  - Vermeidung von Umgangssprache
  - korrektes Arbeiten mit Zitaten und Textbelegen
  - sprachliche Korrektheit in Bezug auf Grammatik, Rechtschreibung und Zeichensetzung

Die Ausarbeitung einer persönlichen Checkliste zur Textüberarbeitung hilft Ihnen, den Blick gezielt auf Ihre individuellen Problemfelder zu lenken.

Beispiele für Prüfungsaufgaben

Rahmenthema 1: Literatur und Sprache um 1800

Gegenwelten in der Romantik: Johann Wolfgang Goethe: Faust. Der Tragödie erster Teil

erhöhtes Anforderungsniveau

Aufgabenart: Interpretation eines literarischen Textes mit weiterführender Aufgabe

AUFGABENSTELLUNG

1 Interpretieren Sie den Auszug aus dem Drama „Faust I“ (1808) von Johann Wolfgang Goethe und erläutern Sie den inneren Zwiespalt des Protagonisten. *(Gewichtung: 60 %)*

2 Vergleichen Sie, ausgehend von Ihren Interpretationsergebnissen, die Situation Fausts mit einer typischen Figur aus einem Text der Romantik. *(Gewichtung: 40 %)*

Materialgrundlage

Johann Wolfgang Goethe: „Faust. Der Tragödie erster Teil.“ Paderborn: Schöningh Verlag 1999, S. 33 ff. (Verse 903 – 1163)

Faust. Der Tragödie erster Teil *Johann Wolfgang Goethe*

Information zum Drama

Johann Wolfgang Goethes „Faust I“ ist das wohl bekannteste Werk der deutschen Literatur. 36 Jahre lang hat Goethe immer wieder an dem Drama gearbeitet, das 1808 veröffentlicht wurde und die Geschichte des Gelehrten Dr. Heinrich Faust erzählt. Der Protagonist tritt erstmalig in der Szene 4 („Nacht“) auf und beklagt in einem Monolog sein Leben: Er ist durch und durch unzufrieden, da er alle in der damaligen Zeit möglichen Fächer studiert hat, aber dennoch nicht zu der erhofften Erkenntnis über die Welt und den Sinn des Lebens gelangt ist. Sein Wunsch nach transzendentaler Erleuchtung führt zu Geisterbeschwörung und Selbstmordgedanken. Im weiteren Verlauf der Handlung lässt Fausts Streben nach universalem Wissen ihn einen Pakt mit dem Teufel Mephisto schließen, dem er zunächst in Gestalt eines schwarzen Pudels begegnet. Der vorliegende Auszug entstammt der 5. Szene, die mit „Spaziergänger[n] aller Art“ beginnt, welche am Ostersonntag vor die Tore der Stadt ziehen. Faust kommt mit seinem Schüler Wagner hinzu.

Vor dem Tor (Szene 5, Auszug)

[...]

Faust. Vom Eise befreit sind Strom und Bäche
Durch des Frühlings holden, belebenden Blick;
Im Tale grünet Hoffnungsglück;
Der alte Winter, in seiner Schwäche,
Zog sich in raue Berge zurück.
Von dort sendet er, fliehend, nur
Ohnmächtige Schauer körnigen Eises
In Streifen über die grünende Flur;

Aber die Sonne duldet kein Weißes,
Überall regt sich Bildung und Streben,
Alles will sie mit Farben beleben;
Doch an Blumen fehlt's im Revier,
Sie nimmt geputzte Menschen dafür.
Kehre dich um, von diesen Höhen
Nach der Stadt zurückzusehen.
Aus dem hohlen finstern Tor
Dringt ein buntes Gewimmel hervor.
Jeder sonnt sich heute so gern.
Sie feiern die Auferstehung des Herrn, [...]

Sieh nur, sieh! Wie behänd sich die Menge
Durch die Gärten und Felder zerschlägt,
Wie der Fluss, in Breit und Länge,
So manchen lustigen Nachen bewegt,
Und, bis zum Sinken überladen,
Entfernt sich dieser letzte Kahn.
Selbst von des Berges fernen Pfaden
Blinken uns farbige Kleider an.
Ich höre schon des Dorfs Getümmel,
Hier ist des Volkes wahrer Himmel,
Zufrieden jauchzet Groß und Klein;
Hier bin ich Mensch, hier darf ich's sein!
Wagner. Mit Euch, Herr Doktor, zu spazieren
Ist ehrenvoll und ist Gewinn;
Doch würd ich nicht allein mich her verlieren,
Weil ich ein Feind von allem Rohen bin.
Das Fiedeln, Schreien, Kegelschieben
Ist mir ein gar verhasster Klang;
Sie toben wie vom bösen Geist getrieben
Und nennen's Freude, nennen's Gesang.
[...]
Faust.
Betrachte, wie in Abendsonne-Glut
Die grün umgebnen Hütten schimmern.
Sie rückt und weicht, der Tag ist überlebt,
Dort eilt sie hin und fördert neues Leben,
O dass kein Flügel mich vom Boden hebt,
Ihr nach und immer nach zu streben! [...]

Allein der neue Trieb erwacht,
Ich eile fort, ihr ew'ges Licht zu trinken,
Vor mir den Tag und hinter mir die Nacht,
Den Himmel über mir und unter mir die Wellen.
Ein schöner Traum, indessen sie entweicht,
Ach! Zu des Geistes Flügeln wird so leicht
Kein körperlicher Flügel sich gesellen.
Doch ist es jedem eingeboren,
Dass sein Gefühl hinauf und vorwärts dringt,
Wenn über uns, im blauen Raum verloren,
Ihr schmetternd Lied die Lerche singt; [...]
Wagner.
Ich hatte selbst oft grillenhafte Stunden,
Doch solchen Trieb hab ich noch nie empfunden.
Man sieht sich leicht an Wald und Feldern satt;
Des Vogels Fittich werd ich nie beneiden.
Wie anders tragen uns die Geistesfreuden
Von Buch zu Buch, von Blatt zu Blatt!
Da werden Winternächte hold und schön,
Ein selig Leben wärmet alle Glieder,
Und ach! Entrollst du gar ein Stückchen Pergamen,
So steigt der ganze Himmel zu dir nieder.
Faust.
Du bist dir nur des einen Triebs bewusst,
O lerne nie den andern kennen!
Zwei Seelen wohnen, ach! in meiner Brust,
Die eine will sich von der andern trennen;
Die eine hält in derber Liebeslust,
Sich an die Welt mit klammernden Organen;
Die andre hebt gewaltsam sich vom Dust
Zu den Gefilden hoher Ahnen.
O gibt es Geister in der Luft,
Die zwischen Erd und Himmel herrschend weben,
So steiget nieder aus dem goldnen Duft
Und führt mich weg zu neuem, buntem Leben!
Ja, wäre nur ein Zaubermantel mein,
Und trüg er mich in fremde Länder!

Mir sollt er um die köstlichen Gewänder,
Nicht feil um einen Königsmantel sein.
Wagner. Berufe nicht die wohlbekannte Schar,
Die strömend sich im Dunstkreis überbreitet,
Dem Menschen tausendfältige Gefahr,
Von allen Enden her, bereitet.
Von Norden dringt der scharfe Geisterzahn
Auf dich herbei, mit pfeilgespitzten Zungen;
Von Morgen ziehn, vertrocknend, sie heran,
Und nähren sich von deinen Lungen; [...]

Doch gehen wir! Ergraut ist schon die Welt,
Die Luft gekühlt, der Nebel fällt!
Am Abend schätzt man erst das Haus. –
Was stehst du so und blickst erstaunt hinaus?
Was kann dich in der Dämmrung so ergreifen?
Faust. Siehst du den schwarzen Hund durch Saat und Stoppel streifen?
Wagner. Ich sah ihn lange schon, nicht wichtig schien er mir.
Faust. Betracht ihn recht! Für was hältst du das Tier?
Wagner.
Für einen Pudel, der auf seine Weise
Sich auf der Spur des Herren plagt.
Faust. Bemerkst du, wie in weitem Schneckenkreise
Er um uns her und immer näher jagt?
Und irr ich nicht, so zieht ein Feuerstrudel
Auf seinen Pfaden hinterdrein.
Wagner. Ich sehe nichts als einen schwarzen Pudel;
Es mag bei Euch wohl Augentäuschung sein.
Faust. Mir scheint es, dass er magisch leise Schlingen
Zu künft'gem Band um unsere Füße zieht.
Wagner. Ich seh ihn ungewiss und furchtsam uns umspringen,
Weil er, statt seines Herrn, zwei Unbekannte sieht.
Faust. Der Kreis wird eng, schon ist er nah!
Wagner. Du siehst! Ein Hund, und kein Gespenst ist da. [...]

Beispiellösung

Beispiellösung Teilaufgabe 1

„Zwei Seelen wohnen, ach! in meiner Brust“ (V. 1112) – Mit diesem Ausruf versprachlicht der Protagonist Faust seinen inneren Zwiespalt und zeigt gleichzeitig, wie sehr er an diesem verzweifelt. Der vorliegende Auszug aus dem Drama „Faust. Der Tragödie erster Teil“, das von Johann Wolfgang Goethe geschrieben und im Jahr 1808 veröffentlicht wurde, thematisiert das Dilemma, in dem sich der Universalgelehrte Dr. Faust zu Beginn der Handlung befindet. Der Auszug entstammt der 5. Szene („Vor dem Tor“) und handelt von einem Ausflug Fausts vor die Tore der Stadt. Inhaltlich lässt er sich in vier Abschnitte teilen, die zeitlich vermutlich einige Stunden umfassen.

Im ersten Abschnitt (V. 903 – 948) wird dargestellt, wie Faust am Ostersonntag, gemeinsam mit seinem Schüler Wagner, in die Frühlingslandschaft vor der Stadt spaziert und sich so

Hinweise

Einleitung mit Basissatz und Themenformulierung

Tipp: Versuchen Sie, einen originellen Einstieg zu finden, der sich auf wesentliche Inhalte der Szene bezieht und das Interesse der Lesenden weckt.

unter die ländliche Bevölkerung begibt, die sich zur Feier des Ostertages mit Speis und Trank amüsiert. Während Faust den „Tapetenwechsel“ offensichtlich genießt und Freude daran hat, die feiernde Menge zu beobachten, äußert Wagner Skepsis und Verachtung. Teil zwei (V. 1070 – 1095) beschreibt, wie der Tag langsam zu Ende geht. Neben der Naturbegeisterung Fausts wird hier zudem seine Sehnsucht nach dem Überirdischen deutlich, da er sich von der Realität abwendet und davon träumt, die Welt aus der Vogelperspektive zu betrachten. Der dritte Teil (V. 1100 – 1145) kontrastiert die emotionale Sinnlichkeit Fausts erneut mit der nüchternen Bodenständigkeit Wagners, der sein persönliches Glück nicht in der Betrachtung der Natur, sondern im Studium von Büchern findet. Faust versteht ihn zwar, betont aber, dass er mehr vom Leben erwarte und sich daher innerlich zerrissen fühle. Er wünscht sich einen „Zaubermantel“ (V. 1122), der ihm all seine Wünsche erfüllen würde, was dazu führt, dass Wagner ängstlich vor der Anrufung gefährlicher Geister warnt. Er fordert Faust auf, den Heimweg anzutreten, bevor die Nacht hereinbricht. Doch Faust sieht in der Ferne einen schwarzen Hund, dessen Erscheinung die beiden im vierten Abschnitt (V. 1146 – 1163) diskutieren. Erneut werden ihre Ansichten kontrastiert, da Wagner nur einen Pudel sieht, der sein Herrchen verloren hat, wohingegen Faust sein magisches Wesen zu spüren scheint und versucht, dieses in Worte zu fassen. Während der Pudel sich nähert, wirkt aber auch Faust zunehmend ängstlicher, wenngleich er den Teufel, also Mephisto, in dem Tier noch nicht erkennt.

Wiedergabe des Inhalts und Beschreibung des Aufbaus

Tipp: Achten Sie auf eine geordnete Wiedergabe in eigenen Worten.

Insgesamt wird die Spannung der Szene über die vier Teile hinweg vor allem durch Fausts wechselnde Gemütszustände aufgebaut. Von anfänglicher Euphorie in Anbetracht der Natur über Verzweiflung angesichts der Zerrissenheit seiner Seele bis hin zur Angst vor dem Unbekannten, das er in dem schwarzen Pudel erkennt. Wagner tritt nur scheinbar als Dialogpartner und Zuhörer Fausts auf, vielmehr dient er dem Publikum als eine Art Komplementärkontrast zu Faust. Dadurch intensiviert sich die Wirkung der von Faust emotional aufgeladenen Atmosphäre. Im Vordergrund steht also eindeutig die Figur Faust und sein persönliches Dilemma: „Zwei Seelen wohnen, ach! in meiner Brust“ (V. 1112). „Die eine“ (V. 1113) genießt die Natur, die ländliche Bevölkerung und überhaupt alles Irdische, das für ihn in dieser Situation besonders erlebbar wird. Gleichzeitig spürt er durchgängig „[d]ie andre“ (V. 1116), die seinen Trieb nach allem Überirdischen, Transzendentalen verkörpert

Beschreibung des dramaturgischen Verlaufs im Überblick (Spannungsbogen) und **Überleitung zur Deutung** (Interpretationshypothese)

und sich im Wunsch nach dem „Zaubermantel" (V. 1122) manifestiert.
Der Beginn der Textstelle lässt die Zuspitzung des Konflikts kaum erahnen. In kunstvoller Sprache bildet er die fröhliche Ausgelassenheit der Situation ab, die Faust offenbar genießt. Die Beschreibung der Natur wirkt wie ein Spiegel der Gefühle Fausts: „Vom Eise befreit sind Strom und Bäche" (V. 903), schwärmt Faust beim Anblick der Frühlingslandschaft. „Befreit" wirkt dabei aber auch er selbst, der kurz zuvor noch Selbstmordgedanken hegte, weil er mit seinem Leben und seiner Karriere unzufrieden ist. Nun „grünet Hoffnungsglück" (V. 905) und Faust scheint wieder Freude am Leben zu fühlen. Nicht nur die Natur begeistert ihn, auch die Menschen, die auf dem Land leben und arbeiten und sich für diesen besonderen Tag herausgeputzt haben. Die Versgestaltung und der Wechsel der Reimform – es treten Paarreime, Kreuzreime und umarmende Reime auf – unterstützen die Beschwingtheit und das Gefühl von Freiheit in diesem Moment. Ein Blick zurück zeigt die Stadt mit „dem hohlen finstern Tor" (V. 918), aber auch aus diesem „[d]ringt ein buntes Gewimmel hervor" (V. 919). Wenn Faust weiter beschreibt, wie die Auferstehung des Herrn hier gefeiert wird, fühlt auch das Publikum seine Heiterkeit. Die Nähe zum Volk erinnert Faust daran, was das Menschsein bedeutet: „Zufrieden jauchzet Groß und Klein; / Hier bin ich Mensch, hier darf ich's sein!" (V. 939 f.)
Ganz anders fühlt sich Wagner: Er freut sich zwar, dass er seinen Lehrer begleiten darf, kann dessen Unbeschwertheit aber nicht verstehen. Im Gegenteil. Allein, so Wagner, würde er sich niemals unter das einfache Volk begeben. Er bezeichnet dieses als „roh", also ungehobelt und unzivilisiert, und empfindet sogar Hass in Bezug auf die Musik, den Tanz und die Spiele (vgl. V. 941 ff). In seiner Aussage „Sie toben wie vom bösen Geist getrieben" (V. 947) zeigt sich bereits Wagners Angst vor allem, was er nicht rational erschließen kann. Er möchte sich ausschließlich an dem orientieren, was er anfassen und verstehen kann. Dies bestätigt sich später, wenn Wagner selig und ehrfurchtsvoll beschreibt, wie glücklich er sich fühlt, wenn er ein Stück Pergament entrollen und in Büchern lesen darf (vgl. V. 1104 ff.). An dieser Stelle zeigt sich, dass auch Wagner ins Schwärmen kommen kann. So offenbart besonders die Interjektion „Und ach!" in Vers 1108, dass der junge Schüler fest daran glaubt, durch seine Studien zu völliger Glückseligkeit und Erkenntnis gelangen zu können. Die Metapher in Vers 1109 („So steigt der ganze Himmel zu dir nieder") veranschaulicht, dass Wagner hier die nahezu überirdische Freude fühlt, die Faust nur noch in der Natur findet.

Interpretation

Tipp: Legen Sie einen gedanklichen Schwerpunkt (hier die Gemütslage Fausts).

Berücksichtigung sprachlicher Besonderheiten (Versgestaltung)

Wichtig: Die sprachliche Gestaltung sollte immer in ihrer Funktion für den Inhalt gedeutet werden.

Erfassen des Subtextes: im Dialog erkennbare Ansichten und Gefühle
Gegenüberstellung der Figuren Faust und Wagner

Hinweis: Üblich ist in diesem Teil der Interpretation auch die Berücksichtigung der Regieanweisungen, die in der vorliegenden Szene allerdings gänzlich fehlen. Daher konzentriert sich die Deutung hier allein auf den Dialog.

Wagner ist überzeugt, dass man „sich leicht an Wald und Feldern satt“ sehe (V. 1102) und gibt zu, die Nähe Fausts zur Natur nie empfunden zu haben.
Faust dagegen genießt noch die untergehende Sonne, die ihn allerdings auch ein bisschen melancholisch werden lässt. Offensichtlich sind einige Stunden vergangen und „der Tag ist überlebt“ (V. 1072). Es scheint, als wolle Faust dem schwindenden Licht der Sonne nacheilen, wenn er ausruft: „O dass kein Flügel mich vom Boden hebt, / Ihr nach und immer nach zu streben!“ (V. 1074 f.). Die Exklamation wirkt aber weit weniger euphorisch als die vorige Verherrlichung der Natur und lässt die Verzweiflung Fausts durchscheinen, der sich nun – gleichsam mit der Sonne – von der Realität abwendet und sich der Fantasie hingibt. Das Motiv des Flugs zeigt, dass Faust bereit ist, sich von allem Irdischen zu lösen, damit er in ungeahnte Höhen aufsteigen kann. Aus der Vogelperspektive schaut er nun auf die Welt hinunter und stellt sich damit auch in einer Art Selbstüberhöhung über den normalen Menschen – er strebt nach Veränderung oder gar Göttlichkeit.

Charakterisierung Fausts und Erklärung seines zentralen Dilemmas

Tipp: Arbeiten Sie am Text und berücksichtigen Sie bei der Deutung einzelner Textaussagen die Funktion sprachlicher Mittel.

In einem Traum fühlt er „Den Himmel über mir und unter mir die Wellen“ (V. 1088), ist sich aber der Tatsache bewusst, dass sein Körper dem Geist nicht folgen kann (vgl. V. 1090 f.). Er muss erkennen, dass der wiedererwachte „Trieb“, also seine Sehnsucht nach überirdischen Kräften und transzendentaler Erkenntnis, auch seine Verzweiflung neu entfacht. Betont wird dies durch die Interjektion „Ach!“ in Vers 1090, die einem tiefen Seufzer gleich Fausts Inneres nach außen kehrt. Er weiß um diesen Trieb, den Wagner noch nicht fühlt, und vor dem er diesen eindringlich warnt (vgl. V. 1111). Die Unvereinbarkeit der beiden Triebe fasst Faust in dem eingangs zitierten Ausruf mit der zwischengestellten Interjektion eindrucksvoll zusammen. Die Inversion betont zusätzlich, wie sehr ihn das Dilemma innerlich zerreißt und hilft auch dem Publikum bei der sinnlichen Erfassung dessen, was ihm im Dialog präsentiert wird. Darüber hinaus wird dieser Sprechakt Fausts im durchgängigen Kreuzreim präsentiert, was die Unausgeglichenheit der Figur weiter verstärkt. Nur die letzten vier Verse stehen im umarmenden Reim und präsentieren die scheinbare Lösung des Problems: „Ja, wäre nur ein Zaubermantel mein“ (V. 1122 ff.). Damit ist der Weg für den Auftritt des Teufels geebnet, die reale Welt darf sich nun mit der übernatürlichen und mystischen verbinden.

Erläuterung des Handlungsverlaufs

Natürlich warnt Wagner ängstlich vor der Beschwörung übernatürlicher Kräfte und weist darauf hin, dass es schon dunkel geworden ist und sie nach Hause gehen sollten. Wir haben Wagner als bodenständigen Realisten kennengelernt und sehen ihn hier als scheinbar letzte Verbindung Fausts zur irdischen Welt. Den schwarzen Hund, den Faust nun entdeckt (vgl. V. 1146), hat Wagner laut eigener Aussage schon zuvor gesehen, aber als nicht wichtig befunden. Nun kommt es zu einem intensiven Wortwechsel mit deutlich kürzeren Redeanteilen, in dem Faust eindringlich versucht, Wagner vom magischen Wesen des Hundes zu überzeugen: „Betracht ihn recht! Für was hältst du das Tier?“ (V. 1148). Aber der junge Student kann oder möchte nichts Übernatürliches sehen und wagt es gar, seinem Lehrer zu widersprechen: „Es mag bei euch wohl Augentäuschung sein!“ (V. 1157). Faust reagiert gar nicht mehr auf Wagners nüchterne Erklärung, denn im Gegensatz zu diesem spürt er die übernatürliche Macht des Teufels bereits und sieht „Feuerstrudel“ (V. 1154), die hier metaphorisch für das Höllenfeuer stehen könnten. Zwar weiß Faust noch nicht, dass Mephisto ihm hier in Gestalt des Pudels erscheint, aber seine Aussage „Mir scheint es, dass er magisch leise Schlingen / Zu künft'gem Band um unsre Füße zieht.“ (V. 1158 f.) hat unzweifelhaft vorausdeutenden Charakter und lässt das aufmerksame Publikum bereits den sich anbahnenden Teufelspakt erkennen. Damit ist der Höhepunkt des vorliegenden Auszugs aus der Szene 5 erreicht. Fausts letzter kurzer Satz verdeutlicht, dass ihm die Erscheinung, die ihn zunächst so zu faszinieren schien, nun doch Angst macht. Die Metapher „Der Kreis wird eng, schon ist er nah!“ (V. 1162) weist bildhaft darauf hin, dass Faust in die Fänge des Teufels geraten ist. Der Auszug endet mit einem letzten Versuch Wagners, Faust davon zu überzeugen, dass es keine Gespenster gebe und der Pudel wirklich nur ein Hund sei. Trotz des energischen Imperativs „Du siehst!“ (V. 1163) und des offenen Endes glaubt zu diesem Zeitpunkt kaum jemand mehr daran. Vielmehr fühlt man mit Faust seine innere Verzweiflung und Bereitschaft, sein Dilemma durch die Hinwendung zu Magie und Mystik zu lösen.

Tipp: Versuchen Sie, Zusammenhänge nachvollziehbar darzustellen und zu erklären.

Berücksichtigung der Dialoggestaltung

Insgesamt wirkt das „Zwei-Seelen-Dilemma“ sehr überzeugend und der Auftritt des Teufels schließt sich logisch an Fausts Wunsch nach einem Zaubermantel an. Diese Äußerung belegt, dass Faust bereit ist, das Übernatürliche in sein Leben zu lassen, um zu neuen Erkenntnissen zu gelangen und seiner Unzufriedenheit mit sich und der Welt entgegenzuwirken. Normalerweise weiß zwar jeder Mensch um sein Sterblichkeit, aber der Gegensatz zwischen der Endlichkeit des eigenen Lebens und der Unendlichkeit allen Daseins ist ihm nicht ständig bewusst. So verzweifelt der Mensch in der Regel nicht an diesem Gegensatz.

Deutung bildsprachlicher Elemente

In der vorliegenden Szene zeigt Goethe aber am Beispiel der Figur Faust, dass der Mensch nach individueller Vollkommenheit und der Auflösung all seiner persönlichen Konflikte streben kann oder sogar soll. Faust sehnt sich nach der Allerkenntnis und kann seinen inneren Zwiespalt im realen Leben nicht lösen; folglich wendet er sich der übernatürlichen Welt zu.

Zusammenfassende Deutung und Beschreibung der Wirkung und Aussageabsicht

Seine Sehnsucht nach einem höheren Dasein sowie der Glaube an das Übernatürliche und Fantastische verleihen der komplexen Figur etwas Romantisches und legen eine Einordnung des Dramas in die Epoche der Romantik (etwa 1795 bis 1848) nahe. Gleichzeitig sind aber noch Merkmale der Aufklärung erkennbar, nicht nur in der Figur Wagners, sondern auch in Fausts unbedingtem Drang nach Erkenntnis. Die Emotionalität des Protagonisten und seine Selbstüberhöhung zeigen schließlich auch die literarischen Einflüsse der Sturm-und-Drang-Strömung (1765 bis 1785), die zwar zeitlich früher liegt, aber als deren Vertreter vor allem der junge Goethe bekannt wurde. Schließlich sind mit dem Wunsch nach Vollkommenheit und Harmonie auch Merkmale der Weimarer Klassik (1786 bis 1832) erkennbar, in die sich das Drama zeitlich ebenfalls einordnen lässt. Da Goethe insgesamt 36 Jahre lang an seinem „Faust I" gearbeitet hat, ist der Einfluss verschiedener Epochen auf das Werk selbstverständlich.

Einordnung in den literarischen Kontext und die Epoche

Eine eindeutige Zuordnung kann anhand der vorliegenden Szene nicht vorgenommen werden, betont werden soll eher die Vielschichtigkeit der Faust-Figur, dessen zweigeteilte Seele einen Vergleich mit typischen Figuren der Romantik ermöglicht.

Tipp: Besonders gelungen ist der Abschluss, wenn er den einleitenden Gedanken aufgreift und/oder zur weiterführenden Aufgabe überleitet.

Beispiellösung Teilaufgabe 2

Hinweise

Einleitung unter Berücksichtigung der Aufgabenstellung

Eine typische Figur der Romantik ist der Student Anselmus aus dem Kunstmärchen „Der goldne Topf" von E. T. A. Hoffmann, erschienen 1814. Ernst Theodor Amadeus Hoffmann ist ein romantischer Autor, der vor allem für seine Ausleuchtung der Nacht- und Schattenseiten der menschlichen Existenz bekannt wurde. Insbesondere geht es ihm um die Ambivalenz zwischen der vermeintlich realen Welt und einer anderen, „magischen" Welt. Die duale Welt wird in „Der goldne Topf" schon in den ersten beiden Vigilien deutlich, in denen der Student Anselmus eingeführt und charakterisiert wird.

kurze Information zu „Der goldne Topf" und E. T. A. Hoffmann; Benennung des zentralen Themas und Hinführung zum Vergleich mit „Faust"

Dieser ist hin- und hergerissen zwischen der bürgerlichen Welt der Stadt Dresden und einer märchenhaften Welt, in der Übernatürliches und Unerklärliches passiert, und mit der er schon bei seinem ersten Auftritt „zusammenstößt" – im wahrsten Sinne des Wortes. Denn Hoffmanns „Märchen aus der neuen

Zeit“ beginnt mit der Beschreibung des jungen Studenten, der am Himmelfahrtstag in die Stadt geht und dort eine alte Frau umläuft, das sogenannte „Äpfelweib“, das ihn sogleich verflucht: „ins Kristall bald dein Fall – ins Kristall!“ Im traditionellen Märchen wäre das Äpfelweib die böse Hexe und auch hier steht sie für die Welt der Fantasie, die Anselmus – so lernen wir ihn im Folgenden kennen – ebenso wahrnimmt wie die reale.
Durch diese „Wahrnehmung“ einer zweiten Welt entsteht für Anselmus ein innerer Zwiespalt, mit dem er fortlaufend kämpft. Auch er könnte also die Worte Fausts sprechen: „Zwei Seelen wohnen, ach! in meiner Brust!“ Folglich lässt sich ein zentraler Vergleichsaspekt zwischen den beiden Figuren erkennen, die auf den ersten Blick dennoch sehr unterschiedlich scheinen: Dem gealterten Wissenschaftler Faust, der trotz aller Erkenntnisse am Sinn seines Daseins zweifelt, wird mit Anselmus ein junger, etwas tollpatschiger Student gegenübergestellt, der sein Leben zwar auch beklagt, aber aus ganz anderen Gründen.

Deutungshypothese zum Vergleich
Tipp: Achten Sie auf einen möglichst differenzierten Ansatz. Der einfache Hinweis darauf, dass es Gemeinsamkeiten und Unterschiede gibt, ist nicht ausreichend.

Anselmus leidet darunter, dass er scheinbar vom Pech verfolgt wird und ihm nie etwas gelingt. So wird er den Lesenden in der ersten Vigilie nach dem unglücklichen Zusammenstoß mit dem Äpfelweib als ungeschickt und erfolglos vorgestellt, was durch zahlreiche Beispiele veranschaulicht wird. Anselmus beklagt, dass er zu „Kreuz und Elend“ geboren sei, dass er in Glücks- und Ratespielen stets verliere und sogar sein Butterbrot immer auf die bestrichene Seite falle. Auffällig in dieser ersten Charakterisierung ist, dass die Worte „Teufel“ und „Satan“ häufig wiederholt werden. Zunächst bezeichnet das Äpfelweib Anselmus als „Satanskind“ und nach seiner Klage betont er selbst, dass er „dem Satan zum Trotz“ Student geworden sei. Die Existenz übernatürlicher Phänomene und Figuren wird den Lesenden so schon früh suggeriert.
Gerade die Erwähnung des Teufels lässt zudem schnell an Faust denken, der als Folge seines übermäßigen Ehrgeizes und Erkenntnisstrebens einen Pakt mit dem Teufel eingeht. Obwohl Anselmus als tollpatschig und erfolglos charakterisiert wird, betont er doch auch, dass er stolz auf sein Studium ist und davon träumt, einmal in ein höheres bürgerliches Amt zu kommen. Zu Beginn der Handlung zeigen sich also nicht nur in der Klage über das eigene Dasein, sondern auch in einem erkennbaren Ehrgeiz und Streben nach einer höheren Position Parallelen zu Goethes Faust. Nichtsdestotrotz ist das Auftreten des Studenten Anselmus grundsätzlich von dem Fausts zu unterscheiden. Während Faust in seiner Unzufriedenheit immer selbstsicher wirkt,

Vorstellung der Figur Anselmus; Bezug auf die ersten beiden Vigilien

Vergleichsaspekte benennen und erklären; dabei der These folgen und sowohl Gemeinsamkeiten als auch Unterschiede berücksichtigen

empfinden die Lesenden bei Anselmus eine tiefe Unsicherheit, die sie schnell Mitleid und Verständnis fühlen lassen. Die Lesenden spüren damit eine größere Nähe zu dem jungen Mann.
Ein weiterer Unterschied zeigt sich in der Art und Weise, wie die Figuren mit der sogenannten „zweiten“ Welt in Kontakt treten. Während Faust schon bei seinem ersten Auftritt Geister beschwört und mit dem ausdrücklichen Wunsch nach einem Zaubermantel schließlich den Weg für den Teufel freimacht, nimmt Anselmus die Anwesenheit des Teufels eher als Unglück wahr, das über ihn hereinbricht. Auch der Zusammenstoß mit dem Äpfelweib und die erste Begegnung mit den märchenhaften Figuren, die seinen inneren Zwiespalt auslösen, sind scheinbar zufällig. Er erlebt diese Begegnung als eine Art Weltentfremdung und ist offenbar nicht mehr ganz er selbst. Unter einem Holunderbusch sitzend, hört er etwas „flüstern“, was er sich zunächst mit dem Rauschen des Abendwindes erklärt. Aber er horcht weiter und kann plötzlich nicht nur Stimmen hören, sondern auch drei goldene Schlangen wahrnehmen – eine der Schlangen sieht ihn mit dunkelblauen Augen an und löst eine nie gekannte Sehnsucht in ihm aus, die er nicht in Worte fassen kann. In diesem Moment wird die Existenz des Märchenhaften weder von ihm noch von den Lesenden infrage gestellt. Offenbar besitzt Anselmus eine besondere Fähigkeit, eine Art romantische Sensibilität, die ihm den Weg in die Märchenwelt weist. E. T .A. Hoffmann beschreibt das Fantastische in kunstvoller Sprache und lässt die Lesenden die Gefühle seines Protagonisten miterleben.
Aber schon kurz darauf wird Anselmus in die Realität zurückgeholt, weil eine Stimme die drei Schlangen verscheucht und eine vorbeigehende Bürgerin meint, er sei wohl nicht recht bei Trost. Anselmus erwacht wie aus einem Traum und ist sich sogleich unsicher, ob das Erlebte tatsächlich passiert ist. Nun erscheint es ihm eher wie ein unheimlicher „Spuk“ und er schämt sich vor den vorbeigehenden Bürgern, die sein Verhalten mehr als ungewöhnlich finden. Die sachliche Sichtweise der Passanten wird geschickt mit dem poetischen Gemüt Anselmus' kontrastiert und das Lesepublikum erkennt die Ambivalenz zwischen der realen und der Märchenwelt.

Darstellung von Unterschieden und Gemeinsamkeiten strukturiert und kohärent gestalten

Tipp: Beweisen Sie bei der Erklärung der Vergleichsaspekte eine genaue Kenntnis des im Unterricht gelesenen Textes und integrieren Sie auch veranschaulichende Details. Beachten Sie aber, dass der Fokus auf der Erläuterung und nicht auf der Wiedergabe des Inhalts liegt.

Hier ergibt sich eine Parallele zur Darstellung der ersten Begegnung Fausts mit dem Übernatürlichen. Denn ähnlich wie Anselmus zeichnet sich auch Faust dadurch aus, dass er die „Geisterwelt“ wahrnehmen kann. Während sein Schüler Wagner in dem schwarzen Pudel nur einen Hund sieht, spürt Faust gleich, dass dieser mehr ist als das. So zeigt sich also sowohl bei Anselmus

Wissen aus dem Unterricht sinnvoll für den Vergleich nutzen

als auch bei Faust eine besondere Nähe zum Irrationalen und Übernatürlichen. Beide sind fasziniert von dem Unbekannten und nicht Erklärbaren.
Anselmus' innerer Zwiespalt intensiviert sich im weiteren Handlungsverlauf, denn während er zunächst meint, er sei vielleicht eingeschlafen und habe von den Schlangen geträumt, sieht er sie bei einer Bootsfahrt mit Bekannten erneut klar und deutlich. Die Gondelfahrt mit Konrektor Paulmann und Registrator Heerbrand – in E.T.A. Hoffmanns Märchen zwei Vertreter des Bürgertums – wird erneut als eine Begegnung mit dem Märchenhaften beschrieben. Anselmus sieht die drei Schlangen im Wasser und fühlt sogleich wieder die unaussprechliche Sehnsucht. Wie zuvor vergisst er alles um sich herum und ruft ihnen laut zu. Ähnlich ist auch die Reaktion seiner Begleiter, die ihn ebenso wie die Spaziergänger an Land für wahnsinnig halten. Anselmus' Gefühle werden als „toller Zwiespalt", den er nicht beschwichtigen kann, beschrieben. Ähnlich wie Faust ist also auch Anselmus in dieser Situation der Verzweiflung nahe, weil er die beiden Welten nicht in Einklang bringen kann. Einerseits hält er alles für eine Täuschung, eine Spiegelung des Feuerwerks im Wasser; andererseits erlebt er ein nie gekanntes Gefühl, das er nicht bereit ist aufzugeben. Dies führt zu dem „inneren Kampf", den auch Faust mit sich austrägt. Die Schlangenschwestern fordern Anselmus auf, an sie zu glauben („glaube – glaube – glaube an uns"), aber seine Freunde Paulmann und Heerbrand zeigen kein Verständnis und bezeichnen ihn als Narr.

Bezug auf die Interpretation aus Aufgabe 1 nehmen.

Konkretisierung zentraler Vergleichsaspekte; leserorientierte Darstellung inhaltlicher Zusammenhänge

Hier unterscheidet sich die Situation von der Fausts: Der Gelehrte ist zwar unsicher, weil ihn die Begegnung mit dem unheimlichen Pudel ängstigt, aber er lässt sich nicht durch seinen Schüler Wagner verunsichern. Er versucht sogar kurz, diesen von der Existenz des Irrationalen zu überzeugen. Ganz anders Anselmus, der sofort zugibt, mit offenen Augen geträumt zu haben, als Paulmann ihm sein „unanständiges" Verhalten vorwirft. Gemeinsam mit Veronika, Paulmanns Tochter, und Heerbrand versuchen sie, eine nüchterne Erklärung für das Geschehene zu finden, und kommen zu dem Schluss, dass solche „Phantasmata" bei den Menschen wohl vorkämen und eine Art Krankheit seien. Anselmus weiß dann selbst nicht mehr, ob er betrunken, wahnsinnig oder krank war, aber in der Gegenwart der hübschen Viktoria fühlt er sich plötzlich wieder ganz gesund und vergisst die dunkelblauen Augen Serpentinas. So werden die beiden Welten in dem Märchen Hoffmanns auch durch die zwei Frauen symbolisiert, zu denen sich der junge Student hingezogen fühlt –

Kontextwissen zum im Unterricht gelesenen Text integrieren

erneut ein Gegensatz zu Faust, der sich nicht nach einer Frau, sondern vor allem nach Wissen sehnt.

Zwischenergebnisse formulieren und Schlüsse aus dem Vergleich ziehen

Klar zu differenzieren ist demzufolge die Ursache des scheinbar ähnlichen Dilemmas: Faust erlebt als gealterter Wissenschaftler eine Existenzkrise, weil er unzufrieden mit dem ist, was er bislang erreicht hat. Daher wendet er sich dem zu, was sich außerhalb der rational erklärbaren Welt befindet und ihm neue Erkenntnisse bringen kann. Anselmus dagegen befindet sich in der Adoleszenz und sein innerer Zwiespalt ist eher mit den Verwirrungen eines Heranwachsenden zu vergleichen, der sich in einem Selbstfindungsprozess befindet. Dazu passt auch sein schneller Gefühlswechsel bezüglich der Liebe zu Veronika und Serpentina.

Schluss: Zusammenfassung zentraler Ergebnisse

Abschließend lässt sich also festhalten, dass Faust und Anselmus einen inneren Zwiespalt erleben, weil sie zwischen zwei Welten stehen. Beide zeigen dabei ein besonderes Gespür für die Welt des Irrealen und Übernatürlichen. Im Gegensatz zu ihren Mitmenschen sind sie in der Lage, diese zweite märchenhafte Welt – die bei Goethe und Hoffmann neben der realen Welt existiert – wahrzunehmen und (wie sich später zeigen wird) zu betreten. Faust und Anselmus sind fasziniert von dieser Welt und glauben an die Möglichkeit des Übernatürlichen, was dazu führt, dass sie sich zwischen den beiden Welten hin- und hergerissen fühlen. Es zeigen sich aber in der Anlage der Figuren auch grundlegende Unterschiede. Faust wünscht sich einen Zaubermantel herbei, der ihn – egal wie – zu neuen Erkenntnissen führen soll. Anselmus stolpert scheinbar zufällig über Zauberei und Märchen und erlebt so eine nie gekannte Sehnsucht. Dies führt im Verlauf dazu, dass er zwischen der bürgerlichen Welt des realen Dresden und der fantastischen Welt, symbolisiert durch das Zauberreich Atlantis, steht. Repräsentiert werden die beiden Welten durch zwei Frauen: Veronika, die Tochter von Konrektor Paulmann, ist Teil der bürgerlichen Welt und bedeutet für Anselmus gesellschaftlichen Aufstieg und Ansehen in der realen Welt. Serpentina, die Tochter von Archivarius Lindhorst, ist die goldene Schlange mit den dunkelblauen Augen und verzaubert Anselmus im wahrsten Sinne des Wortes. Für sie wird er sich am Ende der Geschichte entscheiden und damit für die Welt der Märchen und Poesie. So vermittelt E. T. A. Hoffmann klar seine romantische Botschaft, die das Lesepublikum davon überzeugen soll, dass der Glaube an das Übernatürliche und Irrationale ein Teil der Realität und die Verwirklichung von Träumen und Sehnsüchten möglich ist.

Fazit zum im Unterricht gelesenen Text; Hervorhebung von Besonderheiten; Kenntnis des gesamten Textes nutzen

Rahmenthema 2: Drama und Kommunikation

Georg Büchner: Woyzeck

erhöhtes Anforderungsniveau
Aufgabenart: Literarische Erörterung

AUFGABENSTELLUNG

1 Georg Büchner äußert sich in einem Brief an seine Familie aus Gießen im Februar 1834:
„Ich verachte niemanden, am wenigsten wegen seines Verstandes oder seiner Bildung, weil es in niemands Gewalt liegt, kein Dummkopf oder Verbrecher zu werden [...].“[1]

Erörtern Sie vor dem Hintergrund dieses Zitats und Ihrer Kenntnisse des Dramas die Frage, ob die literarische Figur des Franz Woyzeck eher Täter oder Opfer ist.

Materialgrundlage

1 Georg Büchner: Brief an die Familie. Aus: Johannes Diekhans (Hrsg.): Georg Büchner, Woyzeck. EinFach Deutsch. Paderborn: Schöningh Verlag 2008, S. 50

Vorbemerkung zur Erörterung allgemein

Für die Aufgabenstellung einer Erörterung im Fach Deutsch ist seit dem Abitur 2023 in Niedersachsen[2] eine Option der Prüfung in drei möglichen Varianten angedacht:
Klassisch wurde mit dem Einstieg in das Zentralabitur in Niedersachsen zunächst **a**) eine Ansteuerung der im Unterricht verbindlich behandelten Texte über einen den Schülerinnen und Schülern unbekannten Fremdtext durchgeführt, mit dem nach der zunächst durchzuführenden Vorstellung und Analyse eine Verbindung zu den bekannten und behandelten Materialien und Werken gesucht werden sollte. Die Texte aus dem Unterricht durften jedoch nicht körperlich in der Prüfung vorliegen. Nunmehr dürfen die originalen Texte in der Prüfung benutzt werden und es sind zwei weitere Varianten möglich.
So kann zum einen **b**) eine strittige Erörterungsfrage gestellt oder **c**) über ein Zitat in die Aufgabe eingeleitet werden. Diese Variante wurde in der Musteraufgabe gewählt.
Eigentlich wäre auch die Abfassung einer linearen Erörterung denkbar, die zielgenau den Ausbau der eigenen Position vom schwächsten zum stärksten Argument (wie bei einer Rede) vornimmt. Aber grundsätzlich soll mit dem Operator „erörtern“ gezeigt werden, dass ein Urteil nach Abwägung unterschiedlicher Positionen usw. begründet gefällt und überzeugend, fundiert, sachrichtig sowie sprachlich geschickt abgefasst wurde.
Daher ist die Form der dialektischen oder antithetischen Erörterung angezeigt, die nach den Bauprinzipien des konsequenten Wechsels von Gegenthese/These oder dem

2 NIBIS: Deutsch – Hinweise zur schriftlichen Abiturprüfung Deutsch 2023. Online unter: https://bildungsportal-niedersachsen.de/fileadmin/4_Allgemeinbildung/Zentrale_Arbeiten/2023/01DeutschHinweise2023_Juni2022.pdf

der „Sanduhr" funktioniert. Die Frage in der Aufgabenstellung auf Seite 50 lässt die Variante **a)** gar nicht zu, da hier zwischen zwei extremen Positionen zu entscheiden ist oder diese zumindest überzeugend gegenübergestellt werden sollen.

Beispiellösung

Hinweise

Das Drama „Woyzeck" von Georg Büchner wurde 1836 in der Zeit des Vormärz verfasst und lag zunächst in unvollendeter Form vor. Erst nach Büchners Tod wurden die Aufzeichnungen geordnet sowie der Wortlaut ergänzt und festgelegt. Die hier benutzte Werkausgabe wurde 2008 in Paderborn verlegt, sie folgt der historisch-kritischen Ausgabe von Werner R. Lehmann von 1986. Das Werk beschreibt das Schicksal eines Menschen, der zunehmend an den Bedingungen seiner Umgebung verzweifelt und schließlich zum Mörder wird. Das Werk steht relativ am Ende von Büchners künstlerischer Schaffenszeit, da er bereits ein Jahr später verstarb.

Hinweis: Eröffnung mit kurzer Vorstellung von Werk, Zeit, Verfasser, Thema und Einordnung im Sinne eines Kernsatzes

Der gesellschaftskritische Autor des Dramas, Georg Büchner, nimmt mit seiner Aussage, hier als Zitat aus einem Brief an seine Familie, Stellung zu seinem Menschenbild, das für seine Zeit einen revolutionären Blick auf die Verhältnisse der Epoche ermöglicht, die er sehr offen kritisiert. Eine Haltung, für die er sogar polizeilich gesucht wurde.

Hinweis: Anknüpfung an Aussage Büchners, die laut Aufgabe thematisiert werden soll

Die Restauration ist in den Jahren nach den napoleonischen Kriegen fast überall im Deutschen Bund und in Europa eifrig bemüht, die alten Verhältnisse und vor allem Vorrechte in Form der Ständeordnung zu restituieren. Doch allenthalben mehren sich kritische Stimmen, die die versprochenen Veränderungen und Rechte aus der Zeit der Befreiungskriege in Form von Verfassungen einfordern. Der Geist der amerikanischen und Französischen Revolution mit den aufklärerischen Ideen hat auch hier mittlerweile eine breite Anhängerschaft im Bürgertum gefunden. Vor allem studentische Bünde und Burschenschaften, denen auch Büchner angehört, verbreiten die Kritik am System der Monarchie. Büchner liefert eine als offizielles Flugblatt mit amtlichen Mitteilungen aufgemachte und geschickt formulierte Streitschrift „Der Hessische Landbote"[1], in der er vor allem das Herrschaftssystem als ignorant und egoistisch für die Missstände und das soziale Elend der einfachen Menschen verantwortlich macht. Seine Folgerungen aus der Situation drückt er in der eingängigen Parole *„Friede den Hütten, Krieg den Palästen"*[2] unmissverständlich aus. Für Büchner scheint es, nach dem Zitat aus der Aufgabe, keinen Anspruch auf die alten Vorrechte zu geben: Er setzt mit seiner Aussage recht klar voraus, dass

Hinweis: Einordnung in den zeithistorischen Hintergrund, um revolutionären Ansatz im Denken Büchners plausibel herzuleiten

Hinweis: Vorstellung des erweiterten aufklärerischen Ansatzes zur

alle Menschen mit ihrer Geburt zunächst gleichberechtigt und wohl auch gleich veranlagt seien, weshalb er keine Verachtung für irgendjemanden empfinden könne. Weder in Bildung noch Verstandesbegabung der Menschen finde er einen Grund für irgendeine Form der Ablehnung. Hier wird der neue Ansatz einer Gesellschaftskritik deutlich, die die Rahmenbedingungen, die eine Gesellschaft und ihr soziales Umfeld einem Menschen bieten, für die Entwicklung des Individuums und schließlich seine Taten bis zum Verbrechen verantwortlich macht.

Gesellschaftskritik durch Büchner

Betrachtet man nun die literarische Figur des Franz Woyzeck im Sinne der Aufgabe und versucht eine Einschätzung, ob er als Täter oder eher Opfer gelten kann, so sind unterschiedliche Aspekte zu gewichten.

Verbindung mit der literarischen Figur des „Franz Woyzeck"

Geht man von den Umständen der Tat aus, ergibt sich recht eindeutig, dass Woyzeck sie gründlich vorbereitet hat. Er beschafft sich das Tatwerkzeug, das eine besonders grausame und brutale Form des Tötens erfordert, ein Messer, mit dem man dem Opfer Auge in Auge gegenübertreten muss. Er bereitet sich zusätzlich akribisch auf die Zeit nach der Ausführung des Verbrechens vor, indem er seinen Besitz an seinen Freund weiterreicht, weil er seine anschließende Flucht bereits vorgesehen hat. Die Beweise versucht er, im Anschluss kaltblütig zu vernichten: *„So, da hinunter! (Er wirft das Messer hinein.) Es taucht in das dunkle Wasser, wie ein Stein!"*[3] Die Tat wird also detailliert geplant und kaltblütig ausgeführt.

Analyse des beschriebenen Verbrechens – Gegenthese im Sinne einer antithetischen Erörterung

Erschwerend kommt hinzu, dass Franz Woyzeck von einem klassischen Motiv angetrieben wird: Eifersucht. Er kann die Untreue seiner Lebensgefährtin Marie nicht verwinden, die sich mit einem Ranghöheren einlässt, der in seinem Auftreten eine erhebliche, für Woyzeck nicht erreichbare Wirkung ausstrahlt. Verstärkend müssen die Geschenke als Liebesgaben auf Woyzeck gewirkt haben, verdeutlichen sie ihm doch einmal mehr seine eigene prekäre wirtschaftliche Situation, die solchen, aus seiner Sicht, Luxus nicht zulässt.

Erkenntnis von der Schuld des Täters im tradierten Sinn

Bedeutung ist auch dem Umstand beizumessen, dass Woyzeck mitten auf der Straße von seinen beiden wichtigen Respektspersonen und Vorgesetzen auf das Verhältnis angesprochen wird. Damit gewinnt dieser Verrat eine weitere Dimension, er ist nun der Öffentlichkeit bekannt geworden, die Demütigung des Betrogenen ist ehrverletzend. Woyzeck meint wohl, seine Ehre wiederherstellen zu müssen, indem er die Ursache der Verletzung beseitigt, quasi um sich in den Augen der Obrigkeit zu rehabilitieren.[4]

schwächster Aspekt der Gegenthese: Ruf

Schlösse man die Fallbetrachtung an dieser Stelle ab, wäre ein Urteil schnell gefällt. Allerdings müsste man sich dann den Vorwurf gefallen lassen, nicht umfassend ermittelt und abgewägt zu haben.

Drehpunkt der Erörterung

Die Möglichkeit der Wiedergutmachung der Ehrverletzung mit einem zwangsläufig folgenden Ehrenhändel, z. B. in Form eines Duells, besteht für Franz Woyzeck nämlich nicht, denn dazu gehört er dem falschen Stand an, er ist nicht satisfaktionsfähig. Diese Art der Wiederherstellung der angegriffenen Ehre wäre in der damaligen Zeit, ob von der Obrigkeit geduldet oder nicht, überhaupt nur denkbar bei den Stützen des Systems, hier Hauptmann und Doktor. Außerdem trifft die Tat ja gerade nicht den Nebenbuhler, den Tambourmajor, den er dazu hätte fordern müssen, sondern die untreue Gefährtin.

schwächster Aspekt der These: Ehre/Ruf …

… und deren …

Darüber hinaus ist das Verhältnis mit Marie ein loses. Geheiratet, und die Bindung sowie das gemeinsame Kind damit legitimiert, wurde nicht. Auch dazu fehlten sehr wahrscheinlich die finanziellen Mittel, wie Woyzeck gegenüber dem Hauptmann in der Beschreibung seiner Situation bemerkt: *„Wir arme Leut. Sehn Sie, Herr Hauptmann, Geld, Geld. Wer kein Geld hat."*[5]

… Entkräftigung

Beleg mit Zitat

Zu berücksichtigen ist auch der beschränkte Bildungsgrad des einfachen Soldaten aus dem Proletariat, der sein Tun nicht konsequent zu Ende denkt, der das nie gelernt hat, sondern sich auf die vermeintlichen Autoritäten verlässt, der nicht gewohnt ist, selbst zu hinterfragen, sondern zu gehorchen. Eine Haltung, die zur Zeit der Handlung in seinem Beruf den Mannschaften mit Knotenstock und Reitpeitsche wortwörtlich eingeprügelt wurde. Daher antwortet Woyzeck selbst auf unsinnigste Aussagen zur Windrichtung mit einem strammen: *„Jawoll, Herr Hauptmann."*[6]

Entwicklung/Steigerung der These:

Bildungsgrad und Unterwerfung unter falsche Autoritäten, Beleg mit Zitat

Reagiert er also mit Gewalt gegen Marie, ist das eher einem falschen Pflichtgefühl in Form des Gehorsams den falschen Autoritäten gegenüber und nicht der Rache geschuldet. Auch stürzt ihn die Anwendung von Gewalt gegen Zivilisten nicht unbedingt in eine Gewissenskrise, wird diese doch in Kriegszeiten sogar ausdrücklich vom Staat gebilligt und stellt somit für ihn eine legitime Reaktion dar.

Dass Woyzeck der Willkür des Systems ausgeliefert ist, zeigt sich besonders in der perfiden Art, in der er dem Doktor und dessen Experimenten ausgesetzt ist. Der Staat verlangt letztendlich von seinen Soldaten, ihr Leben einzusetzen, alimentiert sie jedoch nicht ausreichend, sodass sich Woyzeck gezwungen sieht, einen Nebenverdienst anzunehmen. Hierin ist die entscheidende Ursache für die Tatausführung zu suchen, denn dadurch gerät er

weitere Steigerung: fehlerhaftes gesellschaftliches System

in die Fänge der falschen Autorität und wird so weit geschwächt, dass seine Urteilskraft mindestens eingeschränkt ist und er die Tragweite seines Tuns nicht ermessen kann. Dies zeigt sich auch im Ausruf des Erstaunens über die eigene Tat bei Betrachtung der Leiche: *„Hab ich dich jetzt gebleicht?“*[7]

Abstützung auf Zitat

Abschließend lässt sich somit festhalten, dass Woyzweck zwar eine schreckliche und verurteilenswerte Tat begangen hat, aber aufgrund seiner fehlenden Bildung, in Ermangelung von Chancen zur Verbesserung seiner Situation und dem Vertrauen auf falsche Autoritäten eines fehlerhaften Systems, dem er ausgeliefert ist, war er nicht mehr Herr seiner Sinne. Eine Erkenntnis der eigenen Schuld ist ihm deutlich unmöglich. Somit ist er eben vor allem auch ein Opfer der Verhältnisse, was bei der Zumessung einer Strafe mildernd zu berücksichtigen ist.

Fazit mit knapper Übersicht und eigener Positionierung

Anmerkung

1 Georg Büchner: Der Hessische Landbote. Herausgegeben von Uwe Jansen. Reclam XL | Text und Kontext | Nr. 19242. Stuttgart: © 2016 Reclam Verlag
2 ebd.
3 Georg Büchner: Werke und Briefe. Nach der historisch-kritischen Ausgabe von Werner R. Lehmann. Kommentiert von Karl Pörnbacher etc. München: Deutscher Taschenbuchverlag 1986, S. 30
4 ebd., S. 18f.
5 ebd., S. 13
6 ebd., S. 13
7 ebd., S. 30

Rahmenthema 3: Literatur und Sprache um 1900 – neue Ausdrucksformen der Epik

Robert Musil: Die Verwirrungen des Zöglings Törleß / Thomas Mann: Mario und der Zauberer

erhöhtes Anforderungsniveau
Aufgabenart: Interpretation literarischer Texte (Epik)

AUFGABENSTELLUNG

1 Interpretieren Sie den Romanauszug aus Robert Musils „Die Verwirrungen des Zöglings Törleß". *(Gewichtung: 60 %)*

2 Vergleichen Sie die Situation Basinis mit der Marios in Thomas Manns Novelle „Mario und der Zauberer" und beurteilen Sie die fiktive Darstellung des Willensentzugs vor dem zeitgeschichtlichen Hintergrund. *(Gewichtung: 40 %)*

Materialgrundlage

Robert Musil: Die Verwirrungen des Zöglings Törleß. Hamburg: Rowohlt Taschenbuch Verlag 2009, S. 143 – 147

Die Verwirrungen des Zöglings Törleß (1906) *Robert Musil*

Vorbemerkung
„Die Verwirrungen des Zöglings Törleß" ist der erste Roman von Robert Musil. Im Zentrum der Handlung steht die Entwicklung des Schülers Törleß während seiner Schulzeit auf einem Provinzinternat in Österreich. Gemeinsam mit seinen zwei Mitschülern Beineberg und Reiting erwischt Törleß den jüngeren Schüler Basini beim Stehlen. Statt den Diebstahl der Schulleitung zu melden, setzen sie Basini damit unter Druck. Die vorliegende Textstelle zeigt ein Gespräch zwischen Törleß und Basini.

Text in alter Rechtschreibung

Das Gespräch fing wieder an.

„Und was tun sie mit dir?"

Basini schwieg.

„Wenn es dir mit deiner Besserung ernst ist, mußt du mir alles sagen."

„Sie lassen mich auskleiden."

„Ja, ja, das sah ich doch, ... und dann ...?"

Eine kleine Weile verstrich und plötzlich sagte Basini: „Verschiedenes."

Er sagte es mit einer weibischen, buhlerischen Betonung.

„Du bist also ihre ... Mai...tresse?"

„Oh nein, ich bin ihr Freund."

„Wie kannst du dich unterstehen, das zu sagen!"

„Sie sagen es selbst."

„Was ...?"

„Ja, Reiting."

„So, Reiting?"

„Ja, er ist sehr freundlich zu mir. Meist muss ich mich ausziehen und ihm etwas aus Geschichtsbücher vorlesen; von Rom und seinen Kaisern, von den Borgias[1], von

Timur Chan[2], … na, du weißt schon, lauter solch blutige, große Sachen. Dann ist er sogar zärtlich gegen mich."

„Und nachher schlägt er mich meistens …"

„Wonach?! … Ach so!"

„Ja. Er sagt, wenn er mich nicht schlagen würde, so müßte er glauben, ich sei ein Mann, und dann dürfte er mir gegenüber auch nicht so weich und zärtlich sein. So aber sei ich seine Sache, und da geniere er sich nicht."

„Und Beineberg?"

„Oh, Beineberg ist häßlich. Findest du nicht auch, daß er aus dem Munde riecht?"

„Schweig! Was ich finde, geht dich gar nichts an! Erzähle, was Beineberg mit dir tut!"

„Nun, ach so wie Reiting, nur … Aber du darfst ich nicht wieder gleich schimpfen …"

„Vorwärts."

„Nur… auf einem anderen Umwege. Er hält mir erst lange Reden über meine Seele. Ich habe sie beschmutzt, aber gewissermaßen nur den ersten Vorhof von ihr. Im Verhältnis zum Innersten sei dies etwas Nichtiges und Äußerliches. Nur müsse man es abtöten; so seien schon viele aus Sündern zu Heiligen geworden. Die Sünde sei daher in höherer Hinsicht gar nicht so schlecht; nur müsse man sie ganz auf die Spitze treiben, damit sie abbreche. Er lässt mich sitzen und ein geschliffenes Glas anstarren …"

„Er hypnotisiert dich?"

„Nein, er sagt, er müsse nur alle Dinge, die an der Oberfläche meiner Seele umherschwimmen, einschläfern und kraftlos machen. Dann erst könne er mit meiner Seele selbst verkehren."

„Und wie verkehrt er denn mit ihr?"

„Das ist ein Experiment, das ihm noch nie gelungen ist. Er sitzt, ich muß mich auf die Erde legen, so daß er die Füße auf meinen Leib stellen kann. Ich muß von seinem Glas recht schläfrig und träge geworden sein. Dann auf einmal befiehlt er mir zu bellen. Er beschreibt es mir ausführlich: – leise, mehr winselnd, – so wie ein Hund aus dem Schlafe heraus bellt."

„Wozu das?"

„Man weiß nicht, wozu es gut ist. Er läßt mich auch grunzen wie ein Schwein und wiederholt mir in einem fort, ich habe etwas von diesem Tiere in mir. Aber nicht, als ob er mich schimpfen wollte; er wiederholt es mir ganz leise und freundlich, um es – wie er sagt – fest in meine Nerven einzudrücken. Denn er behauptet, daß möglicherweise eine meiner früheren Existenzen so gewesen sei und daß man sie hervorlocken müsse, um sie unschädlich zu machen."

„Und du glaubst ihm all das?"

„Gott bewahre; ich meine, er selbst glaubt nicht daran. Und dann ist er doch auch zum Schlusse immer ganz anders. Wie soll ich auch solche Dinge glauben?! Wer glaubt denn heute an eine Seele?! Und gar an eine solche Seelenwanderung?! Daß ich gefehlt habe, weiß ich ganz gut; aber ich habe immer gehofft, es wieder gut machen zu können. Da ist gar kein Hokuspokus nötig. Ich zerbreche mir auch nicht den Kopf darüber, wieso ich meinen Fehltritt begehen konnte. So etwas kommt rasch, so von selbst; man merkt erst nachher, daß man etwas Unkluges getan hat. Wenn es ihm aber Vergnügen macht, etwas Übersinnliches dahinter zu suchen, so soll er meinetwegen. Vorläufig muß ich ihm ja doch zu Willen sein. Wenn er nur lieber unterlassen möchte, mich zu stechen …"

„Was?"

„Ja, mit einer Nadel, – nun nicht heftig, nur um zu sehen, wie ich darauf reagiere, …ob sich nicht an irgendeiner Stelle des Körpers etwas bemerkbar mache. Aber weh tut es doch. Er behauptet nämlich, die

Ärzte verstünden nichts davon; ich habe mir nicht gemerkt, womit er das beweisen will, ich erinnere mich nur, daß er viel von Fakiren[3] spricht, die, wenn sie ihre Seele schauen, gegen körperliche Schmerzen unempfindlich sein sollen."

„Nun ja, ich kenne diese Ideen; du sagtest aber doch selbst, daß dies nicht alles sei."

„Gewiß nicht, ich sagte doch auch, daß ich dies nur für einen Umweg halte. Nachher kommen jedesmal Viertelstunden, wo er schweigt und ich nicht weiß, was in ihm vorgeht. Danach aber bricht er plötzlich los und verlangt Dienste von mir – wie besessen – weit ärger als Reiting."

„Und du tust alles, was man von dir verlangt?"

„Was bleibt mir übrig? Ich will wieder ein anständiger Mensch werden und meine Ruhe haben."

„Was aber inzwischen geschehen ist, wird dir ganz gleich sein?"

„Ich kann mir ja nicht dagegen helfen." [...]

„Aber das erstemal mit Reiting? Als er zum erstenmal jene Dinge von dir verlangte? Verstehst du ...?"

„Oh, unangenehm war es mir schon. Weil es so auf Befehl geschehen sollte. Denn sonst ... denk' nur, wie viele tun solche Sachen zum Vergnügen, ohne daß die anderen davon wissen. Da ist es wohl nicht so arg."

„Aber du hast es auf Befehl getan. Du hast dich erniedrigt. So, wie wenn du in den Kot kriechen würdest, weil es ein anderer will."

„Das gebe ich ja zu; aber ich mußte."

„Nein, du mußtest nicht."

„Sie hätten mich geprügelt, angezeigt; alle Schande wäre auf mich gekommen."

„Nun, meinetwegen, lassen wir das." [...]

Anmerkungen

1 Die *Borgia* waren eine spanische Adelsfamilie, die im Italien des 15. Jahrhunderts zu Macht und Reichtum kam und für ihre Vetternwirtschaft bekannt ist, d. h., dass sie offen ihre eigene Familie bevorzugten.

2 *Timur Chan* war ein asiatischer Militärführer und Begründer der mächtigen Dynastie der Timuriden. Seine Herrschaft am Ende des 14. Jahrhunderts war bekannt für ihre Tyrannei und Brutalität.

3 Ein *Fakir* ist ein Gläubiger in islamischen Ländern und in Indien, der seinen Körper durch besondere Konzentrationsübungen unempfindlich gegen Schmerzen machen kann.

Beispiellösung

Beispiellösung Teilaufgabe 1

Hinweise

Die Jahrhundertwende vom 19. ins 20. Jahrhundert markiert den Beginn einer neuen Epoche und den Bruch mit der Tradition. Beeinflusst von jüngsten wissenschaftlichen Theorien wie Einsteins Relativitätstheorie (1905) oder Freuds Psychoanalyse (1901) entsteht eine neue Richtung in der Literatur: die literarische Moderne. Einschneidende gesellschaftliche Veränderungen, die Industrialisierung und Säkularisierung, kennzeichnen den

allgemeine Einleitung

Hinweise zur literarischen Epoche

Epochenumbruch. Im Fokus der Romane stehen das individuelle Seelenleben und das Unterbewusste einzelner Figuren. Gleichzeitig liefern Romane wie „Der Untertan" von Heinrich Mann ein Bild der gesellschaftspolitischen Realität dieser Zeit.

Der Roman „Die Verwirrungen des jungen Törleß" von Robert Musil erschien 1906 und kann damit der Epoche der Moderne zugeordnet werden. Im Zentrum der Romanhandlung steht der Internatsschüler Törleß. In dem vorliegenden Textauszug wird ein Gespräch zwischen ihm und seinem jüngeren Mitschüler Basini thematisiert, der zuvor von Törleß und zwei weiteren Schülern, Beineberg und Reiting, beim Stehlen erwischt wurde. Statt den Diebstahl anzuzeigen, setzen sie Basini damit unter Druck und zwingen ihn, nach ihrem Willen zu handeln. Dies geschah bisher ohne Törleß' Wissen oder Mithilfe.

Überleitung zum Roman und zur vorliegenden Textstelle: Textsorte, Titel, Autor, Zeit und Thema

Das Gespräch ähnelt einem Verhör, da Törleß, gleich einem Anwalt oder Richter, eine genaue Rekonstruktion vergangener Ereignisse sowie ein Geständnis von Basini erwartet. Während Törleß gefühlskalt und dominant auftritt, verhält sich der „Angeklagte" Basini unterwürfig, nahezu hörig. Basini fügt sich willenlos in seine Opferrolle, während Reiting und Beineberg, Letzterer besonders, dies schamlos ausnutzen und sadistische Machtspielchen mit ihm treiben. Die Darstellung der Geschehnisse ist detailliert und erschreckend, umso mehr dadurch, dass Basini sich selbst scheinbar gänzlich aufgegeben hat.

Schwerpunktsetzung für die Interpretation; Interpretationshypothese

Törleß beginnt das Gespräch durch eine kurze Nachfrage, die zunächst von Neugier geprägt zu sein scheint. Basini antwortet erst zögernd, wird im Verlauf des Gesprächs aber immer offener und genauer. Schließlich gesteht er alle Behandlungen durch Beineberg und Reiting, die ihn durch Schläge, sexuelle Gefälligkeiten und Psychospiele erniedrigen. Auffällig ist, dass Basini nichts unternahm, sich zu wehren. Er unterwirft sich den Befehlen seiner Peiniger und akzeptiert die Rolle des zu Bestrafenden. Besonders ausführlich berichtet er von den Experimenten, die Reiting an ihm durchführt: eine Art Hypnose, die aber nicht funktioniert. Obwohl Basini die Vorgänge durchschaut, tut er, was man von ihm verlangt, ohne aufzubegehren. Törleß sucht nach einer Erklärung dafür, aber Basini gesteht nur noch einmal seinen Diebstahl, erkennt seine Schuld an und behauptet, keine andere Wahl zu haben, als die Erniedrigung zu ertragen.

Inhaltsangabe; Überblick über den Gesprächsverlauf

Im Gespräch mit Törleß ordnet sich Basini schon zu Beginn klar unter. Auf die ersten Fragen antwortet er „mit einer weibischen,

Textanalyse und Interpretation

buhlerischen Betonung“ (Z. 10 f.). Er versucht, seinem Ankläger zu Willen zu sein, und bemüht sich intensiv um dessen Anerkennung. So bestätigt sich schnell der erste Eindruck des hilflosen Opfers. Unklar ist, ob Basini seine Opferrolle bewusst ist. Auf Törleß' Frage, ob er die „Mai...tresse“ (Z. 12) Beinebergs und Reitings sei, erwidert er empört: „Oh nein, ich bin ihr Freund!“ (Z. 13) Während Törleß also das Abhängigkeitsverhältnis durch seine Wortwahl klar herausstellt und die Ungeheuerlichkeit der sexuellen Abhängigkeit durch die Verzögerung bei der Aussprache des Wortes betont, möchte Basini seinen Peinigern glauben, wenn sie ihm Freundschaft vorgaukeln. Reiting sei „sehr freundlich“ (Z. 20) zu ihm, er müsse ihm meist etwas vorlesen. Die Wahl der Bücher liefert allerdings einen klaren Hinweis darauf, dass Reiting sich keineswegs als Freund Basinis versteht. Er bewundert mächtige Persönlichkeiten, wie römische Kaiser oder asiatische Tyrannen, und zeigt seinen eigenen autoritären Charakter. Offensichtlich genießt er es, von den großen Taten früherer Herrscher zu hören und verhält sich dann „sogar zärtlich“ (Z. 25 f.) gegenüber Basini. Aber nach dem Sex schämt er sich seiner Gefühle und lässt seine Wut durch Prügel an Basini aus, den er nur als Objekt ansehen kann (vgl. Z. 31 ff.). Nach oben buckeln, nach unten treten – diese Beschreibung des autoritären Charakters scheint auf Reiting zuzutreffen.

Analyse der Beziehungen

Charakterisierung der Figuren

Analyse und Deutung des Verhaltens

Aber Beineberg sei noch schlimmer, so Basini. Nachdem er sich überwunden hat, von Reiting zu erzählen, versucht er, das Gespräch auf eine freundschaftliche Ebene zu bringen, indem er Gemeinsamkeiten mit Törleß sucht: „Findest du nicht auch, daß er aus dem Munde riecht?“ (Z. 36 f.) Aber Törleß reagiert mit strenger Zurückweisung und zieht eine klare Linie zwischen sich und Basini; offensichtlich will er jegliche Nähe zwischen sich und Basini vermeiden. Basini reagiert ängstlich und möchte nicht geschimpft werden – wie ein kleines Kind, das dem strengen Vater etwas gesteht. Noch einmal zögert er, offenbar unsicher, wie er beschreiben soll, was Beineberg tut. Aber Törleß verlangt das Geständnis und betont seine Dominanz durch eine knappe Aufforderung: „Vorwärts.“ (Z. 43) Der militärische Imperativ wirkt gefühlskalt, Mitleid ist in den knappen Fragen und Anweisungen Törleß' nicht erkennbar. Basini gibt nach und meint, Beineberg verhalte sich eigentlich wie Reiting, gehe aber „Umwege“ (Z. 44), bevor es zum Geschlechtsverkehr und zu Prügeln komme. Diese Umwege scheinen eine Art psychologische Studie zu sein. Während Reiting die Machtgefühle militärischer Oberhäupter erleben möchte, genießt Beineberg die Autorität eines Arztes oder eines

Bezug zur Interpretationshypothese: Gefühlskälte und Dominanz Törleß'

Psychologen. Er gibt an, die Seele seines Opfers erforschen und körperliche Reaktionen auf Schmerz testen zu wollen. Die beiden gleichen sich aber darin, dass sie Basini als niederes Wesen betrachten und ihre eigene Überlegenheit sadistisch ausleben.

Schlussfolgerung

Beinebergs Erklärungen seiner Vorgehensweise wirken wenig glaubwürdig und lassen auf einen tief gestörten Charakter schließen, der weit über das hinausgeht, was sich als pubertäre Sinnsuche entschuldigen ließe. Er gibt an, Basini hypnotisieren zu wollen, um zu seiner innersten Seele vordringen zu können. Diese sei „beschmutzt" (Z. 46), müsse also gereinigt werden, sodass Basini von seiner Schuld (dem Diebstahl) befreit werden könne. Es scheint fast, als sehe er sich als eine Art Priester, der dem Sünder Absolution erteilen könne. Aber wie schon Basini selbst feststellt, ist dies vermutlich nur eine Ausrede für Machtfantasien, die er ausleben möchte. Basinis Antwort auf die Frage, ob er Beineberg denn glaube, wirkt vergleichsweise vernünftig: „Gott bewahre; ich meine, er selbst glaubt nicht daran." (Z. 86 f.) Umso mehr wundern sich die Lesenden darüber, dass er dennoch alle Befehle befolgt. Denn Beinebergs Machtspiele sind zynisch und demütigend: Er stellt seine Füße auf den am Boden liegenden Basini, lässt ihn bellen wie einen Hund und grunzen wie ein Schwein. Hinzu kommt die psychische Folter, da er versucht, Basini davon zu überzeugen, er sei nur ein Tier. Auch vor der Zufügung körperlicher Schmerzen schreckt er nicht zurück. Wie ein Versuchskaninchen behandelt er den hilflosen Basini und sticht ihn an verschiedenen Körperteilen mit einer Nadel. Danach verfalle er, so Basini, in Grübeleien und es werde ruhig. Die Ruhe vor dem Sturm, denn nun „bricht er plötzlich los und verlangt Dienste [...] – wie besessen – weit ärger als Reiting" (Z. 125). Verzweifelt fragt sich das Lesepublikum, was Basini noch alles tun musste.

Veranschaulichung und Erläuterung des Geschehens; Textarbeit, Verifikation

An dieser Stelle wird die Abwesenheit eines auktorialen Erzählers besonders augenscheinlich. Der vorliegende Textauszug wird szenisch erzählt, die Deutung der Aussagen wird allein den Lesenden überlassen. Diese haben die Rolle des außenstehenden Publikums, das nicht in das Gespräch eingreifen und nicht helfen kann. Es ist ebenso hilflos wie Basini. Dadurch wird eine besondere Wirkung erzielt, da nicht nur das Mitgefühl der Lesenden geweckt wird, sondern auch ihre Unsicherheit und Angst. Diese Erzählweise ist typisch für die Romane der Moderne, die mit den Konventionen des traditionellen Erzählens bewusst brechen. Einen allwissenden Erzähler, der die Lesenden durch

Analyse der Erzählweise und Beschreibung der Wirkung

die fiktionale Welt führt, gibt es nur noch selten. Stattdessen herrscht eine personale Erzählweise vor: Die Perspektive ist begrenzt auf einen Charakter, der Teil des Geschehens ist. Oft ist dieser zudem unzuverlässig, wie der Urlauber in Thomas Manns „Mario und der Zauberer", der sich immer wieder korrigiert und darauf hinweist, dass er nur „glaube" oder sich „erinnere". Auch die satirische Erzählweise in Heinrich Manns „Der Untertan" ist neu und versetzt die Lesenden in eine unbekannte Rolle: Sie müssen selbst urteilen und erkennen, ob der Held der Handlung wirklich ein Held ist oder ein mieser Schuft, ein Antiheld.

Vergleich mit im Unterricht gelesenen Texten; Nutzung von Hintergrundwissen

Der Auszug aus Musils Roman gibt kaum Aufschluss darüber, ob Törleß Held oder Antiheld ist. Zu neutral ist seine Richterrolle, zu sachlich seine Fragen. Lediglich der Wunsch zu verstehen, wird deutlich, da er Basini immer weiter bedrängt: „Und du tust alles, was man von dir verlangt?" (Z. 126 f.) Basinis Antworten („Ich kann mir ja nicht dagegen helfen." / „[...] aber ich mußte"; Z. 133 und 148) befriedigen Törleß nicht; er kann nicht nachvollziehen, warum der Mitschüler sich so hat erniedrigen lassen. Deutlich wirft er es ihm vor und versucht, ihn mit einem drastischen Beispiel aus der Reserve zu locken: „Du hast dich erniedrigt. So, wie wenn du in den Kot kriechen würdest, weil es ein anderer will." (Z. 144 ff.) Während Basini darauf beharrt, keinen freien Willen gehabt zu haben, bleibt auch Törleß bei seiner Meinung und urteilt abschließend: „Nein, du mußtest nicht." (Z. 149) Der Entzug der Willensfreiheit bleibt ein ungeklärtes Phänomen, das aber schließlich akzeptiert wird. Törleß bricht sein Verhör ab und gibt sich mit dem, was er erfahren hat, scheinbar zufrieden: „Nun, meinetwegen, lassen wir das." (Z. 152) Nach wie vor ist keine Empathie seitens Törleß erkennbar. Ihn interessiert die Psychologie des Opfers; ein Angebot zur Hilfe ist ihm fremd. Basini wirkt gleichbleibend hilflos und der Eindruck, er habe sich selbst aufgegeben, bestätigt sich. Statt sich zu wehren, erträgt er die Demütigungen, ob nun aus Angst vor noch mehr Gewalt oder einfach, weil er nicht weiß, was er tun kann. Er hat das Verhalten der Unterwürfigkeit adaptiert und die Suche nach einem Ausweg aufgegeben. So zeigt uns der Text die Beziehung zwischen den Internatsschülern als eine Hierarchie, in der Beineberg und Reiting klar oben stehen. Ihr Wissen über die Schuld Basinis verleiht ihnen eine Macht, die sie schamlos ausnutzen. Basini akzeptiert seine Opferrolle und folgt ihnen untertänig. Törleß, der zunächst nur Zuschauer ist, wird durch sein psychologisches Interesse zumindest zum Mitwisser und die Tatsache, dass er nicht bereit ist zu helfen, macht ihn zu einem Mittäter.

abschließende Analyse und Deutung des Verhaltens von Törleß

Bestätigung der Interpretationshypothese

Fazit zur textimmanenten Deutung

In der Retrospektive erhält die Darstellung der Erniedrigung Basinis durch autoritäre Figuren wie Beineberg und Reiting eine weitere Bedeutung, denn heute sehen wir den Roman auch als einen Vorboten kommender Diktaturen. Obwohl schon 1906 verfasst, lassen sich psychische Dispositionen erkennen, die zwei Jahrzehnte später den Nationalsozialismus begünstigen: die klare Hierarchie der Jugendlichen, die Bereitschaft zur rücksichtslosen Machtausübung, das brutale und demütigende Mobbing des hilflosen Opfers, das sich weder wehren will noch kann. Törleß ist der typische Mitläufer, der zwar nicht aktiv an den sadistischen Quälereien beteiligt ist, aber auch nicht eingreift. Vielmehr befriedigt auch er vorrangig persönliche Bedürfnisse, indem er durch sein detektivisches Vorgehen seine Neugier zu stillen versucht. Jeden Versuch Basinis, Nähe oder gar Freundschaft aufzubauen, weist Törleß scharf zurück. Es scheint, als könne auch er sich der Gruppendynamik nicht ganz entziehen, und so wird er zum Mitläufer, der die Handlungen der Machtausübungen vielleicht gedanklich hinterfragt, dies aber nicht offen ausspricht. Er ist lieber Teil der Gruppe, die die Macht hat, als Gefahr zu laufen, selbst zum Opfer zu werden. So deutet sich in der Beziehung der vier Jugendlichen eine autoritäre Gesellschaftsform an, deren Entwicklung Musil 1906 noch nicht erahnen konnte. Folglich lässt sich der vorliegende Romanauszug – ähnlich wie Thomas Manns „Mario und der Zauberer“ als Menetekel deuten, als ein Vorzeichen drohenden Unheils.

weiterführender Gedanken vor dem Hintergrund der gesellschaftspolitischen Entwicklungen der Zeit

Überleitung zur Teilaufgabe 2

Beispiellösung Teilaufgabe 2

Die 1930 erschienene Novelle „Mario und der Zauberer – Ein tragisches Reiseerlebnis“ von Thomas Mann beschreibt die Erlebnisse eines namenlosen Ich-Erzählers während eines Urlaubs in Italien in den Zwanzigerjahren. Dabei lässt der Autor eigene Reiseerfahrungen aus dieser Zeit in seine Erzählung einfließen. Die Atmosphäre im Urlaubsort Torre di Venere, dem Schauplatz der Handlung, ist angespannt; ausländische Touristen sind im nationalistischen Italien nicht willkommen. Das Stimmungsbild, das Thomas Mann entwirft, entspricht der Lebenswirklichkeit. In Italien war das faschistische System Mussolinis bereits seit 1922 etabliert, in Deutschland gewann die NSDAP zunehmend an Einfluss. Und nicht nur hier fasste der Nationalsozialismus Fuß, ähnliche Tendenzen gab es auch in anderen europäischen Ländern. Ein Großteil der Bevölkerung glaubte nicht an Demokratie, sondern schaute stattdessen bewundernd auf zu jenen, die den Ton angaben. In München erreichte Adolf Hitler mit seinen Reden die Massen, der Führerkult entwickelte sich schnell

Hinweise

Einleitung mit Bezug zur Aufgabe; zeitgeschichtlicher Hintergrund

und politische Gegner wurden unterdrückt. Der europäische Faschismus zog herauf und mit ihm Fremdenfeindlichkeit und Rassismus.

In der Novelle beschreibt der Ich-Erzähler die Atmosphäre im italienischen Badeort als unangenehm, das Wetter ist schwül, sogar im Hotel herrscht im übertragenen Sinne „dicke Luft“: Denn die einheimischen Gäste werden klar bevorzugt und die deutschen Reisenden diskriminiert. Die Familie wechselt in eine kleinere Pension und ist dort zwar deutlich zufriedener, aber dennoch betont der Ich-Erzähler mehrfach, dass man eigentlich hätte früher abreisen sollen. Insbesondere nach einem weiteren unangenehmen Vorfall am Strand, bei dem die Ehre Italiens angeblich „freventlich verletzt“ wird, nur weil die achtjährige Tochter nackt zum Wasser läuft, um ihren Badeanzug auszuwaschen. Nicht ungewöhnlich, aber die Familie erfährt daraufhin eine Welle von Hohn und Abneigung und muss sogar 50 Lire Sühnegeld zahlen. Hätten sie abreisen sollen? Immer wieder fällt diese Frage, aber die Familie bleibt. So auch die Unsicherheit bei den Lesenden und das Gefühl, dass etwas nicht stimmt und noch viel Schlimmeres passieren wird.

Inhaltsangabe zur Novelle

Hervorhebung besonderer Ereignisse; Aufgabenbezug

Dem klassischen Aufbau der Novelle folgend, läuft die Handlung zügig auf ein zentrales Ereignis hinaus. Die Hauptsaison neigt sich dem Ende, viele Einheimische verlassen den Urlaubsort und als sich ein Zauberer zu einer Vorstellung ankündigt, entschließt sich die Familie zu bleiben. Die Zaubervorstellung des Hypnotiseurs Cavaliere Cipolla wird mit großer Spannung erwartet und stellt den eindeutigen Höhepunkt der Novelle dar. Von nun an wird zeitdeckend bis zeitdehnend geschildert, was während der Vorstellung passiert, die erst am späten Abend beginnt. Während die Familie auf Cipolla wartet, der sich stark verspätet, beobachten sie die Gäste, unter denen sich auch der junge Kellner Mario befindet, den die Kinder sehr mögen. Die zentrale Rolle Marios offenbart sich zwar schon durch den Titel, bleibt den Lesenden aber bis fast zum Ende verborgen. Zunächst ist Mario nur Teil des Publikums; ein unauffälliger, freundlicher Mann aus dem Volk, der das Geschehen zurückhaltend beobachtet. Erst gegen Ende der Vorstellung holt Cipolla den jungen Mann auf die Bühne.

Beschreibung des Aufbaus; Fachkenntnisse und Fachtermini verwenden

Vorstellung der Figur Mario ...

Zu diesem Zeitpunkt hat der Zauberkünstler schon bewiesen, dass er ein Meister seines Geschäfts ist. Beeindruckende Kartentricks und Hypnoseexperimente ziehen das Publikum in den

Bann. Dabei demonstriert Cipolla aber nicht nur seine Kunst, sondern auch seine Überlegenheit. Der körperlich Missgebildete stellt sich als „Mann von einiger Eigenliebe“ vor, was angesichts seiner physischen Einschränkungen widersprüchlich wirkt. Schnell zeigt sich in seinem Umgang mit einzelnen Personen aus dem Publikum echte Gehässigkeit, die vermuten lässt, dass die „Eigenliebe“ nur Show ist und er seinen Selbsthass auf andere projiziert. Er versetzt verschiedene Zuschauer in Trance und lässt sie entwürdigende Dinge tun. Unter Hypnose folgen sie ihm willig und machen sich vor dem Publikum, das die Vorführung mit einer zunehmenden Mischung aus Faszination und Angst verfolgt, lächerlich. Erneut überlegt der Ich-Erzähler, ob man die Vorstellung nicht lieber verlassen sollte, aber man fühlt sich gefangen. Man ist Teil von etwas, etwas Besonderem, so viel merkt man. Das unheimliche Gefühl, dass etwas nicht mit rechten Dingen zugeht und das Ganze kein gutes Ende nehmen wird, reicht nicht aus. Statt aufzustehen und zu verdeutlichen, dass die Machtspiele des Zauberers verabscheuungswürdig sind, klatscht die Familie gemeinsam mit den anderen, wenn wieder ein Kunststück gelingt. Allein ein Mann, ein „Freiheitskämpfer“, wie der Erzähler ihn nennt, probt zweimal den Widerstand, aber ohne Erfolg. Cipolla erklärt, dass Freiheit und Wille zwar existierten, aber die „Willensfreiheit“ nicht, denn ein Wille, der sich auf Freiheit richte, stoße ins Leere.

… und des Zauberers Cipolla

Analyse und Deutung des Geschehens

So ist klar, dass der freundliche Mario keine Chance hat, als er auf die Bühne geholt wird. Es war schon erkannt, dass Nachgeben leichter als Widerstand ist. Und nachdem der Zauberer das ganze Publikum nach seinem Willen hatte tanzen lassen, meint der Erzähler, es sei schon alles einerlei. Jede Art von Zweifel und Aufbegehren war erstickt. Auch Mario gehorcht, als er auf die Bühne muss. Auch er wird bloßgestellt, auf grausame Art und Weise. Der schüchterne Junge hat Liebeskummer, den er geheim hält, und Cipolla liest seine Gedanken. Er demütigt ihn, indem er seine glücklose Verliebtheit vor dem Publikum offenbart. Mario versucht, sich gegen den aufgezwungenen Willen zu wehren, und streitet zunächst alles ab. Auf keinen Fall möchte er seine Gefühle öffentlich machen. Aber auch er verfällt der Hypnose und in einem grotesken Augenblick, der alles auf die Spitze treibt, lässt der Zauberer ihn glauben, er selbst sei die Angebetete des Kellners. Er nötigt Mario, ihn zu küssen. Ein besonders gemeiner Zuschauer lacht laut und schadenfroh, während die Lesenden in erschrockener Stille verharren. Schon lässt Cipolla Mario aus der Trance erwachen, der, noch während er

Beschreibung und Deutung des Höhepunktes: Mario auf der Bühne

Veranschaulichung des Willensentzugs …

die Bühne verlässt, realisiert, was ihm passiert ist. Er dreht sich um, zieht eine Waffe und erschießt Cipolla. Ein Tumult bricht los und alle Zuschauenden stürmen aus dem Saal. Ein „Ende mit Schrecken", betont der Erzähler. Ein „höchst fatales Ende. Und ein befreiendes dennoch".

... und der Reaktion auf das erfahrene Übel

Vergleicht man die Situation Marios mit der Basinis aus der Erzählung Musils, so sind die Parallelen augenscheinlich. Beide sind Opfer von Demütigung und Erniedrigung. Der Zauberer Cipolla ist die Karikatur eines Diktators, der seine eigene Minderwertigkeit durch sadistische Machtspiele zu überdecken versucht; ein hochmütiger Verbrecher von psychologischer Stärke, der sich in seine Opfer hineinfühlt und ihren Willen vergewaltigt. Er missbraucht seine Macht und hat Spaß daran. Genauso missbrauchen Beineberg und Reiting ihre Macht über Basini, genießen die Herrschaft über ihr Opfer und vergewaltigen nicht nur seinen Willen, sondern auch seinen Körper. Besonders auffällig ist die Gehässigkeit und Grausamkeit der Vergewaltiger und die Interpretation der Texte legt nahe, dass in beiden Fällen gestörte Persönlichkeiten und Minderwertigkeitskomplexe zu den Machtfantasien führen, die in den beschriebenen Situationen ausgelebt werden. Jegliche moralische Hürde scheint gefallen, denn der Widerstand der Opfer ist gebrochen oder nicht existent und niemand schreitet ein und verhindert den Missbrauch. Vielmehr löst dieser beim Publikum nicht vorranging Angst, sondern vor allem Faszination aus. Im Fall Basinis ist es Törleß, der quasi als Zuschauer fungiert, zwar nur im Nachhinein, da er das Geschehen nicht direkt miterlebt, sondern sich erzählen lässt. Dennoch verlässt er seine Zuschauerrolle nicht und folgt der Erzählung Basinis mit dem gleichen Interesse wie der Ich-Erzähler und das anwesende Publikum der Zaubervorstellung.

Vergleich der Situation Marios mit der Basinis

Hervorhebung von Gemeinsamkeiten und Unterschieden

Veranschaulicht wird so in beiden Texten die Faszination, die von der Machtdemonstration ausgeht. Das Phänomen, dass ein Einzelner so viel Macht über andere haben kann, dass er sie gänzlich ihres Willens beraubt, zeugt aber nicht nur von einem Interesse der Autoren an Psychoanalyse. Vielmehr zeigt es auch gesellschaftliche Entwicklungen, denn der Verlust des eigenen Willens ist ein zentrales Thema der Zeit. Die Hypnose wird in der Literatur als Metapher für dieses Phänomen genutzt, denn sie verleiht dem Einzelnen die scheinbar unbegrenzte Macht über andere. Hier zeigt sich ein Unterschied in der Situation Basinis und Marios. Denn während Mario tatsächlich in Trance versetzt wird und den eigenen Willen unfreiwillig aufgibt, täuscht Basini

Beurteilung der fiktiven Darstellung des Willensentzugs vor dem zeitgeschichtlichen Hintergrund

den Hypnosezustand nur vor und gibt seinen Willen mehr oder minder freiwillig auf. Obwohl auch er betont, dass er sich gezwungen fühlt und keinen anderen Ausweg sieht.

Fazit

Abschließend kann also festgestellt werden, dass die fiktive Darstellung des Willensentzugs vor dem zeitgeschichtlichen Hintergrund eine besondere Bedeutung erhält. Musils Erzählung „Die Verwirrungen des Zöglings Törleß“ erschien schon 1906, aber der Autor beweist ein besonderes Gefühl für die Gesellschaft seiner Zeit. Die Jugendlichen, die in einem Provinzinternat in Österreich ausgebildet werden, erproben bereits Hierarchiestrukturen, die Jahre später dazu führen werden, dass ein ganzes Volk scheinbar willenlos in einen Krieg stürmt. Auch die 1930 erschienene Novelle „Mario und der Zauberer“ ist als literarisches Zeugnis der Zeit zu bewerten, da sie den heraufziehenden Faschismus in Italien fühlbar macht und das Verhältnis von Führer und Masse, den Führerkult, veranschaulicht, der sich in den Zwanzigerjahren entwickelt.

Rahmenthema 4: Vielfalt lyrischen Sprechens

Hilde Domin: Fremder / Franz Kafka: Der Fahrgast

grundlegendes Anforderungsniveau

Aufgabenart: Interpretation literarischer Texte (Lyrik) & Motivvergleich mit einem Kurzprosatext

AUFGABENSTELLUNG

1 Erschließen und interpretieren Sie das Gedicht „Fremder" von Hilde Domin! Gehen Sie dabei insbesondere darauf ein, welche Erfahrungen das lyrische Ich in der Fremde macht! *(Gewichtung: 70 %)*

2 Zeigen Sie ausgehend von Ihren Ergebnissen vergleichend auf, wie das Motiv der „Fremdheit" in Kafkas Erzählung „Der Fahrgast" gestaltet wird! *(Gewichtung: 30 %)*

Materialgrundlage

M1 Hilde Domin: Fremder. Aus: Dies.: Sämtliche Gedichte. Hrsg. v. Nikola Herweg und Melanie Reinhold. Frankfurt a. M.: S. Fischer Verlag ^{6}2013, S. 102 ff.

M2 Franz Kafka: Der Fahrgast. Aus: Ders.: Gesammelte Werke. Band 5, Frankfurt a. M.: S. Fischer Verlag 1950 ff., S. 31 – 32

M1 **Fremder (1960)** *Hilde Domin (1909 – 2006)*

Vorbemerkung

Hilde Domin wurde als Kind jüdischer Eltern in Köln geboren. 1932 begann sie in Italien ein Studium, konnte aber nach Hitlers Machtübernahme nicht mehr nach Deutschland zurück. 1954 kam sie erstmals wieder nach Deutschland, wo sie sich nach Aufenthalten in Spanien erst 1961 endgültig niederließ. Ihr Pseudonym „Domin" wählte sie aufgrund ihres Aufenthalts in der Dominikanischen Republik, wo ihre ersten literarischen Werke entstanden.

1

Ich falle durch jedes Netz,
wie ein Toter

falle ich durch die Netze hindurch.
Samenkorn ohne Erde
schwerelos
treibt mich der Wind
aus allen Netzen empor.

Wohin ich komme, Gespinst von Wegen,
eng geknüpft.
In jeder Stadt liegt bereit
was sie brauchen,
Spielzeug und Hochzeitslaken
und der Platz
bei dem Sarg der Mutter.

Ich brauche nichts, ich komme und gehe
mit offenen Händen.

»Unsere Sprache sprichst du«,
sagen sie überall
mit Verwundern.
Ich bin der Fremde,
der ihre Sprache spricht.

2
Vor mir wird aufgebaut,
hinter mir abgeräumt,
die Bühne aus sehr dauerhaften
Häusern, Straßen, Bäumen.

Minuten ehe ich komme,
ein Platz, Stühle, ein Tisch.
Man bringt mir Kaffee,
ich spreche die Sprache des Kellners.
Stunden entfernt
baut man ein Schlafzimmer auf
in einem lauten Hotel.
Niemand wartet am Zug.

Ich ziehe um mich
das kleine schon dünne Tuch
deiner Liebe,
mein einziges Kleid.
Ich gehe im Licht
eines fernen
längst erloschenen
Lächelns.

M2 Der Fahrgast (1913) *Franz Kafka (1883–1924)*

Text in alter Rechtschreibung

Ich stehe auf der Plattform des elektrischen Wagens und bin vollständig unsicher in Rücksicht meiner Stellung in dieser Welt, in dieser Stadt, in meiner Familie. Auch nicht beiläufig könnte ich angeben, welche Ansprüche ich in irgendeiner Richtung mit Recht vorbringen könnte. Ich kann es gar nicht verteidigen, daß ich auf dieser Plattform stehe, mich an dieser Schlinge halte, von diesem Wagen mich tragen lasse, daß Leute dem Wagen ausweichen oder still gehn, oder vor den Schaufenstern ruhn. – Niemand verlangt es ja von mir, aber das ist gleichgültig.

Der Wagen nähert sich einer Haltestelle, ein Mädchen stellt sich nahe den Stufen, zum Aussteigen bereit. Sie erscheint mir so deutlich, als ob ich sie betastet hätte. Sie ist schwarz gekleidet, die Rockfalten bewegen sich fast nicht, die Bluse ist knapp und hat einen Kragen aus weißer klemmaschiger Spitze, die linke Hand hält sie flach an die Wand, der Schirm in ihrer Rechten steht auf der zweitobersten Stufe. Ihr Gesicht ist braun, die Nase, an den Seiten schwach gepreßt, schließt rund und breit ab. Sie hat viel braunes Haar und verwehte Härchen an der rechten Schläfe. Ihr kleines Ohr liegt eng an, doch sehe ich, da ich nahe stehe, den ganzen Rücken der rechten Ohrmuschel und den Schatten an der Wurzel.

Ich fragte mich damals: Wieso kommt es, daß sie nicht über sich verwundert ist, daß sie den Mund geschlossen hält und nichts dergleichen sagt?

Beispiellösung

Beispiellösung Teilaufgabe 1	Hinweise
Heimatverlust als zentrale Lebenserfahrung im Jahrhundert der Flüchtlinge [1] Laut UNO befanden sich im Jahr 2015 rund 60 Millionen Menschen auf der Flucht. Das übersteigt die Zahl der Flüchtlinge	Einleitung: Hinführung zum Thema des Gedichts

im Zuge des Zweiten Weltkrieges. Ob innerhalb des eigenen Landes oder außerhalb: Die Anzahl der Flüchtlinge steigt stetig und ist eine der globalen Herausforderungen im 21. Jahrhundert. Wie sehr der Verlust der Heimat zu einer existenziellen Verunsicherung führen kann, zeigt das Gedicht „Fremder", das die jüdischstämmige Autorin Hilde Domin – selbst Flüchtling vor dem Nazi-Regime – 1960 in Spanien verfasst hat. Der Text belegt, dass es mit der Beherrschung der Landessprache des jeweiligen Gastlandes noch lange nicht getan ist. Wichtiger als die Sprache selbst wäre für Domin ein angeborenes Mitspracherecht.

Angaben zu Text und Autorin

Erschließung und Interpretation des Gedichts „Fremder" von Hilde Domin

[2] Domins reimloses Gedicht ist in neun unterschiedlich lange Strophen unterteilt, die in zwei Abschnitte gruppiert sind. Durch die Verwendung freier Rhythmen in Verbindung mit zahlreichen, teilweise sogar strophenübergreifenden (vgl. V. 2f.) Enjambements wird ein fließender Rhythmus geschaffen, der das Gefühl des „schwerelos[en]" Getriebenwerdens (vgl. V. 5f.) passend unterstreicht. Dafür, dass dieses Lebensgefühl nicht positiv verstanden wird, sorgt die wiederholte Verwendung des bedrohlichen Verbs „falle[n]" (V. 1 und 3) gleich am Anfang des Gedichts. Sie ist der Ausdruck einer existenziellen Verunsicherung, die in fünf Sinnabschnitten thematisiert wird.

Formanalyse: Strophenanzahl, Reimlosigkeit, freie Rhythmen, Enjambements

erster Deutungsansatz

Das lyrische Ich ist haltlos. Selbst ein „Netz" (V. 1) bzw. „Netze[...]" (V. 3 und 7) können es nicht auffangen. Die Wiederholung wird dadurch verstärkt, dass sich das lyrische Ich mit einem „Tote[n]" (V. 2) vergleicht. Die Metapher „Samenkorn ohne Erde" (V. 4) macht deutlich, dass dem lyrischen Ich die Grundlage zur Entfaltung seines Lebens genommen ist: die Heimat. Ohne Mutterboden kann der Samen schließlich nicht aufgehen. Es scheint fremdbestimmt, ein Spielball des „Wind[es]" (vgl. V. 6) zu sein.

Aufbau- und Inhaltsanalyse: formale Zweiteilung in fünf Sinnabschnitten
1. Sinnabschnitt: Haltlosigkeit

Das Gefühl, nicht dazuzugehören und fremd zu sein, wird im nächsten Sinnabschnitt durch die antithetische Gegenüberstellung von „sie" (V. 11) und „Ich" (V. 15) erzeugt. Die Einwohner einer nicht näher benannten Stadt besitzen im Gegensatz zum lyrischen Ich biografische Orientierungspunkte, die für ein erfülltes Leben benötigt werden: Die Begriffe im Polysyndeton von „Spielzeug und Hochzeitslaken und der Platz bei dem Sarg der Mutter" (V. 12ff.) assoziieren Erinnerungsimpulse an Kindheit, Partnerschaft, Liebe und Trauer, die dem lyrischen Ich aufgrund seines Heimatverlusts nicht mehr zur Verfügung stehen.

2. Sinnabschnitt: Orientierungspunkte für Einheimische

Die Antithese „sie brauchen" (V. 11) und „Ich brauche nichts" (V. 15) wirkt wie eine trotzige Gegenreaktion, aber gerade des-

3. Sinnabschnitt: Bedürfnislosigkeit als

halb wie ein Hilferuf des lyrischen Ichs, das von sich selbst behauptet, „mit offenen Händen“ (V. 16) zu kommen, aber auch zu gehen. Diese Synthese der gebräuchlichen Redewendungen „mit offenen Armen“ und „mit leeren Händen“ drückt einerseits die Bereitschaft aus, den Menschen in der Fremde wohlgesonnen zu begegnen, andererseits aber auch das ernüchternde Fazit, in den Begegnungen nichts dazugewonnen zu haben. Und dies, obwohl die Fremden durchaus bemerken, dass das lyrische Ich ihre Sprache spricht (vgl. V. 17 ff.). Das „Verwundern“ (V. 19), mit dem dieser Umstand zur Kenntnis genommen wird, scheint zu verletzen. Die Distanz zwischen lyrischem Ich, das sich selbst als „der Fremde“ (V. 20) bezeichnet, und den Einheimischen wird durch den antithetischen Einsatz der Possessivpronomen „[u]nsere“ und „ihre“ (V. 17 und 21) bzw. der Personalpronomen „du“ und „Ich“ (V. 17 und V. 20) wie in einem Chiasmus unterstrichen: Während „du“ in der wörtlichen Rede durch eine Inversion an exponierter Stelle am Versende steht, folgt das „Ich“ drei Zeilen später am Versanfang.

Reaktion auf fehlende Zugehörigkeit

Integration der Sprachuntersuchung in Inhaltsanalyse

Das lyrische Ich erlebt die Realität in der Fremde als Welt des Scheins, als „Bühne aus [...] Häusern, Straßen, Bäumen“ (V. 24 f.). Dieses Asyndeton der Bühnenbestandteile wird mit dem Superlativismus „sehr dauerhaften“ (V. 24) verknüpft, was mit der Empfindung, dass vor dem lyrischen Ich alles errichtet und nach ihm alles wieder entfernt werde (vgl. V. 22 f.), als Paradoxon erscheint. Die Lebenswelt des fremden Gastlandes wird aus der Perspektive des Flüchtlings zu einer austauschbaren Kulisse. Diese surreal anmutende Empfindung konkretisiert das lyrische Ich mittels Beispielen, die Schauplätze beinhalten, die mustertypisch für das fehlende Zuhause und die damit verbundene Rastlosigkeit stehen: einem Café, einem Hotel und einem Zug. Trotz der Fähigkeit zu Verständigung – lyrisches Ich und Kellner sprechen dieselbe Sprache (vgl. V. 29) – bleibt das Gefühl der Einsamkeit, denn „[n]iemand wartet“ (V. 33) auf das lyrische Ich.

4. Sinnabschnitt: Inszenierter Lebensraum in der Fremde

Geborgenheit und Wärme vermittelt in der Abschlussstrophe allerdings die Liebe zu einem nicht näher beschriebenen Menschen. Aber auch die hier eingesetzte Metapher gibt Grund zur Sorge, denn das „Tuch [der] Liebe“ ist „klein[...]“ und bereits „dünn[...]“ (V. 35 f.) geworden – und es ist das „einzige[...] Kleid“ (V. 37), das das lyrische Ich besitzt. Noch depressiver wird die Stimmung am Ende des Gedichts, wenn deutlich wird, dass es sich bei dem Liebeserleben um die Erinnerung an einen geliebten Menschen handelt, was durch ein Paradoxon ausgeführt wird: Das lyrische Ich geht „im Licht eines fernen längst erloschenen Lächelns“ (V. 38 ff.). Die auf den ersten Blick wieder

5. Sinnabschnitt: Halt in der Fremde durch Erinnerung an Liebeserlebnis

Distanz ausdrückende Ferne wird durch die Präzisierung ins Zeitliche gerückt. Aufgrund seiner unglücklichen Lebenssituation in der Gegenwart bleibt dem lyrischen Ich als minimaler Halt also nur die emotionale Strahlkraft der Liebe aus früherer Zeit.

Das Gedicht wird gerade durch diese letzte Strophe zum Zeugnis einer geografischen und emotionalen Heimatlosigkeit, die zu einer existenziellen Verunsicherung führt.

Haupterfahrung in der Fremde: Heimatverlust

Die Fremde wird dabei zu einer Art Katalysator für die Empfindung der Perspektivlosigkeit des Fremden in einer aufgezwungenen Lebenswelt. Die mannigfaltigen Möglichkeiten werden als „eng geknüpft[es] Gespinst von Wegen" (V. 8 f.) wahrgenommen, die nicht zum fremden Individuum passen. Das lyrische Ich hat das Gefühl, durch die Netze hindurchzufallen bzw. emporgehoben zu werden (vgl. V. 3 ff.), es kommt und geht (vgl. V. 15), ohne sich irgendwo zu Hause zu fühlen. Dementsprechend einsam fühlt sich das lyrische Ich, weil niemand auf es wartet (vgl. V. 33). Die Personen, die sich um sein Wohlergehen kümmern, werden bis auf einen Kellner (vgl. V. 29) mittels Passivkonstruktionen gar nicht erwähnt (vgl. V. 22 ff.) oder bleiben durch das Indefinitpronomen „man" (V. 28 und 31) völlig identitätslos. Der Fremde in Domins Gedicht hat also Schwierigkeiten, sich in die Gesellschaft seines Gastlandes zu integrieren, weil er beständig das Gefühl hat, ausgegrenzt zu sein – und das, obwohl er der Landessprache mächtig ist (vgl. V. 17 und 29). Wie viele andere Schriftsteller(innen) auch hat Hilde Domin ihr Exil als ein Nichtdazugehören empfunden. Die Erfahrungen des lyrischen Ichs stehen also vermutlich für die Erfahrungswelt der Autorin bzw. der Exilliteraten an sich, die nach der Flucht aus ihrem Heimatland die Lebenssituation nach dem Verlust ihres Zuhauses im wörtlichen Sinn als un-heimlich empfanden

Fremde als Katalysator von Perspektivlosigkeit

neben vielen direkten Zitaten hier vor allem Einbau von indirekten Zitaten

Folglich wird die Umgebung in der Fremde sehr negativ und pessimistisch wahrgenommen. Erst am Ende schöpft das lyrische Ich aus Domins Gedicht Hoffnung aus seiner Erinnerung. Das lyrische Ich erkennt seinen Zustand nur stückweise. Im Gedicht wird dies durch die zahlreichen, polysyndetischen und asyndetischen, Aneinanderreihungen von Einzelaspekten (V. 12 f., 25 und 27) gespiegelt.

das lyrische Ich zwischen pessimistischer Wahrnehmung und hoffnungsvoller Erinnerung

Am deutlichsten wird die kritische Sichtweise auf das Gastland durch die Interpretation der Fremde als austauschbare Kulisse. In „Fremder" werden dem lyrischen Ich „Bühne[n]" (V. 24) errichtet, die darauf hindeuten, dass es seine Lebenswelt nicht authentisch, sondern wie ein Schauspiel erlebt und damit zum Zuschauen degradiert ist. Auch dies passt zu biografischen

Herstellung von Bezügen zwischen Gedicht und Biografie der Autorin aus Vorbemerkung

Äußerungen der jüdischstämmigen Autorin, die während des Dritten Reiches wie viele Schriftsteller(innen) ihre Heimat verlassen musste. Das lyrische Ich in Domins Gedicht kommt wegen dieses Fremdseins auch niemals an. Es ist rast-, ruhe- und haltlos, was bereits durch die Unruhe der syntaktischen Struktur des Gedichts und seine formale Ungebundenheit – Reime und einheitliches Metrum fehlen – gespiegelt wird. Das lyrische Ich scheint permanent auf Reisen zu sein: Es ist getrieben (vgl. V. 6), kennt jede Stadt (vgl. V. 10), kommt und geht (vgl. V. 15), wird „überall" auf die guten Sprachkenntnisse angesprochen (vgl. V. 17 ff.). Die Schauplätze, an denen Kaffee getrunken und ein Schlafzimmer hergerichtet wird, sind „Stunden [voneinander] entfernt" (V. 30), Transportmittel ist der „Zug" (V. 33). Selbst Ruhephasen lassen keine wirkliche Entspannung zu: Durch eine Inversion und Personifikation betont, wird das Schlafzimmer „in einem lauten Hotel" (V. 32) für das lyrische Ich hergerichtet. Selbst die Erinnerung an ein Liebeserlebnis bewirkt kein völliges Innehalten: Das lyrische Ich „geh[t] im Licht eines fernen [...] Lächelns" (V. 38 ff.). Die Lichtmetaphorik wertet die Wirkung des Gedenkens an einen geliebten Menschen auf. Waren die Bewohner des Gastlandes mit unpersönlichen Pronomen bedacht worden, wird Domin am Ende ihres Gedichtes durch das Possessivpronomen doch ganz persönlich und zeigt die identitätsstiftende, aber auch zerbrechliche Kraft der Liebe auf, wenn sie die Metapher des „schon dünnen Tuch[es] deiner Liebe" (V. 35 f.) den Erfahrungen in der Fremde entgegensetzt.

Aufzeigen von Kohärenzen zwischen Inhalt und Sprache bzw. Form

durch eckige Klammern markierter grammatikalisch angepasster Einbau von Zitaten ins Textkontinuum

Beispiellösung: Teilaufgabe 2 | **Hinweise**

Vergleich zwischen der Gestaltung des Motivs der „Fremdheit" in Domins „Fremder" und „Der Fahrgast" von Franz Kafka

[3] Domins Gefühl der Fremdheit wird deutlich vom Aufenthaltsort weit weg von ihrem Zuhause ausgelöst. Wie gesehen deutet Domins Gedicht die Wichtigkeit familiärer Bezüge als Elemente gegen Vereinsamung und Entfremdung an: Menschen brauchen „Spielzeug und Hochzeitslaken / und de[n] Platz / bei dem Sarg der Mutter" (V. 12 – 14). Von diesen Bezügen ist man in einem anderen Land aber geografisch abgeschnitten. Dieses Gefühl der Fremdheit wird durch das der Liebe wie ebenfalls angesprochen abgemildert.

Nennung des Vergleichstextes

Betonung der Unterschiede: Fremdheit in der Ferne vs. Selbstentfremdung innerhalb der Familie

Insofern erfährt der Ich-Erzähler in Kafkas Kurzerzählung „Der Fahrgast" eine noch drastischere Form der Fremdheit, die gleich im ersten Satz als Antiklimax dargelegt wird. Er ist „vollständig

Hinweis auf unterschiedliche Textgattungen

unsicher in Rücksicht [s]einer Stellung in dieser Welt, in dieser Stadt, in [s]einer Familie“ (Z. 1 ff.). Hier können Heimatstadt und Familie keinen Halt bieten. Damit wird der Ich-Erzähler als selbstentfremdet präsentiert. Während einer innerstädtischen Straßenbahnfahrt, keiner Zugreise in einem fremden Land, wie sie in Domins Gedicht Erwähnung findet (vgl. V. 33), wird ihm plötzlich ohne ersichtlichen Grund bewusst, dass es für seine Existenz, seine durchaus symbolisch zu verstehende Straßenbahnfahrt (vgl. Z. 10 ff.), keine Begründung und, viel schlimmer, keine Legitimation gibt: „Auch nicht beiläufig könnte ich angeben, welche Ansprüche ich in irgendeiner Richtung mit Recht vorbringen könnte.“ (Z. 4 ff.) Sein Leben geschieht, ohne dass es jemand verlange (vgl. Z. 13 f.). Wie das lyrische Ich in Domins Gedicht hat auch der Ich-Erzähler der Kafka-Erzählung seine Heimat verloren – doch hat er sein Vaterland und seine Muttersprache gar nicht verlassen. Ihn verlässt das Gefühl, zu Hause zu sein und dazuzugehören, die Fahrt mit der Tram wirft ihn gleichsam aus der Bahn.

Einsatz des Konjunktivs bei der indirekten Redewiedergabe

Bei Domin gehen die Mitspracherechte dadurch verloren, dass man das Leben als Exilantin wegen Repression, Gewalt und Mord im Heimatland wählen musste. Als „Fremder“ wird man von den anderen ausgegrenzt, die sich sogar wundern, dass man ihre Sprache spricht (vgl. V. 17 ff.). Die Betonung durch die wörtliche Rede, die Alliteration und die Verwendung des Possessivpronomens „[u]nsere“ (V. 17) am Strophenanfang suggeriert eine fast feindselige Haltung der Einheimischen und die Verwendung „ihre[r] Sprache“ (V. 21) als eine Anmaßung.

Fremdheit wegen Heimatverlusts vs. Unbestimmtheit der Ursachen

Der Ich-Erzähler bei Kafka hingegen wird nicht ausgegrenzt. Sein Gefühl der Fremdheit basiert eher auf Selbstreflexion und „[G]leichgültig[keit]“ (Z. 14). Ungeklärt bleibt, wer sie wem entgegenbringt: der Ich-Erzähler der Welt oder umgekehrt. Es ist also völlig offen, was die Ursache für das Fremdheitsgefühl sich selbst gegenüber ist. Kafka hat dieses Thema immer wieder bearbeitet, bekanntestes Beispiel ist wohl die Erzählung „Die Verwandlung“, in der die Hauptfigur Gregor Samsa über Nacht zum Käfer und damit Ungeziefer mutiert.

Einbau von Wissen zu Autor und dessen Literatur

Ebenso wie Samsa ist der Ich-Erzähler in „Der Fahrgast“ im Grunde seiner Existenz zutiefst verunsichert. Aus diesem fundamentalen Gefühl der Fremdheit gegen sich selbst sieht er die umgebenden Menschen und Dinge mit ganz anderen Augen. Ihm fällt ein Mädchen auf, dessen Erscheinung er in allen Einzelheiten wahrnimmt (vgl. Z. 16 – 31). Die Betrachtung ist so intensiv, dass er räsoniert, ihm komme es

Gemeinsamkeit: Von jeweiliger Lebenssituation beeinflusster Blick auf die Umwelt vor, als habe er sie „betastet“ (Z. 18), weil auch sie in seiner Wahrnehmung zu einem fremden Geschöpf wird, das er neugierig erforscht. Wie Domins lyrisches Ich sieht, fühlt und reflektiert der Ich-Erzähler viel, weiß jedoch nicht, wie er angemessen auf seine mannigfaltigen Eindrücke reagieren soll. „[V]erwehte Härchen an der rechten Schläfe “ (Z. 27 f.) sowie der „Rücken“ (Z. 30) der rechten, eng anliegenden „Ohrmuschel und [deren] Schatten an der Wurzel“ (Z. 30 f.) werden zu faszinierenden und enttarnten Geheimnissen. Quasi als Fazit wundert es den Erzähler in einer Art Rückschau, dass die Beobachtete nicht „über sich verwundert ist“ (Z. 33). Einen direkten Austausch über Kommunikation scheint der Beobachter gar nicht erwogen zu haben, ist trotzdem erstaunt über die Kommunikationslosigkeit seiner Mitfahrerin (vgl. Z. 33 f.).

Spezifizierung des allgemeinen Gedankens am Beispiel der Kommunikationslosigkeit

Auch Domins lyrisches Ich nimmt seine Umwelt aufgrund seiner Exilerfahrung in besonders kritischer Weise wahr. Auch hier wird Kommunikation thematisiert. Sie findet allerdings noch statt, wenngleich auf eine oberflächlichere Art und Weise, als das lyrische Ich es sich wünscht. Das als stereotyp empfundene Wundern über die Beherrschung der Sprache des Gastlands (vgl. V. 17 ff.) ist hier ebenso erwähnenswert wie die Andeutung, sich immer wieder mit „Kellner[n]“ (V. 29) unterhalten zu müssen. Die vielen Passivkonstruktionen bei der Beschreibung des Alltagslebens deuten eine gewisse Beziehungslosigkeit zu den das lyrische Ich umgebenden Menschen an.

wieder Aufdeckung des Zusammenhangs zwischen Sprache und Inhalt

Schreibvorgang als Therapie gegen Entwurzelung und zur Warnung

[4] Es stellt sich die Frage, wozu das Verfassen der beiden unterschiedlichen Texte gedient haben könnte, zumal beide autobiografische Elemente beinhalten. Kafka schrieb sich in seinen Texten wohl Probleme mit einer dominanten Vaterfigur und mit dem anderen Geschlecht von seiner gepeinigten Seele. Domins Text ist dagegen eher als Versuch zu werten, den Heimatverlust und den Neuanfang in der Fremde durch den Schreibvorgang gleichsam therapeutisch aufzuarbeiten. Bezogen auf die aktuelle Flüchtlingssituation bleibt festzuhalten, dass man aus Domins Gedicht lernen kann, dass es für die der Heimat beraubten Menschen neben Unterkunft und Sprachkurs etwas ebenso Wichtiges gibt, das ihnen oft vorenthalten wird: die Möglichkeit, selbstbestimmt leben zu dürfen.

Abrundung: Frage nach Verarbeitung autobiografischer Elemente in Literatur

Rahmenthema 5: Literatur und Sprache von 1945 bis zur Gegenwart

Gabriele Wohmann: Schöne Ferien

grundlegendes Anforderungsniveau

Aufgabenart: Interpretation eines literarischen Textes mit weiterführender Aufgabe

AUFGABENSTELLUNG

1 Interpretieren Sie die Kurzgeschichte „Schöne Ferien“ von Gabriele Wohmann (M1).
(Gewichtung: 70 %)

2 Prüfen Sie – ausgehend von Ihren Interpretationsergebnissen –, inwiefern die These Rainer Hagens auf die Kurzgeschichte „Schöne Ferien“ zutrifft (M2).
(Gewichtung: 30 %)

Materialgrundlage

M1 Gabriele Wohmann: Schöne Ferien. Aus: Dies.: Ländliches Fest und andere Erzählungen. Neuwied und Berlin: Luchterhand 1968, S. 76 – 79

M2 Rainer Hagen: Über Gabriele Wohmanns frühe Prosa. Aus: Gabriele Wohmann. Materialienbuch. Hrsg. v. Thomas Scheuffelen. Darmstadt und Neuwied: Luchterhand 1977, S. 51

M1 Schöne Ferien (1968) *Gabriele Wohmann (1932 – 2015)*

Rechtschreibung und Interpunktion folgen der Textvorlage.

Schöne Ferien, zum ersten Mal wieder, seit ich mit Asmus zusammen bin. Die unveränderte Bucht gefiel mir neuerdings. Wie lang hatte ich nicht mehr etwas wie Waten im Wasser genossen. Alle Augenblicke fiel mir ein, daß ich aufatmen konnte, und ruhig sein, ruhig sein. Keine Zankereien mit den Cousinen, im Gegenteil. Vor dem Café Rose saßen friedlich die Großeltern, und mich machte es nicht nervös, wenn sie uns unaufhörlich zu Tee und Wespennestern[1] einluden: Spezialität der Rose. Auch mit Lutz legte Asmus sich nicht an. Lutz drehte sein Radio so laut wie es ihm paßte, und Asmus pfiff sogar mit. Natürlich badete Lutz wieder kein einziges Mal, Asmus aber äußerte sich einfach nicht dazu, womit ein Zustand erreicht wäre, den ich immer angestrebt habe. Asmus verhielt sich entweder aus Rücksicht auf mich so, oder er war ausgeglichener geworden – jetzt irre ich mich gründlich. Asmus war ja diesen Sommer nicht mit.

Statt dessen Heinz Pfitzner. Der Zufall verschlug uns ins gleiche Hotel. Nach der ersten Woche sagten wir nicht mehr Sie, und er wollte Nelson genannt werden. Der Familie gegenüber zeigte er sich zugänglich. Die ließ uns auf langen Spaziergängen allein. Ihre Großzügigkeit sah aber nicht nach Opfer aus, und zum ersten Mal freute ich mich ohne schlechtes Gewissen an dieser wirklichen Freiheit. Es machte mir auch Spaß, der Familie so einen netten Mann zu verschaffen, wenn auch nur für kurz. Oft forderte Nelson Lutz auf, sich uns anzuschließen. Weil Lutz, wie jedermann, Nelson mochte, sagte er zu. So nahm Lutz am Ausflug zum Vogelschutzgebiet teil. Nelson redet gern mit Jüngeren, er bringt sie dazu, daß sie aus sich herausgehen. Bei Lutz ein Wunder, er hat nichts als seine Schlager und zwei disk-jockeys. Jetzt hatte er Nelson. Schön für ihn, schön für uns alle. Von Nelson geht Ruhe aus, daran liegt es. Ich werde mich im Verlauf dieser Ferien erholen. Sogar Nelson zu lieben, strengt kaum an.

Die Fingernägel schneide ich mir häufig, damit erinnere ich mich an Asmus. Selbstverständlich denke ich oft an ihn, mein Frieden nimmt daraufhin zu. Asmus kann nicht über meine verkorksten Fingernägel schimpfen. Auch nicht über Barfußlaufen bei kaltem Wetter. Während ich meine rotgefrorenen Fußzehen begutachte, denke ich daran, wie gern jetzt Asmus über sie in Wut geriete. Mein Haar kann er ebenfalls nicht überprüfen. Ich lasse es jeden Tag beim Baden in der Bucht naß werden. Schon nächsten Sommer werde ich wieder auf die Kommandos von Asmus Rücksicht nehmen müssen, also übertreibe ich es jetzt mit der Unvernunft. Überall fehlt Asmus, und seine erhobene, nicht hotelmäßige Stimme zürnt mir in meinem Gedächtnis, nur da.

Nelson ist liebenswürdig. Den Cousinen schnitt er vorgestern die Haare. Meinem Großvater rasierte er den flaumigen runzligen Nacken aus. Mit meiner Großmutter unterhielt er sich geduldig über die Triebwelt der Ameisen, wiedermal hatte sie sich einen Koffer voll Tierbücher mitgebracht, ihre Passion. Auf alles ging Nelson ein. Ich selber mußte mich dämpfen, damit meine Freude über unsern allgemeinen Einklang mich nicht laut machte. So ruhig sein wie Nelson, das war mein Programm. Gelassen zuhören bei törichten Äußerungen über Wetterabhängigkeit vom Mondwechsel: Lieblingstheorie meines Großvaters. Lächeln zur Behauptung, P. Huber[2], der 1810 die Sitten der einheimischen Ameise untersucht hat, sei kein Franzose gewesen: die Großmutter will es so. Auch die Cousinen und Lutz, alle stellten dauernd die üblichen Anlässe her, gegen die Asmus auf die Barrikaden ging.

Es kommt aber vor, daß ich aus heiterem Himmel erschrecke; dreh dich nicht um, sage ich mir, Asmus steht hinter dir. Ich halte den Atem an und warte ab. Irgend jemand von der Familie ruft mir dann zu: Was ist los mit dir? Schläfst du am hellen Tag? Und sie lachen miteinander – aber ohne Nelson. Sie hat die Augen zu, seht nur! Auch Asmus lacht nicht mit. Für Launen hat er nichts übrig. Jetzt rufen sie: Hallo Asmus, kümmere dich gefälligst mal um deine Frau, weck sie auf, los! Ich lasse die Augen zu. Bei geschlossenen Lidern, ruhig, ruhig, verwöhnt mich Nelson, meine Erfindung.

Anmerkungen

1 *Wespennestern:* Keksgebäck mit Mandeln

2 *P. Huber:* Pierre Huber, Schweizer Insektenforscher, Begründer der wissenschaftlichen Ameisenkunde, dessen französischsprachige Veröffentlichung aus dem Jahr 1810 als Grundlagenwerk zur Erforschung des Sozialverhaltens der Ameisen gilt

M2 Über Gabriele Wohmanns frühe Prosa (1977) *Rainer Hagen*

Rechtschreibung und Interpunktion folgen der Textvorlage.

[...] Wer Gabriele Wohmanns Arbeiten literarhistorisch verankern will, muß bei der Romantik beginnen. [...]

Beispiellösung

Beispiellösung Teilaufgabe 1

In der Kurzgeschichte „Schöne Ferien" aus dem Jahr 1968 von Gabriele Wohmann schildert die verheiratete Ich-Erzählerin einen Ferienaufenthalt, währenddessen sie als Ausdruck ihrer Sehnsucht nach einer erfüllenden Paarbeziehung innerhalb harmonischer Familienverhältnisse in einem Tagtraum ein Liebesverhältnis zu einem fiktiven Mann erfindet.

Wohmanns Kurzgeschichte setzt mit einer impulsiven Assoziation der Ich-Erzählerin zu ihren Ferien ein. Sie empfindet sie positiv, weil ihr Ehemann Asmus wort- und damit auch konfliktlos in die Großfamilie integriert ist, was eine Harmonie entstehen lässt, die die Ich-Erzählerin sichtlich genießt, zumal ihre Schilderung frühere Streitigkeiten innerhalb der Familie andeutet.

Zerstört wird das Idyll durch das Eingeständnis am Ende des ersten Absatzes, der eben noch hochgelobte Asmus sei im angesprochenen Sommer gar nicht ihr Begleiter.

Statt seiner bringt die Ich-Erzählerin im zweiten Absatz einen neuen Namen ins Spiel: die Hotelbekanntschaft Heinz Pfitzner, der Nelson genannt werden will und mit dem die Ich-Erzählerin, ohne ihre Familie, angeblich lange Spaziergänge unternimmt. Sie findet Gefallen daran, dass der Ruhe ausstrahlende Nelson allen gefällt, insbesondere dem Schlagerfreund Lutz.

Die Ich-Erzählerin empfindet Freiheit, glaubt, sich entspannen zu können, weil die Liebe zu Nelson kaum anstrenge. Und weil der sie sonst bevormundende Asmus nicht zugegen ist. Sie verhält sich in dessen Augen kritikwürdig und in ihren unvernünftig: Sie schneidet oft die Nägel, geht trotz kalten Wetters barfuß und achtet nicht auf ihre Frisur. Allerdings kündigt sie an, sich im nächsten Jahr wieder den Befehlen ihres Partners unterzuordnen, während sie sich Asmus' Kritik an ihrem Verhalten vorstellt.

Im Folgeabsatz wird dieser Form des Despotismus die Liebenswürdigkeit und das Einfühlungsvermögen Nelsons gegenübergestellt. Besonders gegenüber den Großeltern der Ich-Erzählerin verhält er sich zugewandt und tolerant, was auch auf die Enkelin abfärbt. Am Ende des Absatzes wird noch einmal herausgestrichen, dass Asmus diesbezüglich ganz anders reagiert.

Hinweise

Einleitungssatz: Angabe zu Textsorte, Titel, Autorin und Thema

Inhaltswiedergabe in textchronologischer Reihenfolge: anfängliches Lob für Ehemann

Einsicht in Asmus' Abwesenheit

Schwenk zur einfühlsamen Urlaubsbekanntschaft Heinz Pfitzer alias Nelson

Akte der Rebellion gegen Ehemann

harmonisches Familienleben mit Nelson

Im Schlussabschnitt wird Nelson als Traumvorstellung entlarvt. Die Ich-Erzählerin erschrickt über die vermeintliche Anwesenheit ihres Ehemannes. Ihre Familienmitglieder reißen sie aus ihrem Tagtraum und fordern Asmus auf, sich um seine Frau zu kümmern. Diese genießt in ihrer Fantasie allerdings weiter die Zuwendungen Nelsons.

Allein aus dieser für eine Kurzgeschichte typischen Schlusspointe wird deutlich, dass die Lesenden alles durch die Augen der Ich-Erzählerin, also die Perspektive einer enttäuschten Ehefrau erfahren. Der Eindruck, als Lesende(r) unmittelbar an den Gedanken der Frauenfigur teilzuhaben, wird durch die Aneinanderreihung parataktischer Aussagesätze erreicht. Beispiele sind die Einführung Heinz Pfitzners alias Nelson (vgl. Z. 24 ff.) oder die Skizzierung der rebellischen Handlungen gegenüber Asmus und die in Aussicht gestellte zukünftige Unterwerfung (vgl. Z. 58 ff.). Die Fokussierung auf die Ich-Erzählerin wird zudem durch das personale Erzählverhalten unterstützt. Neben dem für epische Texte typischen Erzählerbericht kommt hier auch innerer Monolog in Kombination mit erlebter Rede vor (vgl. Z. 19 ff.), was das Innenleben der Ich-Erzählerin sehr authentisch wiedergibt und zugleich die Zeitebenen Vergangenheit und Gegenwart miteinander verwebt. Aber auch die Zukunft wird angesprochen, z. B. in der Erklärung, dass im „nächsten Sommer“ (Z. 61) die traumhafte Rebellion gegen Asmus ein Ende haben werde.

Perspektive der Frauenfigur

parataktische Reihungen

personales Erzählverhalten mit erlebter Rede und innerem Monolog

Verschränkung aller Zeitebenen

Die Figuren sind sehr subjektiv dargestellt. Die zentrale Rolle in der Figurenkonstellation übernimmt naturgemäß die Ich-Erzählerin. Sie träumt von einer Synthese aus erfüllter Zweierbeziehung und Großfamilienidyll. Sie genießt ihren Tagtraum, weil sie durch ihn zur Ruhe kommen kann. Gleich zweimal wird „ruhig sein“ bzw. nur „ruhig“, jeweils per Wiederholung betont, zum Schlüsselwort ihrer Wünsche und bildet durch die Verwendung am Anfang (Z. 6 f.) und Ende (Z. 102 f.) der Geschichte gleichsam einen Rahmen für deren Inhalt, aber auch die Erklärung für die Faszination an der Kunstfigur Nelson: Von ihm „geht Ruhe aus“ (Z. 45). Zu Anfang träumt sie noch von ihrem Mann Asmus, der in seinem Verhalten zu den Familienmitgliedern durchaus positiv dargestellt wird: „[k]eine Zankereien mit den Cousinen“ (Z. 7 f.), kein Anlegen mit Lutz bzw. sogar Pfeifen zu dessen zu lauter Musik (vgl. Z. 12 ff.). Die Ich-Erzählerin rätselt, ob ihr Mann aus „Rücksicht auf [sie]“ (Z. 20) oder wegen größerer Ausgeglichenheit (vgl. Z. 20 f.) so freundlich war. Diese Reflexion lässt sie allerdings umschwenken: Ursache ihres Wohlbefindens ist, dass ihr Mann in einem Tagtraum durch die Kunstfigur Nelson

Figurenkonstellation: Ich-Erzählerin zwischen realem Eheleben und Traumbeziehung

Schlüsselwort „Ruhe“

Ersetzen des Ehemanns durch Nelson in einem Tagtraum

ersetzt wird, der durch seine positiven Charaktereigenschaften gleichsam den Gegenpart zu Asmus einnimmt. Die antithetische Gegenüberstellung wird mittels einer Ellipse am Anfang des zweiten Absatzes versprachlicht: „Statt dessen Heinz Pfitzner“ (Z. 24), heißt es da lapidar. Die vorgestellte Gegenwart Nelsons bei gleichzeitiger imaginierter Abwesenheit Asmus’ führt laut eigener Einschätzung zu einer Wesensveränderung der Ich-Erzählerin. Zum „ersten Mal“ (Z. 31) freue sie sich „ohne schlechtes Gewissen an dieser wirklichen Freiheit“ (Z. 32 f.). Im Umkehrschluss muss das Leben mit ihrem Mann eine Art Gefängnis sein, die Fantasiereise in die Welt ohne ihn also eine Art Hafturlaub. Fast beschwörend klingt deshalb die Verwendung des Futur im Aussagesatz „Ich werde mich im Verlauf dieser Ferien erholen“ (Z. 45 f.). Gedanken an Ehemann Asmus führen nicht mehr zu Schuldkomplexen, sondern zur Verstärkung des inneren „Frieden[s]“ (Z. 52), zum „[A]ufatmen“ (Z. 6), weil er seine Frau nicht kritisieren kann. Ein wenig überrascht wirkt dann schließlich die Erkenntnis der Ich-Erzählerin, dass Liebe – in dem Fall zu Nelson – gar nicht anstrengend sein müsse (vgl. Z. 47 f.).

Wesensveränderung der Ich-Erzählerin: Freude statt schlechtes Gewissen

Die Freiheiten, die sich die Ich-Erzählerin in ihrer Fantasie herausnimmt, wirken wie ein kindlich-trotziges, „mit der Unvernunft“ (Z. 64) übertriebenes Ausbrechen aus der Frauenrolle: (zu) häufiges Fingernägelschneiden (vgl. Z. 49 f.), „Barfußlaufen bei kaltem Wetter“ (Z. 54 f.), bis die Fußzehen rot gefroren sind, Haare beim Baden in der Bucht nass werden lassen (vgl. Z. 58 ff.): Dies sind alles Maßnahmen, die das gängige Schönheitsideal zerstören.

Ausbruch aus tradierter Frauenrolle

Trotz dieses fantastischen Befreiungsaktes bezüglich der Bevormundung durch Asmus scheint die Ich-Erzählerin allerdings unfähig zu sein, sich gänzlich gegen ihren Gatten aufzulehnen. Bereits „nächsten Sommer“ werde sie „wieder auf die Kommandos von Asmus Rücksicht nehmen müssen“ (Z. 61 ff.). Die Verwendung des Fremdwortes „Kommandos“ lässt auf eine Beziehung von Befehl und Gehorsam schließen, sodass das Wort „Rücksicht“ wie ein Euphemismus wirkt.

Unfähigkeit zur tatsächlichen Auflehnung gegenüber Asmus

Asmus wird von der Ich-Erzählerin als wenig einfühlsamer Mensch gezeichnet. In ihrer Erinnerung „zürnt“ dessen „erhobene […] Stimme“ (Z. 65 f.), die als Pars pro Toto für die Aggressivität des Ehemanns steht. Er scheint sie permanent zu bevormunden, was an ihren bereits skizzierten Befreiungsakten deutlich wird. Er schimpft, wird wütend und überprüft (vgl. Z. 54 ff.) – alles Prädikate, die für einen patriarchalischen Ehegatten sprechen, der gerne und in möglichst vielen Bereichen die Kontrolle über seine Frau hat. Der in wörtlicher Rede gestaltete Imperativ der

Asmus als patriarchalische Ehegatte

Familie „kümmere dich gefälligst mal um deine Frau“ (Z. 100f.) in der szenischen Darstellung am Ende der Geschichte deutet an, dass Asmus seine Frau trotz seiner Bevormundung im Grunde vernachlässigt.

Nelson als einfühlsamer Traummann

Die stellt sich in ihrem Tagtraum deswegen nicht nur die Abwesenheit ihres Mannes vor, sondern imaginiert als Kompensation für dessen beziehungstechnische Defizite ein fiktives Liebesverhältnis zu Nelson, an dem sie neben der „Ruhe“ (Z. 45), die er ausstrahlt, vor allem dessen Zugewandtheit ihrer Familie gegenüber schätzt. Die Wichtigkeit dieser Eigenschaft wird durch eine Inversion unterstrichen, die die Familie an erste Stelle setzt: „Der Familie gegenüber zeigte er sich zugänglich“ (Z. 27ff.). Folge ist die Freude der Ich-Erzählerin, „der Familie so einen netten Mann zu verschaffen“ (Z. 34f.). Nelson ist also das genaue Gegenteil ihres Gatten. Dies zeigt auch die antithetische Gegenüberstellung der „nicht hotelmäßige[n] Stimme“ (Z. 65f.) Asmus' mit dem Ort, an dem sie Nelson kennengelernt hat: einem „Hotel“ (Z. 25). Nelson wird zum Supermann, was der Superlativismus aussagt, dass er von „jedermann“ (Z. 37) gemocht werde.

Beispiellösung Teilaufgabe 2

Hinweise

Züge der Romantik in Wohmanns Kurzgeschichte: Sehnsuchtsmotiv

Die Ich-Erzählerin hat folglich Sehnsucht nach einem romantisch-idyllischen Liebes- und Großfamilienleben, das in ihrem realen Alltag nicht erfüllt wird bzw. werden kann.

Dieses Sehnsuchtsmotiv ist ein typisches Merkmal romantischer Literatur. Man kann die These Rainer Hagens von der „literaturhistorisch[en] [V]eranker[ung]“ (M2) Wohmanns in der Romantik durchaus unterstützen, zumal die Kurzgeschichte noch weitere romantische Züge aufweist. Allein die Unmittelbarkeit der Teilhabe an den Gedanken der Frauenfigur verwischt die Grenzen zwischen Fantasie und Realität.

Traumwelt als Kompensation der Realität

Die tagträumerische Imagination der Liebesbeziehung zu Nelson als Kompensation ihrer tatsächlichen Ehe mit Asmus erinnert an romantische Traum- und Fantasiewelten als Gegenpol zu der als wenig ideal empfundenen Wirklichkeit. Wie die Romantiker empfindet die Frauenfigur aus Wohmanns Kurzgeschichte Freude an „wirkliche[r] Freiheit“ (Z. 33) nur in der Fantasie.

Freiheit durch Fantasie

Andererseits beschreitet die Frau auch den Weg des geringeren Widerstands, denn es ist ungleich einfacher, sich ein harmoni sches Ehe- und Familienleben herbeizufantasieren, als es sich in der Realität zusammen mit dem Partner und den Familienangehörigen zu erarbeiten.

Einschränkung der These: nur geringe Ausprägung der Naturmagie

Gegen Hagens These spricht, dass die für die Romantik typische Naturmagie nur wenig ausgeprägt ist. Zwar wird ausgesagt, dass der Ich-Erzählerin die „unveränderte

Bucht“ (Z. 2 f.) ihr neuerdings gefalle und sie schon seit Längerem nicht mehr, durch die Alliteration hervorgehoben, „etwas wie Waten im Wasser genossen“ (Z. 4 f.) habe, was beides wohl auf ihren positiven Gemütszustand zurückzuführen ist. Allerdings wird hier wie in den anderen Textpassagen eher eine realitätsnahe Alltagssprache verwendet, ohne das Angesprochene – in diesem Fall die Natur – sprachlich zu überhöhen, wie es in der romantischen Epoche Usus war.

Verwendung von Alltagssprache

Gar nicht überhöht wird auch die Rolle der Frau im vorliegenden Text. Wohmanns von der Romantik inspirierte Kurzgeschichte gibt jungen Frauen wenig Ratschläge für eine gelingende Partnerschaft. Nur von einem Traummann zu fantasieren und sich ansonsten Ehemann und Familie unterzuordnen, sind keine erfüllende Perspektive. Vielleicht lautet die Botschaft aber auch, es anders zu machen als die tagträumerische Ich-Erzählerin.

Fazit: fehlende Perspektive für gelingende Partnerschaft

Rahmenthema 6: Reflexion über Sprache und Sprachgebrauch

Gendergerechte Sprache

grundlegendes Anforderungsniveau

Aufgabenart: Analyse eines pragmatischen Textes mit anschließender Erörterung

AUFGABENSTELLUNG

1 Erschließen Sie die Position des Redakteurs Sebastian Geisler in seinem Artikel „Die Gender-Umerziehung muss aufhören!“ (M1) und analysieren Sie seine Argumentation. *(Gewichtung: 60 %)*

2 Sprache, Denken, Wirklichkeit – wie wichtig ist das Gendern wirklich? Erörtern Sie in Bezug auf die Argumentation Geislers die Relevanz des Genderns in der deutschen Gegenwartssprache und nehmen Sie begründet Stellung. Berücksichtigen Sie im Unterricht gelesene Texte zum Thema sowie die Forderung der Jusos (M2). *(Gewichtung: 40 %)*

Materialgrundlage

M1 Sebastian Geisler: Die Gender-Umerziehung muss aufhören! Aus: Bild.de. 29.07.2022. Axel Springer SE, Berlin. Online unter: https://www.bild.de/politik/inland/politik-inland/kommentar-zum-gendern-beim-br-sprach-umerziehung-muss-aufhoeren-80836430.bild.html (zuletzt aufgerufen am 21.03.2023)

M2 Jusos Bundesvorstand: Gendergerechte Sprache. Sozialdemokratische Partei Deutschlands, Berlin, Juso-Bundeskongress 30.11. – 02.12.2018. Online unter: https://jusos.de/wp-content/uploads/2021/06/g16_gendergerechte-sprache.pdf (zuletzt aufgerufen am 21.03.2023)

M1 Die Gender-Umerziehung muss aufhören! (2022) *Sebastian Geisler*

Kommentar zur Blamage des Bayerischen Rundfunks

Claudia Stamm (51, Moderatorin und Ex-Grünen-Politikerin) sorgte mit dem „Diversity Talk“ im Bayerischen Rundfunk für Wirbel. Anlässlich des ARD-Diversity-Tags am 31. Mai 2022 moderierte Claudia Stamm die Talkshow (hier „Diversity Talk“ genannt) zum Thema „Gendern – Modeerscheinung oder Sprach(r)evolution?“ beim Bayrischen Rundfunk. Sie diskutierte mit Talkgästen und Schulklassen über verschiedene Fragen der aktuellen Gender-Debatte, insbesondere des Einflusses der Sprache auf die soziale Wirklichkeit, unter der Leitfrage: „Was ist die beste Lösung für ein wertschätzendes Miteinander, das sich in der Sprache ausdrückt?“

„Bürger*innen“, „Lokführende“, „Lehrpersonen“ – ich kann es nicht mehr hören! Und tue es auch nicht. Wenn im (öffentlich-rechtlichen) Radio zum dritten Mal „gegendert“ wird, schalte ich um. Die sogenannte

Gendersprache mit ihren grotesken und störenden Sprechpausen lehne ich ab. Am schlimmsten ist das unterbrechende, von einer kurzen Pause eingeführte „innen" mitten im Satz.

Warum? Es nervt, es ist eine Kunstsprache, die auf völlig falschen Annahmen beruht – und ich will mich von ihren Verfechtern nicht politisch indoktrinieren lassen!

Das wollten offenbar auch die Schulklassen nicht, die am Ende eines Webtalks des Bayerischen Rundfunks in einer Umfrage dem Gendersprech die Rote Karte zeigten. Die klare Mehrheit war dagegen! Zur negativen Überraschung der Macher, für die ganz offensichtlich von vornherein feststand, was die einzig „richtige" Meinung und Haltung zum Gendersprech ist: Man hat gefälligst mitzumachen. Die BR-Moderatorin Claudia Stamm sagte es ganz offen: Dass am Ende ihrer Talkrunde die Mehrheit der Schüler weiterhin gegen die Gendersprache ist, ist für sie „tatsächlich ein Aufruf sozusagen, wieder diese Veranstaltung zu machen …".

Wer nicht mitzieht, der muss also noch mehr indoktriniert werden. Laut Moderatorin Stamm müsse man „die Diskussion führen, wie wir die Veränderung weiterkriegen, also wie wir sie schneller voranbringen". Für sie ist es ein Missstand, wenn der von oben verordnete Sprech „eben unten dann nicht ankommt". So klar vor TV-Kameras zugegeben hat das von den Gender-Befürwortern wohl noch niemand. Dass sie selbst sich zu Beginn der Diskussion als neutrale Diskussionsleiterin eingeführt hat, wirkte fast wie Realsatire. Woher nimmt der Bayerische Rundfunk den Auftrag, unsere Sprache zu verändern, und das womöglich sogar „schneller"? Gender-Anhänger behaupten sonst gern, es handele sich um „normalen Sprachwandel". Doch die BR-Veranstaltung machte klar: Die Sprache soll verändert werden.

Die für Stamm offenbar enttäuschende Abstimmung kommentierte sie wie folgt: „‚Gendern finde ich ab jetzt klasse' hat leider gar niemand … also, es hat niemanden überzeugt, die Runde jetzt." Leider? Das unterliegt doch den Schülern selbst, was sie in dieser Diskussion für richtig halten!

„Hört auf die Wissenschaft" gilt auch für Grammatik

Stichwort „überzeugen". Was ist mit „Hört auf die Wissenschaft"? Das sollte nicht nur gelten, wenn es einem ideologisch gerade passt (wie etwa beim Klima)! Wer gendern will, kann sich nicht auf die Grammatik berufen. Denn wahr ist: Die generische Form (etwa: die Autofahrer) umfasst alle denkbaren Geschlechtsidentitäten, sie ist nämlich nicht geschlechtlich „markiert", wie man in der Sprachwissenschaft sagt. Heißt: Hier können sogar „Nichtbinäre" am Steuer sitzen! „Inklusiver" geht es nicht! Einen Gedanken wie „Frauen sind die besseren Autofahrer" könnte man ohne diese allgemeine Form sonst auch gar nicht formulieren. Der Satz „Frauen sind die besseren Autofahrerinnen" ergibt keinen Sinn.

Wozu uns ständig in Männer und Frauen aufteilen?

Anders verhält es sich, wenn man in Doppelformen spricht. „Autofahrerinnen und Autofahrer" zum Beispiel sind eine Gruppe von Männern, die Auto fährt, und eine Gruppe von Frauen, die Auto fährt. In dem Fall ist beides geschlechtsanzeigend. Erst durch das Anfügen der weiblichen Form wird die generische männlich. Aber ist es sinnvoll, die „Verkehrsteilnehmerinnen und Verkehrsteilnehmer" nach Geschlecht voneinander zu trennen? Nein! „Die Verkehrsteilnehmer“ meint alle. Am schlimmsten sind Genderstern und Gender-Gap. „Autofahrer*innen“? „Autofahrer_innen“? Gesprochen mit Pause. Was soll das? Das ist kein normaler Sprachwandel, sondern ideologische Sprachveränderung.

Ja, man darf Gendersprache anpreisen, aber …

Wir sind zum Glück ein freies Land. Dazu gehört auch, dass Gender-Fans eine Kunstsprache entwickeln und preisen dürfen, die Geschlechter angeblich „sichtbar“ macht. Selbstverständlich. Auch wenn ich diese Sprache ablehne. Aber das ist längst nicht immer und überall zulässig: Unter Nutzung öffentlicher Gelder und Gebühren diesen Sprech zu propagieren, die Bürger und sogar Kinder damit zu indoktrinieren, das geht nicht. Genau das passiert aber gerade zu häufig in Deutschland: in unseren Behörden, besonders in unseren Universitäten (Punktabzug![1]), teils sogar in unseren Schulen, wo selbst manche Lehrer sich erlauben, Gendersprech zu verordnen, weil es ihnen politisch gefällt. Und auch im öffentlich-rechtlichen Rundfunk. Die einzige Legitimation dafür ist die blanke Behauptung (!) der Gender-Befürworter, dass dies so richtig, sinnvoll, nötig sei. Dass sie dafür kein Mandat und keine Mehrheit haben, dass unsere Grammatik anders funktioniert, ist ihnen völlig egal. Sie setzen auf die moralische Aufladung ihrer Ansichten. Wer widerspricht, verstößt gegen ihre Moral, die sie für überlegen halten. Deshalb reagieren die Gender-Anhänger mitunter so aggressiv.

Diffamierung statt Argumente

Gendern ist somit auch eine politische Markierung unserer Sprache, die Menschen spaltet: in jene, die sich als die politisch „Guten“ sehen, und jene, die angeblich rückständig sind. Wer sich nicht fügen will, muss sogar damit rechnen, als „rechts“ oder (neuerdings) „neurechts“ beschimpft zu werden. Diffamierung statt Argumente! Mehr noch: Eine solche Politisierung unserer Alltagssprache schadet der Gesellschaft. Beim Bäcker möchte ich einfach nur Brötchen bestellen und Smalltalk halten – und nicht mit „innen“, „innen“, „innen“ (oder dem Verzicht darauf) kommunizieren, wie ich politisch womöglich einzuschätzen bin. Ideologen lieben es, gleich zu erkennen, wer für sie vermeintlich Freund und wer Feind ist. „Sag mir, wo du stehst“ sang man in der DDR. Von solchen Zuständen sind wir in unserer offenen Gesellschaft gottlob weit entfernt. Gerade deshalb gilt: Nö, sage ich nicht! Dass ich in meinen Sätzen nicht ständig „innen“ mit Kunstpause sage, bedeutet nicht, dass ich Minderheiten- oder Frauenrechte ablehne. Das ist eine unredliche und dreiste Unterstellung von Ideologen und durch nichts belegt!

Schon gar nicht darf eine ideologische Überwältigung in unseren Schulen stattfinden. In der politischen Bildung gilt der Grundsatz: Was kontrovers und umstritten ist, muss auch Schülern gegenüber so dargestellt werden („Beutelsbacher Konsens“). Da gibt es dann kein „richtig“ und „falsch“, da gibt es unterschiedliche legitime Meinungen, die einen überzeugen können oder nicht – deren Existenz aber zu akzeptieren ist. So ist das in einer Demokratie. Gut so!

Gender-Fans müssen damit klarkommen, dass man ihnen nicht folgt

Vor allem müssen die Befürworter ertragen, dass die Schüler – wie die breite Öffentlichkeit in Deutschland – die „innen“-Sprache ablehnen. Und zwar ohne ihnen deshalb niedere Motive zu unterstellen. Ich bin nicht „feindlich“ gegen irgendwen, wenn ich ganz normal Deutsch spreche. Ich bin aber ein starker Gegner von Ideologie und Indoktrination von Menschen, die sich dagegen oft nicht wehren können. Niemand sollte sich dafür beschimpfen lassen müssen, dass er ohne ideologische Eingriffe seine Muttersprache spricht.

Anmerkung

1 Der Autor bezieht sich auf die Beschwerde eines Studenten, er habe im ersten Semester eine schlechtere Bewertung bekommen, weil er die gendersensible Sprache nicht anwendete. Die Universität Kassel gab daraufhin ein Rechtsgutachten in Auftrag; der Staats- und Verwaltungsrechtler Michael Sachs kommt darin zu dem Schluss, dass geschlechtergerechte Sprache in bestimmten Prüfungen verlangt werden darf [...]. Zwar sei Gendern kein allgemeingültiges Kriterium wie Grammatik oder Rechtschreibung, weil die geschlechtergerechte Sprache nicht in gleicher Weise allgemein anerkannt sei [...]. Doch dürften Lehrende das Gendern zum Bewertungskriterium machen, sofern ein fachlicher oder berufsqualifizierender Bezug bei der konkreten Prüfung gegeben sei. Im Einzelfall sei die Vorgabe einer gendergerechten Sprache „mit der zu respektierenden fachlichen Einschätzung der Lehrenden begründbar". Generalisierende Aussagen seien auf Grundlage des Gutachtens aber schwer zu treffen. Quelle: https://www.hessenschau.de/panorama/uni-gutachten-punktabzug-fuer-gender-muffel-zulaessig,uni-kassel-gendern-pruefungen-100.html

M2 Gendergerechte Sprache (2018) *Jusos (Bundesvorstand)*

Sprache ist kein neutrales Kommunikationsmittel, sondern fungiert als Spiegel gesellschaftlicher Realität, stellt aber auch den Ort dar, an dem sich sozialer Protest und konservativer Widerstand artikuliert. Die Diskriminierung findet nicht nur in dem statt, was getan wird, sondern auch wie gesprochen und geschrieben wird. Wir Jusos setzen uns daher für eine geschlechtergerechte Sprache ein, in der andere als männlich sozialisierte Menschen nicht nur mitgemeint und mitgedacht, sondern sichtbar und hörbar gemacht werden. Dies soll für Sprache auf allen gesellschaftlichen Ebenen gelten – sowohl in formeller als auch in informeller Sprache. Für die Beziehung zwischen Sprache und Geschlecht heißt dies, dass sich in einer Sprache genderbezogene Asymmetrien manifestieren, die ihrerseits auf die Wahrnehmung und Konstruktion von Realität einwirken. Genau aus diesem Grund verdeutlicht sich die immense Bedeutung unserer Sprache. Somit wird die wichtige Voraussetzung geschaffen, dass wir Gleichstellung in unserem Verband praktisch mit Leben füllen können. Denn die Macht und die Konstruktion patriarchaler Strukturen werden durch nicht gegenderte Sprache verklärt. Doch sehen wir uns heute noch vor enorme Herausforderungen gestellt, denen gerade wir als Jusos begegnen müssen. Wir werden auch in Zukunft klar gegen gruppenbezogene Menschenfeindlichkeit jeglicher Art kämpfen und uns entschieden gegen die Diskriminierung aufgrund des Geschlechts und der sexuellen Orientierung positionieren. Deshalb wollen wir als Jusos zu einer angemessenen Form des Genderns übergehen. Das sog. Gender-Sternchen verdeutlicht dabei anders als bisherige Formen (wie das Binnen-I oder die sog. „Gendergap") die Vielfältigkeit der Geschlechter, die über eine binäre Einteilung hinausgeht.

Um Menschen einzuschließen, die sich dem binären Geschlechtssystem nicht zuordnen können oder wollen, werden wir in unseren öffentlichkeitswirksamen als auch verbandsinternen Schriften auf Bundesebene mit Sternchen (Jungsozialist*in) oder mit dem Partizip (z. B. Studierende) nach „Sternchen (Jungsozialist*in) gendern. Sprache ist ständigem Wandel unterzogen, lasst uns deshalb gemeinsam für die Sichtbarmachung von allen Geschlechtern kämpfen!

Beispiellösung

Beispiellösung Teilaufgabe 1

Hinweise

allgemeine Einleitung

Die Debatte um eine gendergerechte Sprache ist in Deutschland aktueller denn je. Im öffentlichen Raum, in Politik und Wirtschaft ebenso wie in Bildungseinrichtungen, wird immer mehr Rücksicht auf die geschlechtlich-sexuelle Vielfalt in der Gesellschaft genommen. Dass dazu auch eine Sprache gehört, die alle Geschlechter anspricht, ist naheliegend.

textbezogene Einleitung

Autor und Bild-Redakteur Sebastian Geisler spricht sich allerdings klar gegen die Verwendung einer geschlechtergerechten Sprache aus, wie der vorliegende Artikel „Die Gender-Umerziehung muss aufhören!“ aus dem Jahr 2022 zeigt. Er äußert sich abwertend über die Gendersprache und bezeichnet sie als eine „Kunstsprache, die auf völlig falschen Annahmen“ (Z. 26 f.) beruhe und die er sich nicht aufzwingen lassen wolle (vgl. Z. 28 f.). Daher kritisiert der Autor eine Talkshow im Bayrischen Rundfunk, in der sich die Moderatorin Claudia Stamm öffentlich für eine gendergerechte Sprache einsetzte.

Position des Autors

Ganz im Gegensatz zu dieser sieht Geisler keinen Sinn in einer Veränderung der Sprache, die geschlechtliche Vielfalt sichtbar und hörbar macht, z. B. durch das Gendersternchen (Bürger*innen) oder durch eine kurze Sprechpause vor „innen“. Er empfindet diese bewusste Änderung als „grotesk[...] und störend[...]“ (Z. 21 f.) sowie nicht notwendig, da das generische Maskulinum in der deutschen Sprache alle einschließe. Demzufolge gebe es keine grammatikalische „Legitimation“ (Z. 131) für das Gendern, es handele sich vielmehr um eine „politische Markierung“ (Z. 143 f.) der Sprache. Und diese lehnt Sebastian Geisler ab.

Einstieg in die Analyse der Argumentation

Während die Position Geislers schon im Titel deutlich wird, baut er seine Argumentation schrittweise auf. Sein Artikel wurde als „Kommentar zur Blamage des Bayrischen Rundfunks“ (Untertitel) auf www.bild.de veröffentlicht und bezieht sich damit direkt auf die von Claudia Stamm moderierte Talkshow, die am 31. Mai 2022 anlässlich des ARD-Diversity-Tages ausgestrahlt wurde. Stamm diskutierte mit ihren Gästen den Einfluss der Sprache auf die soziale Wirklichkeit, überzeugt davon, dass sich ein wertschätzendes Miteinander in der Gesellschaft auch in der Sprache ausdrücken sollte.

Inhalt und Aufbau

Im Untertitel seines Kommentars bezeichnet Sebastian Geisler die Talkshow bereits als „Blamage“. In der Einleitung (Z. 1 – 15) beschreibt er aber zunächst die Rahmenbedingungen der Talkshow und äußert sich im Anschluss (Z. 16 – 29) polemisierend über die „sogenannte Gendersprache mit ihren grotesken und störenden Sprechpausen“ (Z. 21 f.). Die Blamage wiederum erkennt er, weil die Moderatorin eine Gendersprache durchsetzen wolle, die von der Mehrheit der Gesellschaft nicht gewünscht sei. Dabei beruft er sich auf eine Umfrage mit Schulklassen am Ende der Talkshow, in der sich auch die Schülerinnen und Schüler mehrheitlich gegen eine Gendersprache positioniert haben (vgl. Z. 30 ff.). Während Moderatorin Stamm dies als Anlass sieht, in weiteren Talkshows über die Notwendigkeit einer geschlechtergerechten Sprache zu informieren (vgl. Z. 43 ff.), hält der Bild-Redakteur Geisler das Ergebnis der nicht repräsentativen Umfrage für eine Bestätigung seiner Meinung, denn nicht nur er, sondern auch die Schulklassen zeigten „dem Gendersprech die Rote Karte“ (Z. 33). Sprachlich geschickt versucht Geisler mit der Metapher der Roten Karte die Lesenden davon zu überzeugen, dass die Gendersprache vom Platz geschickt, also aufgehalten werden muss. Gleichzeitig degradiert er sie durch die umgangssprachliche Wendung „Sprech“, die eher für einen z. B. Jugendjargon verwendet wird als für eine gesellschaftlich anerkannte sprachliche Varietät. Auch im Folgenden gelingt dem Autor eine Kombination aus Herabwürdigung der Gendersprache und konkret nachvollziehbarer Argumentation. So weist er noch im Zusammenhang mit der Talkshow darauf hin, dass die Veränderung der deutschen Gegenwartssprache zugunsten von Doppelformen und Gendersternchen kein „‚normale[r] Sprachwandel‘“ (Z. 63) sei, sondern von seinen Vertretern forciert werde. Ein tragfähiges Argument, da Sprachwandel in der Regel unbewusst und ungelenkt vonstatten geht.

sprachliche Gestaltung

Haltung des Autors, Stil, Art der Argumentation

Erläuterung der Argumente

Dies unterstützt Geisler in seinem zweiten Argumentationsblock (Z. 73 – 91) mit einem linguistischen Ansatz: „Wer gendern will, kann sich nicht auf die Grammatik berufen.“ (Z. 78 ff.) Geisler bezieht sich hierbei auf das generische Maskulinum, das für die deutsche Sprache typisch ist und alle Geschlechter einbezieht – zumindest theoretisch. Durch Beispiele zeigt er auf, dass eine sprachliche Differenzierung erst entstehe, wenn man Doppelformen nutze, wie Autofahrer und Autofahrerinnen. Erneut gestaltet er seine Argumentation sprachlich geschickt, indem er z. B. ironische Ausrufe nutzt: „Hier können sogar ‚Nichtbinäre‘ am Steuer sitzen! ‚Inklusiver' geht es nicht!" (Z. 84 ff.). Kritische Leserinnen und Leser fragen an dieser Stelle vielleicht: Wirklich nicht? Aber zunächst wirkt die Argumentation Geislers überzeugend. Auch die Reihung rhetorischer Fragen (vgl. Z. 101 ff.) unterstützt diesen Eindruck, sodass man geneigt ist, der abschließenden These zu glauben, dass die Gendersprache „kein normaler Sprachwandel, sondern ideologische Sprachveränderung" (Z. 109 ff.) sei. Lediglich der provokative Ton Geislers, z. B. wenn er in Zeile 108 „Was soll das?" fragt, mag stören.

sprachliche Gestaltung

In einem dritten Abschnitt seiner Argumentation ab Zeile 111 greift der Autor Befürworterinnen und Befürworter der Gendersprache direkt an. Herablassend bezeichnet er diese als „Gender-Fans" (Z. 114), die eine Kunstsprache entwickeln und anpreisen. Indem er politisch aufgeladene Wörter wie „propagieren" (Z. 121) und „indoktrinieren" (Z. 122 f.) nutzt, noch dazu im Zusammenhang mit schulischer Bildung, gelingt es ihm, die Gendersprache mit politischen und geschichtlichen Prozessen in Zusammenhang zu bringen, die allgemein als gefährdend und verachtenswert empfunden werden. Natürlich möchte sich niemand eine Sprache aufzwingen lassen. Dass der Redakteur dabei einzelne Ereignisse aus dem Kontext reißt, wie den Punktabzug in der Hausarbeit eines Studenten (vgl. Z. 125 f.), gerät schnell aus dem Blickfeld. Die Konstruktion eines Feindbildes ist argumentativ wirksam und wird auf die Spitze getrieben: Angeblich duldeten „Gender-Anhänger" (Z. 140), die hier wie Mitglieder einer Sekte wirken, keinen Widerspruch, hielten ihre Moral für überlegen und würden gar aggressiv (vgl. Z. 139 ff.). Dabei fehle ihnen jedes „Mandat" und jede „Mehrheit" (beide: Z. 134). An dieser Stelle übertreibt der Autor allerdings, denn die eingangs beschriebene Umfrage ist kein Beleg für eine fehlende Mehrheit. Ebenso wenig wird ein Mandat benötigt, denn es handelt sich bei einer Veränderung der Sprache nicht um einen juristischen Prozess.

Wirkung der Argumentation

Distanzierung zum Text

Während Geisler also im letzten Abschnitt (Z. 142 – 195) den Genderbefürworterinnen und -befürwortern „Diffamierung statt Argumente" (Z. 142) vorwirft, tendiert er selbst immer mehr zu einer unsachlichen Argumentation. Er behauptet, das Gendern spalte die Menschen, „in jene, die sich als die politisch ‚Guten' sehen, und jene, die angeblich rückständig sind" (Z. 146 f.). Dabei beschreibt er zwar anschaulich, dass ein Verzicht auf geschlechtergerechte Sprache dazu führe, als politisch „rechts" angesehen zu werden, doch auch sein scheinbar lebensnahes Beispiel vom Small Talk beim Bäcker (vgl. Z. 153 ff.) liefert keinen Beleg hierfür. Auch die Analogie zur DDR-Ideologie (vgl. Z. 160 f.) ist

Aufdecken unsachlicher Argumentation; Trennung von These, Argument, Beispiel

eine These ohne Beweis, die nicht überzeugen kann. Geisler beruft sich erneut, wie schon in den Zeilen 16 – 29, auf persönliche Freiheit und Demokratie in der Sprachverwendung, zeigt selbst aber wenig Toleranz. Appellativ fordert er, dass „Schon gar nicht [...] eine ideologische Überwältigung in unseren Schulen stattfinden" (Z. 170 ff.) dürfe, und beruft sich auf den Beutelsbacher Konsens, der besagt, dass kontroverse Meinungen Schülerinnen und Schülern gegenüber auch als solche dargestellt werden müssen. Indirekt kritisiert er damit wieder Moderatorin Claudia Stamm, obwohl diese nicht versucht hat, Schülerinnen und Schüler von der Notwendigkeit der Gendersprache argumentativ zu überzeugen. Vielmehr verfolgen öffentliche Diskussionen und Umfragen einen eindeutig demokratischen Ansatz, wohingegen Sebastian Geisler keine andere als seine eigene Position zulässt: Er spreche „ganz normal Deutsch" (Z. 189) und möchte sich nicht „dafür beschimpfen lassen [...], dass er ohne ideologische Eingriffe seine Muttersprache spricht" (Z. 193 ff.).

Appellcharakter der Argumentation

Damit macht der Bild-Redakteur abschließend noch einmal deutlich, dass er „seine Muttersprache" (Z. 195) nicht verändern möchte, auch nicht zugunsten einer hör- und sichtbaren Akzeptanz geschlechtlicher Vielfalt in unserer Gesellschaft. In seiner Argumentation gelingt es ihm dabei, insbesondere durch die Verwendung rhetorischer Mittel, die Lesenden auf seine Seite zu ziehen. Mit rhetorischen Fragen spricht er seine Zielgruppe direkt an und schafft zudem durch die Verwendung von Personalpronomen ein „Wir-Gefühl", das ihn und seine Leser von den Vertretern der Gendersprache abgrenzt. Aber ist es richtig, eine geschlechtergerechte Sprache abzulehnen, nur weil Einzelne von der Veränderung genervt sind?

Fazit

Abschluss und Ausblick

Beispiellösung Teilaufgabe 2

Hinweise

Wie wichtig ist das Gendern wirklich? In einer Gesellschaft, in der Diversity gesetzlich verankert ist und jede Benachteiligung aus Gründen der Herkunft, des Geschlechts oder der sexuellen Orientierung verhindert werden soll (Allgemeines Gleichbehandlungsgesetz), muss auch in der Sprache auf sexuelle Vielfalt Rücksicht genommen werden.

Einleitung mit These

Die deutsche Gegenwartssprache befindet sich in ständigem Wandel: Sie verändert sich und passt sich politisch-gesellschaftlichen Entwicklungen an. So machte z. B. die Zunahme digitaler Technologien ein neues Vokabular notwendig (Internet, Laptop, Smartphone, Hardware, Software, ...). Dass dieses zu einem Großteil aus Anglizismen besteht, führte jahrelang ebenso zu Kritik wie die aktuell viel diskutierte gendergerechte

Hinführung durch Erläuterung des Sprachwandels (Nutzung im Unterricht erworbenen Fachwissens)

Sprache. Der Verein Deutsche Sprache schürte die Angst vor einem Sprachverfall und legte einen Anglizismen-Index an, in dem alternative deutsche Begriffe vorgeschlagen werden. Aber ein Laptop ist eben kein „Klapprechner" und ein Cheerleader kein „Jubelmädchen", sodass das Festhalten an deutschen Begriffen nicht nur falsch, sondern fast lächerlich wirkt.

Der Bild-Redakteur Sebastian Geisler möchte ebenfalls an „seine[r] Muttersprache" (M1, Z. 195) festhalten und „ganz normal Deutsch" (M1, Z. 189) sprechen – aber was ist ein ganz normales Deutsch? Im multidimensionalen Varietätenraum der deutschen Gegenwartssprache leben Dialekte und Soziolekte ebenso wie Fachsprachen und eine Standardsprache – eine allgemein anerkannte Schriftsprache, deren Rechtschreibung im Duden nachzulesen ist. Dabei erweitert sich der Wortschatz ständig, neue Begriffe kommen hinzu und Jugendliche von heute verstehen das Deutsch Goethes kaum noch. Sprache passt sich an, an die Gesellschaft und die Menschen, die sie sprechen. Wenn Menschen ihre Einstellung verändern, z. B. auch im Hinblick auf die geschlechtlich-sexuelle Vielfalt unter ihren Mitmenschen, dann spiegeln sie dies in ihrer Sprache. Immer mehr Menschen achten beim Sprechen, Lesen oder Schreiben auf Geschlechter und auch im Duden steht neben der männlichen eine weibliche Form.

Infragestellung der Argumentation Geislers

Entwicklung von Gegenpositionen (Aufbau nach dem Prinzip der dialektischen Erörterung)

Sebastian Geisler beruft sich in seiner Argumentation auf das generische Maskulinum, das alle Geschlechter einschließe, binäre ebenso wie nicht binäre. Aber ist das wirklich so? Theoretisch mögen alle Bäcker gemeint sein, wenn man darauf hinweist, dass man als Bäcker früh aufstehen muss. Aber es ist wissenschaftlich erwiesen, dass z. B. Mädchen in der Grundschule sich eher für Berufe interessieren, für die auch eine weibliche Form angegeben ist. Auch erscheint es z. B. falsch, über den Mangel an Lehrern in Grundschulen zu sprechen, wenn 96 % aller Lehrkräfte in dieser Schulform Lehrerinnen sind. Sprache schafft Bewusstsein. Wenn über die Arbeit der Lehrerinnen in Grundschulen gesprochen wird, entsteht in unseren Köpfen ein anderes Bild, als wenn die Rede von Lehrern ist. Ergänzen wir eine Pause vor „innen" zeigen wir, dass wir auch an jene Lehrkräfte denken, die sich keinem der beiden Geschlechter zuordnen.

Faktenargument und Beispiel

Zusammenhang von Sprache und Bewusstsein; Erläuterung

Das Ziel der gendergerechten Sprache ist es, alle Geschlechter auf respektvolle Art und Weise anzusprechen und in der Sprache sicht- und hörbar zu machen. Und dies kann das generische Maskulinum eben nicht leisten. Viele Wörter in der deutschen Sprache gibt es in einer männlichen und einer weiblichen Form, beim Schreiben und noch deutlicher beim Sprechen nutzen die

Erläuterung der gendergerechten Sprache (Ziele)

meisten aber nur die männliche Form. Das ist einfacher und schneller, und ohne dass es böse gemeint sein muss oder bewusst jemand ausgeschlossen oder diskriminiert werden soll, wird die weibliche Form schnell vergessen. Dies finden Befürworterinnen und Befürworter der Gendersprache nicht richtig. Als Resultat entsteht die Forderung nach einer Sprache, die nicht nur zeigt, dass wir Männer und Frauen in unserer Gesellschaft gleichwertig behandeln, sondern auch – als Reaktion auf die Entwicklungen der letzten Jahre – Personen, die sich keinem der beiden Geschlechter zuordnen. Diversität soll akzeptiert werden. Dafür setzt sie die Jugendorganisation der SPD ebenso ein wie die Moderatorin Claudia Stamm in ihrer Talkshow am Diversity-Tag. Weder die Jusos noch Frau Stamm zeigen sich dabei aber aggressiv, wie Sebastian Geisler behauptet. Noch wollen sie ihre Mitmenschen ideologisch überwältigen. Richtig ist, dass sie den Sprachwandel in Deutschland bewusst vorantreiben wollen. Sie sind davon überzeugt, dass die Sprache gesellschaftliche Wirklichkeit nicht nur widerspiegelt, sondern auch beeinflusst. Das bedeutet, dass die Verwendung einer gendergerechten Sprache auch dazu führt, dass alle Geschlechter wahrgenommen und akzeptiert werden. So wie die Verwendung vieler Anglizismen längst alltäglich geworden ist, kann sich auch der Gebrauch des Gendersternchens oder eines anderen Genderzeichens in der Schriftsprache durchsetzen. Es ist sogar einfacher, sich an alle Schüler*innen zu wenden als an die Schüler und Schülerinnen. Rudi Keller hat in seinem „Trampelpfad-Modell“ beschrieben, dass auch Sprache gerne den leichtesten und kürzesten Weg nimmt. Ähnlich wie Studierende ihren Weg zur Uni über den Campus abkürzen und Trampelpfade neben gepflasterten Wegen erschaffen, indem immer mehr Studenten ihren Vorgängern folgen, entwickelt sich auch Sprache als Abfolge von Modell und Nachahmung. Je mehr Menschen die gendergerechte Sprache nutzen, desto gewöhnlicher erscheint sie uns. Was Menschen über Geschlecht und Sprache denken, ändert sich im Lauf der Zeit. Mit der Art, wie wir sprechen und schreiben, beeinflussen wir das Denken.

Gegenposition zu Geisler

Autoritätsargument: Verweis auf Rudi Keller und Erläuterung seines „Trampelpfad-Modells“

Schon Benjamin Lee Whorf (1897 – 1941) erforschte den Zusammenhang von Sprache und Denken und entwickelte hierzu die Theorie des Linguistischen Relativitätsprinzips, die eine relative Abhängigkeit von Sprache und Weltsicht darlegt. Whorf erklärt, dass Sprecherinnen und Sprecher unterschiedlicher Sprachen, geprägt durch Grammatik und Wortschatz der jeweiligen Sprache, die Welt unterschiedlich wahrnehmen. So würde das Weltbild weitgehend von der Sprache bestimmt. Selbst wenn sich

Autoritätsargument: Whorf-Hypothese / Erläuterung des Linguistischen Relativitätsprinzips

die Theorie von Whorf nicht durchgesetzt hat: Der Einfluss der Sprache auf das Denken und damit auf die Wahrnehmung der Wirklichkeit ist unumstritten.

Der Bundesvorstand der Jusos, also der Jugendorganisation der SPD, wirbt u. a. in einem Antrag zum Bundeskongress 2018 für eine gendergerechte Sprache: „Für die Beziehung zwischen Sprache und Geschlecht heißt dies, dass sich in einer Sprache genderbezogene Asymmetrien manifestieren, die ihrerseits auf die Wahrnehmung und Konstruktion von Realität einwirken." (M2, Z. 16 ff.) Damit knüpfen die Jusos gedanklich an Whorf an, denn auch sie halten den Einfluss der Sprache auf unsere Wirklichkeit für wesentlich und setzen sich deshalb öffentlich für eine Verwendung der Gendersprache ein. In oben erwähnten Antrag erläutern sie weiterhin: „Sprache ist kein neutrales Kommunikationsmittel, sondern fungiert als Spiegel gesellschaftlicher Realität." (M2, Z. 1 ff.)

Argumentation unter Rückgriff auf M2

Die gedankliche Akzeptanz von Diversität soll also in der Gegenwartssprache sichtbar und hörbar werden. Es reicht nicht aus, wenn diese „mitgemeint" oder „mitgedacht" ist, wie es bei der Nutzung des generischen Maskulinums der Fall sein mag. Vielmehr sollte auch die Sprache mit der Zeit gehen, so wie es die Jusos und die Moderatorin Stamm fordern, damit die Verklärung patriarchaler Strukturen bewusst aufgebrochen wird.

Wir leben in einer diversen Gesellschaft, im Pass kann neben weiblich und männlich jetzt auch divers stehen. Wie wichtig ist also das Gendern wirklich? – Sehr wichtig! Denn die gendergerechte Sprache ist Teil der Gleichbehandlung aller Bürgerinnen und Bürger in unserer Gesellschaft. Der Zusammenhang von Sprache, Denken und Wirklichkeit macht es notwendig, dass wir auch mit unserer Sprache zeigen, dass jede Benachteiligung aus Gründen der Herkunft, des Geschlechts oder der sexuellen Orientierung verhindert werden soll. So wie es das Allgemeine Gleichbehandlungsgesetz vorsieht.

Fazit mit Rückgriff auf die Ausgangsfrage

Rahmenthema 7: Medienwelten

Zukunft der Zeitung – Zeitung der Zukunft

erhöhtes Anforderungsniveau
Aufgabenart: Materialgestütztes Verfassen argumentierender Texte

AUFGABENSTELLUNG

1 Im Rahmen der Kolumne „Zeitung als Medium der Aufklärung oder Verklärung?“ erscheinen in einer überregionalen Wochenzeitung regelmäßig von Jugendlichen verfasste Texte zu diesem Thema. Verfassen Sie dafür einen Kommentar, in dem Sie zu der Frage Stellung beziehen.

Nutzen Sie die vorliegenden sowie aus dem Unterricht bekannte Materialien. Formulieren Sie eine geeignete Überschrift für Ihren Text.

Aus redaktionellen Gründen soll Ihr Beitrag 1000 bis 1300 Wörter umfassen.

Bei Verwendung von Zitaten aus dem Material müssen die Autorin bzw. der Autor und ggf. der Titel genannt werden.

Materialgrundlage

M1 Lindsay Foyle: Informationsflut. Cartoon, 2010. Online unter: https://www.cartoonstock.com/cartoonview.asp?catref=lfon482 (zuletzt aufgerufen am 20.05.2023)
M2 Michael Haller: Hauptgründe für die Abbestellung des Zeitungsabonnements (Großstadt). Aus: Ders.: Brauchen wir Zeitungen? edition medienpraxis, Band 11. Köln: Herbert von Halem Verlag 2014
M3 Christian Meier: Wenn Gesinnungsethik die sachliche Aufklärung verhindert. 20.05.2019. Online unter: https://www.welt.de/kultur/medien/article193777609/Migrationspakt-Michael-Haller-kritisiert-Leitmedien.html (zuletzt aufgerufen am 20.05.2023)
M4 Laudatio des Bundespräsidenten Frank-Walter Steinmeier zur Verleihung des Marion-Dönhoff-Preises an die „New York Times“. 03.12.2017. Online unter: http://www.bundespraesident.de/SharedDocs/Reden/DE/Frank-Walter-Steinmeier/Reden/2017/12/171203-Doenhoff-Preis-NYT.html (zuletzt aufgerufen am 20.05.2023)
M5 Leticia Witte: Berichterstattung über Flüchtlinge zeigt laut Studie Mängel. „Frontenbildung“ verschärft. 21.07.2017. Online unter: https://www.domradio.de/themen/kirche-und-politik/2017-07-21/berichterstattung-ueber-fluechtlinge-zeigt-laut-studie-maengel (zuletzt aufgerufen am 20.05.2023)
M6 Immanuel Kant: Was ist Aufklärung? 1784. Online unter: https://www.uni-muenster.de/FNZ-Online/wissen/aufklaerung/quellen/kant.htm (zuletzt aufgerufen am 20.05.2023)
M7 Hans-Peter Siebenhaar: Von wegen Fake News – die Glaubwürdigkeit klassischer Medien ist unangefochten. 20.08.2018. Online unter: https://www.handelsblatt.com/

unternehmen/it-medien/medienkommissar/der-medien-kommissar-von-wegen-fake-news-die-glaubwuerdigkeit-klassischer-medien-ist-unangefochten/22931472.html?ticket=ST-2424143-fWpVVMsZcVwNKoSZxTVk-ap1 (zuletzt aufgerufen am 20.05.2023)

M8 Rainer Stadler: Wer glaubt noch den Medien? 08.03.2019. Online unter: https://www.nzz.ch/feuilleton/medien/glaubwuerdigkeit-der-massenmedien-broeckelt-ld.1445526 (zuletzt aufgerufen am 20.05.2023)

M1 Karikatur: Informationsflut *Lindsay Foyle*

M2 Hauptgründe für die Abbestellung des Zeitungsabonnements (Großstadt) *Michael Haller (IPJ Leipzig)*

Aussage (Fragebogen mit 20 Items; hier die fünf, die am häufigsten angekreuzt wurden)	Das mit der Aussage bezeichnete Defizit	Häufigkeit der Nennung	Konsistenz*
»Es gab immer öfter Berichte in der Zeitung, die mich nicht interessieren.«	zu viel Irrelevantes	61 %	77 %
»Auf den Seiten konnte ich oft nicht erkennen, was wirklich wichtig und was unwichtig ist.«	mangelnde Orientierung	56 %	44 %
»Oft stand in den Berichten nur das, was ich schon vom Radio oder Fernsehen wusste.«	Überregionales: kaum Eigenleistung	49 %	55 %
»Wichtige Vorgänge und Themen in meiner Stadt hat die Zeitung nicht gebracht.«	Lokales: zu geringe Informationsleistung	41 %	60 %
»Oft spiegelten die Berichte nur eine Sicht. Andere Stimmen oder Gegeninformationen fehlten mir.«	Oberflächlichkeit; zu wenig Recherche	39 %	48 %

* **Konsistenz:** Der Fragebogen wurde zu Beginn der Fokusgruppensitzung und erneut am Ende ausgefüllt. Je geringer die Abweichungen zwischen beiden Durchläufen, desto größer die Konsistenz (= Indikator für die Festigkeit der Meinung bzw. des Urteils). Der Fragebogen enthielt 20 Antwortmöglichkeiten, also 240 Aussagen.

M3 Wenn Gesinnungsethik die sachliche Aufklärung verhindert (2019) *Christian Meier (Medienredakteur)*

[...] Vor rund zwei Jahren hatte der frühere Journalist und spätere Kommunikationsforscher Michael Haller eine umfassende Analyse zur Berichterstattung der Flüchtlingskrise in den Medien vorgelegt. Überregionale Zeitungen, so der Befund aus einer Inhaltsanalyse von Zehntausenden von Beiträgen, hätten sich vor allem an den Positionen der politischen Elite abgearbeitet und zu wenig mit den Einschätzungen von Bürgern und ihrer Alltagswelt befasst.

Die Lokal- und Regionalpresse habe dagegen zu sehr unkritisch das Narrativ der „Willkommenskultur“ übernommen. Einer der zentralen Sätze aus Hallers Untersuchung von damals: „Wer Skepsis anmeldete, rückte in den Verdacht der Fremdenfeindlichkeit.“ Ein differenzierterer Umgang mit dem heiklen Thema habe erst nach der Kölner Silvesternacht von 2016 eingesetzt.

Haller sorgte mit dieser Studie – nicht ganz überraschend – für Aufsehen. Die Verquickung eines der wichtigsten gesellschaftlichen Themen mit der medialen Berichterstattung darüber barg Sprengstoff in einer Zeit, in der Bürger sich fragen, ob ihnen von Politikern und Experten, aber auch von Medien, die unabhängig und unvoreingenommen informieren sollen, die Wahrheit gesagt wird. Oder, um es weniger pathetisch auszudrücken, ob sie die vollständigen Fakten und Sachverhalte präsentiert bekommen, bei möglichst vollständiger Transparenz der jeweiligen Agenden der Entscheidungsträger. Die Schlussfolgerungen fielen nicht sehr schmeichelhaft aus.

Eine Studie der Uni Mainz kam später zu dem Ergebnis, Medien hätten problematische Aspekte der Flüchtlingskrise nicht ausgeblendet. Haller sagt dazu, er halte die beiden Untersuchungen für nicht vergleichbar, weil es bei der Mainzer Studie vor allem um die Frage gegangen sei, ob faktisch korrekt über Migranten berichtet wurde.

M4 Laudatio des Bundespräsidenten Frank-Walter Steinmeier (Verleihung des Marion-Dönhoff-Preises für internationale Verständigung und Versöhnung an die New York Times; Auszug; 2017)

[...] Wir ehren heute eine Autorität der Aufklärung – die Gray Lady, die New York Times. Wir ehren einen Leuchtturm der Vernunft in einem Zeitalter grassierender Unvernunft. Wir ehren ein Flaggschiff der Pressefreiheit in einer Zeit, in der Deniz Yücel und hunderte Journalisten in der Türkei im Gefängnis sitzen, in der in Russland unabhängige Zeitungen zu ausländischen Agenten erklärt werden, und in der selbst in westlichen Demokratien der Sinn und Wert der freien Presse in Frage gestellt wird – und sei es nur mal nebenbei per Tweet am frühen Morgen. Ich danke Matthias Naß und der Jury für die Einladung zu dieser Laudatio, die ich wirklich gern und aus voller Überzeugung angenommen habe. [...]

M5 Berichterstattung über Flüchtlinge zeigt laut Studie Mängel. „Frontenbildung" verschärft (2017) *Leticia Witte*

Zu einseitig: Eine Untersuchung der Otto Brenner Stiftung bescheinigt Journalisten in der Berichterstattung über Flüchtlinge schlechtes Handwerk. Allerdings nicht allen. Mit der Silvesternacht soll die „Wende" gekommen sein.

Demonstration von AfD-Anhängern
© Bernd Wüstneck (dpa; Deutsche Presse-Agentur GmbH)

Die Vorwürfe gipfeln in dem Wort „Lügenpresse". Etablierte Printmedien und der öffentlich-rechtliche Rundfunk gäben nur das wieder, was ihnen die Bundesregierung einflüstere, oder berichteten schlichtweg falsch, heißt es immer wieder von Kritikern der journalistischen Berichterstattung. Prompt wurde der bereits von den Nationalsozialisten genutzte Begriff „Lügenpresse" Unwort des Jahres 2014, weil laut Jury damit Medien pauschal diffamiert werden.

Mängel ausgemacht

Auch wer nicht gleich von „Lügenpresse" sprach, hatte mitunter ein ungutes Gefühl, was die Berichterstattung über den Flüchtlingszuzug 2015 und seine Folgen anging. Manch einer fragte sich, ob einige Medien nicht zu sehr nach der „Willkommenskultur“ riefen und nicht zu unkritisch seien – dazu gab es in der Folge bereits Selbstkritisches zu lesen und zu hören. Andere Menschen wiederum fanden Berichte zu Flüchtlingen und Migration genau richtig. Jetzt hat eine Studie der Otto Brenner Stiftung, die am Freitag auf der Internetseite freigeschaltet werden soll, bei „großen Teilen der Journalisten“ Mängel in der Flüchtlings-Berichterstattung ausgemacht.

„Sinn- und Strukturkrise der Mainstreammedien“

Studienleiter Michael Haller: „Statt als neutrale Beobachter die Politik und deren Vollzugsorgane kritisch zu begleiten und nachzufragen, übernahm der Informationsjournalismus die Sicht, auch die Losungen der politischen Elite.“ Stichwort „Willkommenskultur“.

Die Wissenschaftsstiftung der IG Metall betont aber auch, dass nicht alle Arbeiten über einen Kamm geschoren werden dürften. „Viele Journalisten haben herausragende Berichte geschrieben, viele Medien haben sich um präzise, aktuelle Berichterstattung gekümmert“, sagen Haller und Stiftungs-Geschäftsführer Jupp Legrand. Nach Hallers Ansicht weisen die Ergebnisse der Erhebung „auf eine Sinn- und Strukturkrise der sogenannten Mainstreammedien“ hin. „Die von den Journalisten beschriebene Wirklichkeit ist sehr weit entfernt von der Lebenswelt eines großen Teils ihres Publikums.“

Als sich die Ereignisse überschlugen

Untersucht wurden den Angaben zufolge mehr als 30.000 Medienberichte – „und insbesondere für einen gut zwanzigwöchigen Zeitraum, in dem sich im Jahr 2015 die Ereignisse überschlugen, rund 1.700 Texte“. Im Mittelpunkt standen „Printleitmedien“ wie „Frankfurter Allgemeine Zeitung“ (FAZ), „Süddeutsche Zeitung“ (SZ) und „Welt“, mehr als 80 Lokal- und Regionalzeitungen sowie die Internetportale focus.de, tagesschau.de und Spiegel Online.

Die Studie gelangt über die Analyse von zehn „Großereignissen“ – etwa der Grenzöffnung für Flüchtlinge oder Kanzlerin Merkels Satz „Wir schaffen das“ – zu ihren Ergebnissen. Insgesamt dominiert laut Studie bei den drei großen Zeitungen FAZ, SZ und „Welt“ die Textform Bericht mit 48,6 Prozent, gefolgt von Kommentar und Glosse (17,5). Das Interview komme mit 4,4 Prozent selten vor, Reportagen und Porträts lägen bei 6,4. „Zugespitzt formuliert: Das Flüchtlingsthema fand in der medialen Öffentlichkeit der Leitmedien (weitgehend) ohne Flüchtlinge statt“, heißt es dazu. Auch kämen oft Journalisten in den Texten zu Wort, deutlich häufiger als etwa „Vertreter des aktiv handelnden Religions- und Kirchenpersonals“. Die politische Debatte sei von den Regierungsparteien beherrscht worden.

Wende der Berichterstattung mit der Silvesternacht in Köln

Auswahl der Gesprächspartner, Ton der Berichterstattung, Einfluss auf die Stimmung in Deutschland: Ein Befund der Studie ist, dass der Informationsjournalismus dazu beigetragen habe, eine „Frontenbildung“ zu verschärfen. In rund der Hälfte der Berichterstattungen werde nicht neutral und sachlich berichtet. Erst auf die Ereignisse der Silvesternacht 2015/16 hin sei „ein veränderter – man könnte sagen: differenzierterer – Umgang mit dem Megathema ‚Flüchtlinge in Deutschland‘“ erfolgt. So hätten Medien zunehmend Ängste und Sorgen der Bevölkerung thematisiert. Trotz aller Analysen – am Ende hält die Untersuchung fest: „Unsere Studie beschäftigte sich nicht mit der Frage, welche Einstellung zur Flüchtlingsthematik die moralisch bessere oder schlechtere sei."

Apropos Studie und „Lügenpresse": Vor gut zwei Wochen wurde eine andere Untersuchung veröffentlicht, wonach die Deutschen Presse, Fernsehen und Radio so stark wie seit 15 Jahren nicht mehr vertrauen.

M6 Was ist Aufklärung? (1784, Auszug) *Immanuel Kant*

Aufklärung ist der Ausgang des Menschen aus seiner selbstverschuldeten Unmündigkeit. Unmündigkeit ist das Unvermögen, sich seines Verstandes ohne Leitung eines anderen zu bedienen. Selbstverschuldet ist diese Unmündigkeit, wenn die Ursache derselben nicht am Mangel des Verstandes, sondern der Entschließung und des Mutes liegt, sich seiner ohne Leitung eines anderen zu bedienen. Sapere aude! Habe Mut, dich deines eigenen Verstandes zu bedienen! ist also der Wahlspruch der Aufklärung. [...]

M7 Von wegen Fake News – die Glaubwürdigkeit klassischer Medien ist unangefochten (2018) *Hans-Peter Siebenhaar*

Der Vertrauensverlust der Medien ist eine Erfindung der Populisten. Die Glaubwürdigkeit deutscher Medien nimmt sogar zu – vor allem die der Tageszeitungen.

Viel, sehr viel Geld lässt sich mit Fake News verdienen. Im gnadenlosen Kampf um die Aufmerksamkeit sind Halbwahrheiten, Vermutungen und Erfindungen zu einem Geschäftsmodell geworden. Denn je mehr Leser auf die Seiten mit absurden „Informationen" gelockt werden, desto größer sind die Werbeeinnahmen. Lügen wurden zum Rohstoff der digitalen Wertschöpfung.

Doch allmählich wendet sich das Blatt. Bereits zu Jahresbeginn warnte Jimmy Wales, Gründer der Onlineenzyklopädie Wikipedia, im Handelsblatt: „Die Leute haben die Überspitzungen und Halbwahrheiten allmählich satt, sie sind ja nicht dumm", sagte der 52-jährige Internetunternehmer. Seine These bewahrheitet sich bereits in Deutschland.

Von wegen Fake News. Die Glaubwürdigkeit der klassischen Medien ist unangefochten. Unter den privaten Medien hat die Tageszeitung klar die Nase vorn. 71 Prozent der Deutschen halten Printmedien für glaubwürdig. Zum Vergleich: Bei den sozialen Medien wie Facebook oder Twitter sind es peinliche fünf Prozent – der letzte Platz. Das geht aus einer bislang wenig beachteten Untersuchung des Meinungsforschungsinstituts Infratest Dimap im Auftrag des WDR hervor.

Wissenschaftler fanden heraus, dass die Glaubwürdigkeit der Medien in der Bundesrepublik sogar gestiegen ist. Zwei Drittel aller Deutschen schenken den Informationen der deutschen Medien Glauben. Das sind 13 Prozent mehr als noch vor zwei Jahren auf dem Höhepunkt der Flüchtlingskrise.

Ein Ergebnis der Studie ist auch: Je höher der Bildungsgrad, desto größer das Vertrauen in die klassischen Medien. Das heißt: Insbesondere die Eliten setzen auf Informationen und Meinungen der großen Medienmarken. Denn sie brauchen verlässliche und korrekte Informationen.

In den vergangenen Jahren haben Rechtspopulisten, insbesondere in Ostdeutschland, die Atmosphäre mit dem Vorwurf der „Lügenpresse“ vergiftet. Rechte Aktivisten kreierten die Mär eines angeblich herben Vertrauensverlustes in die privaten und öffentlich-rechtlichen Medien. Wie sich nun herausgestellt hat, handelt es sich dabei um eine propagandistische Erfindung einer radikalen Minderheit. Die Bürger denken anders. [...]

M8 Wer glaubt noch den Medien? (2019) *Rainer Stadler*

Das Vertrauen in die Massenmedien bröckelt. Doch es ist immer noch stärker, als mancher Kritiker meinen mag. Vor allem in kleinräumigen, demokratischen Staaten ist ein Zusammenhang zwischen Wohlstand, Freiheit und glaubwürdigen Medien erkennbar.

Das stimmt nachdenklich: 25 Prozent der Deutschen halten es für ganz sicher oder zumindest wahrscheinlich, dass beim tödlichen Unfall von Prinzessin Diana der britische Geheimdienst seine Finger im Spiel hatte. 17 Prozent wiederum glauben mehr oder weniger fest, dass die Anschläge auf das World Trade Center am 11. September 2001 von den USA inszeniert wurden. Diese Zahlen nennt eine repräsentative Umfrage, welche die Johannes-Gutenberg-Universität Mainz durchführte (2017). Behauptungen aus dem Reich der Verschwörungstheoretiker finden demnach nicht nur unter einer kleinen Minderheit Zustimmung. Der vergleichsweise starke Rückhalt solcher Ansichten steht in klarem Widerspruch zu den Massenmedien, die für Verschwörungstheorien kein Verständnis zeigen.

Die Behauptung, die Medien verlören laufend an Glaubwürdigkeit, gehört zum Generalbass der Zeitkritik.

Kann man darin ein Indiz für eine geschwächte Anerkennung der etablierten Informationsvermittler erkennen? Ist es ein Indiz für einen Graben zwischen dem, was die Leute denken, und dem, was die Medien sagen? Die Behauptung, die Medien verlören laufend an Glaubwürdigkeit, gehört zum Generalbass der Zeitkritik. Dabei schwingt oft die These mit, die Medienkonsumenten seien seit dem Aufkommen der sozialen Netzwerke zu beliebig manipulierbaren Objekten verkommen, welche obskuren Nachrichten mehr Glauben schenkten als jenen der einschlägigen Informationsplattformen. Entsprechende Thesen erhielten seit der Wahl von US-Präsident Trump starken Auftrieb. Trump seinerseits fischt ja gerne im Teich der Verschwörungstheoretiker – um die Journalisten zu reizen und gleichzeitig seine Klientel bei Laune zu halten.

In Filterblasen leben wenige.

Es gibt Gründe für eine optimistischere Sicht. Der Großteil der Zeitgenossen kann es sich nicht leisten, in Filterblasen zu leben. Sie kommen in ihrem Alltagsleben nicht darum herum, Widersprüche wahrzunehmen, also Tatsachen und Meinungen zu erfahren, die dem eigenen Weltbild widersprechen – sei dies im Gespräch mit Bekannten, Freunden, Arbeitskollegen oder Kindern.

Der Alltag konfrontiert jeden mit Widersprüchen.

Hier spielen die klassischen Massenmedien eine wichtige Rolle. Sie vermitteln ein breites Spektrum an Informationen aus Politik, Wirtschaft, Gesellschaft und Kultur. Und selbst wenn die Medien teilweise einseitig informieren, vermitteln die meisten Organe keine geschlossenen Weltbilder. Kommt hinzu, dass sich wenige Konsumenten nur auf eine einzige Informationsquelle stützen. Damit stoßen sie auch im Alltag zumindest zufällig auf Nachrichten und Berichte mit anderer Stimmlage. Gewiss, die Konsumenten sind in gewissen Phasen mit Medienhypes und entsprechend gleichgerichteten Interpretationen von Ereignissen konfrontiert. Aber solche geschlossenen Kreise sind selten von langer Dauer. Filterblasen dürften nur in kleinen sozialen Gruppen ein langes Leben haben. Die Medien vermögen in diesem Sinn ihre Konsumenten in die Gesellschaft zu integrieren. [...]

Beispiellösung

Was sollen wir glauben?

„Muss nur noch kurz die Welt retten
Danach flieg' ich zu dir
Noch 148 Mails checken
Wer weiß, was mir dann noch passiert
Denn es passiert so viel"

So beginnt ein 2011 veröffentlichter Song von Tim Bendzko und trifft damit den Ton der Zeit. Im Zeitalter der neuen Medien werden Jugendliche mit Informationen überschüttet. Neben dem täglichen Informationsfluss über traditionellere Medien wie Radio und Fernsehen erscheinen nahezu im Sekundentakt die aktuellsten News am Tablet oder Smartphone. In sozialen Medien werden die Ereignisse des Tages vielfältig kommentiert und natürlich wird auch in der Schule über dies oder das gesprochen. Da fällt es häufig nicht leicht zu entscheiden, welchen der zahlreichen Nachrichten wir glauben sollen.
„Wer glaubt noch den Medien?", fragt Rainer Stadler 2019 in einem Artikel, in dem er sich mit der aktuell viel debattierten Frage nach der Glaubwürdigkeit der Medien auseinandersetzt. Die Kritik an der journalistischen Berichterstattung gipfelt in dem Unwort des Jahres 2014: „Lügenpresse". Nicht nur in den Medien, sondern auch auf Demonstrationsschildern ist das Wort zu lesen und brennt sich so – allein durch ständige Präsenz – in unser Gedächtnis ein. Natürlich ist es problematisch, Medien mit dem Wort pauschal zu diffamieren, und es wurde zu Recht zum Unwort des Jahres gewählt. Nichtsdestotrotz bleibt der Zweifel: Werden in den Medien Lügen verbreitet? Lesen und hören wir nur noch Fake News? Die Journalistin Leticia Witte weist darauf hin, dass „[a]uch wer nicht gleich von ‚Lügenpresse' sprach, [...] mitunter ein ungutes Gefühl" hatte. Sie erläutert die immer wieder aufgegriffenen Vorwürfe: Die Medien seien nicht mehr objektiv, sondern berichteten nur das, „was ihnen die Bundesregierung

Hinweise

ansprechende, passende Überschrift

1. Aufgabenbezogene, die Leserinnen und Leser gewinnende Einleitung (Einbindung M1)

Problemaufriss

2. Hauptteil: Diskussion der zentralen Fragestellung: Zweifel an der Glaubwürdigkeit der Medien

Einbindung M5

differenzierte Betrachtung des Problems

einflüstere". Die Berichte seien auch nicht mehr sachlich und präzise, vielmehr zum Teil sogar falsch, weil nicht hinreichend genau recherchiert werde. Zu oft ginge es heutzutage darum, Neuigkeiten möglichst schnell und „interessant" an die Öffentlichkeit zu bringen. Mit Schlagzeilen und Eyecatchern solle die Aufmerksamkeit des Lesepublikums geweckt werden. „Viel, sehr viel Geld lässt sich mit Fake News verdienen", erklärt auch Hans-Peter Siebenhaar (2018). Folglich scheinen Werbeeinnahmen wichtiger als ehrliche Recherche und das Geschäft mit „Halbwahrheiten, Vermutungen und Erfindungen" lukrativer als die Information der Rezipienten.

Erläuterung der Zweifel unter Rückgriff auf M5 und M7

Schlussfolgerung

Angeheizt wurde die Debatte durch eine 2017 erschienene Studie von Michael Haller. Der Journalist und Kommunikationsforscher untersuchte mehr als 30.000 Medienberichte verschiedener regionaler und überregionaler Zeitungen sowie einiger Internetportale. Analysiert wurde der Umgang des Informationsjournalismus mit der Flüchtlingsthematik, einem gesellschaftlich hochbrisanten Thema. Daher war es, so der Medienredakteur Christian Meier (2019), „nicht ganz überraschend", dass der Studie viel Aufmerksamkeit geschenkt wurde. Wie zahlreiche andere Reporter diskutiert auch Meier in seinem Artikel die Frage, ob sachliche Aufklärung durch die Medien verhindert werde, weil die Berichterstattung eher der Verklärung der Ereignisse diene. Als Beispiel dient häufig der Begriff „Willkommenskultur", der in der Berichterstattung über Flüchtlingsströme und Migration nach Deutschland vielfach verwendet wurde und die Kritik aufkommen ließ, dass Journalisten zum Sprachrohr der Politik würden, statt Hintergründe zu recherchieren und eigenständig und differenziert zu berichten. Haller wirft der Presse vor, Wünsche und Maßgaben der Politik zu unkritisch zu übernehmen. Seine Studie habe auch ergeben, dass es viele Berichte und Kommentare zu dem Thema gebe, aber kaum Interviews. Daher sein Fazit: „Das Flüchtlingsthema fand in der medialen Öffentlichkeit der Leitmedien (weitgehend) ohne Flüchtlinge statt." Viele Journalisten hätten demzufolge die Grundfunktion der Informationsmedien vergessen. Dies führe zu einer „Sinn- und Strukturkrise" der Mainstreammedien, also insbesondere der Tageszeitung. Tabellarisch zeigt Haller in seiner Studie die Hauptgründe für die Abbestellung von Zeitungsabonnements in Großstädten auf und belegt durch die Ergebnisse der Umfrage, dass das Vertrauen der Bürger in die Presse sinkt (M2). Dabei fällt aber auf, dass mehr als 60 % der Lesenden ihre Tageszeitung abbestellen, weil in dieser immer häufiger für sie uninteressante Berichte erscheinen.

Vertiefung durch im Unterricht gelesene Texte und Bezug auf M3

Veranschaulichung und Erläuterung am Beispiel

Schlussfolgerung und Zusammenfassung der Kritik an den Medien, insbesondere der Zeitung als klassisches Informationsmedium

Beleg durch Auswertung M2

Nur um die 40 % benennen dagegen geringe Informationsleistung, wenig Recherche und Oberflächlichkeit als Grund.

Daher stellt sich nun die Frage: Was erwarten die Bürger von den Journalisten und ihren Artikeln? Christian Meier betont, dass Medien unabhängig und unvoreingenommen informieren sollen, und orientiert sich damit am deutschen Pressekodex, den Richtlinien für die publizistische Arbeit nach den Empfehlungen des deutschen Presserats. Sinngemäß heißt es hier unter Ziffer 1, dass die „Wahrheit" und die „wahrhaftige Unterrichtung der Öffentlichkeit" die obersten Gebote der Presse seien. So würden Ansehen und Glaubwürdigkeit der Medien bewahrt. Die Medien sollen objektiv und ehrlich über Vorgänge und Ereignisse berichten, die für die Meinungs- und Willensbildung wichtig sind. Die Presse darf keine „Exklusivverträge" mit Informanten schließen, sich nicht von der Politik beeinflussen lassen und muss auch über Auffassungen berichten, die sie selbst nicht teilt. Glaubwürdigkeit und Vertrauen sind also das höchste Gut der Journalisten. Mit der beschriebenen Verbreitung von Fake News und der scheinbaren Einflussnahme von Politikern auf journalistische Berichte sinkt die Glaubhaftigkeit. Aber es gibt auch andere Studien – und andere Ergebnisse. So zeigt eine repräsentative Umfrage der Johannes-Gutenberg-Universität Mainz, dass das Vertrauen in Zeitung, Fernsehen und Radio in den letzten Jahren sogar zugenommen hat. „Die Leute haben die Überspitzungen und Halbwahrheiten allmählich satt, sie sind ja nicht dumm", zitiert Hans-Peter Siebenhaar (2018) einen Internetunternehmer und belegt damit die Wende. Die Glaubwürdigkeit der klassischen Medien sei unangefochten, in Deutschland sogar gestiegen. 71 % der Deutschen halten die Printmedien für glaubwürdig. Jene Lesende, die echte Informationen und gute Recherchen wollen, suchen und finden diese in den traditionelleren Medien, die ein breites Spektrum an Informationen zu unterschiedlichsten Themen liefern. „Der Alltag konfrontiert jeden mit Widersprüchen", schreibt Rainer Stadler (2019), sodass mündige Lesende Tatsachen und Meinungen erkennen und bewerten müssen. Nur wenige stützten sich dabei auf eine einzige Informationsquelle und viele erkennen Fake News auch als solche.
„Je höher der Bildungsgrad, desto größer das Vertrauen in die klassischen Medien" (Siebenhaar, 2018), ist ein weiteres Ergebnis der Mainzer Studie und ein Beleg dafür, dass der mündige Bürger in der Lage ist, gut recherchierte Berichte von schnell produzierten Tweets zu unterscheiden. Hinzu kommt, dass die Kritik und der Vorwurf einer „Gesinnungsethik" insgesamt zu pauschal

Überleitung zur Gegenposition durch Bezug auf im Unterricht gelesene Texte (hier: Pressekodex)

geordnete Information der Leserinnen und Leser und Berücksichtigung des situativen Kontextes (überregionale Wochenzeitung)

Gegenargumente mit Bezug auf M7, M8 und M5 (funktionale und zielorientierte Verknüpfung der Materialien)

Verdeutlichung der eigenen Position / Nutzung im Unterricht erworbener Kenntnisse (Aufklärung, Mündigkeit)

sind. Nicht alle Journalisten dürfen „über einen Kamm geschoren werden", schreibt Leticia Witte und reagiert damit direkt auf die Mahnungen Hallers. Auch sie beruft sich auf Experten, die betonen, dass viele Journalisten sehr gute Arbeit leisten und sich um objektive und wahrheitsgetreue Berichterstattung kümmern. Noch immer gibt es „besondere Könner", die durch investigative Recherchen die nachweisliche Qualität journalistischer Arbeit belegen. Als Beispiel können hierfür die „Panama Papers" genannt werden oder als Person Deniz Yücel, der aufgrund seiner Arbeit sogar inhaftiert wurde. Unser Bundespräsident Frank-Walter Steinmeier hebt bei der Verleihung des Marion-Dönhoff-Preises an die „New York Times" 2017 hervor, dass er in seiner Laudatio die „Gray Lady" der Printmedien als „einen Leuchtturm der Vernunft in einem Zeitalter grassierender Unvernunft" ehre, und betont damit ebenfalls die hohe Relevanz einzelner aufklärerischer Berichte in der breiten Masse aller Medien eines digitalen Zeitalters.

Beleg durch M4: Ehrung der Zeitung als Medium der Aufklärung (am Beispiel der „New York Times")

Schließlich muss jeder selbst entscheiden, was er oder sie glauben möchte. Immanuel Kant wusste schon 1784: Wer aufgeklärt werden will, muss den Mut haben, sich seines eigenen Verstandes zu bedienen. Er darf nicht zu faul sein, überliefertes Wissen kritisch zu hinterfragen und neue Fakten vernünftig zu prüfen. Das heißt, dass Informationen nicht nur gesammelt, sondern auch bewertet werden müssen, und zwar „ohne Leitung eines anderen", also eigenständig und eigenverantwortlich. Bei der Informationsvermittlung aber spielt die Zeitung nach wie vor eine zentrale Rolle. Gerade in der heutigen Zeit, in der unser Alltag von einer Überfülle an Informationen bestimmt ist, kommt der Zeitung eine besondere Bedeutung zu, denn in dieser finden wir eben nicht nur schnell formulierte Kommentare oder unüberlegte Tweets, sondern auch objektive und gut recherchierte Artikel. Die viel diskutierte Studie von Michael Haller zeigt auch dies: Viele Journalisten haben herausragende Berichte geschrieben, viele Medien haben sich um präzise und aktuelle Berichterstattung gekümmert. Nun darf der Rezipient nur nicht zu faul sein, diese Berichte zu lesen. Der schnelle und unreflektierte Konsum aufmerksamkeitserregender Headlines ist nicht ausreichend, denn dieser allein mag sehr wohl zu einer Verklärung der Tatsachen führen. Als Medium der Aufklärung kann die Zeitung also nur funktionieren, wenn das Lesepublikum bereit ist, sich aufklären zu lassen!

3. Formulierung eines geeigneten Schlusses: Verdeutlichung der eigenen Position und indirekter Appell an die Lesenden

Nutzung von M6 als Beleg und Rückgriff auf Kenntnisse aus dem Unterricht (Aufklärung, Mündigkeit) sowie Rückbezug zur Einleitung

Original-Prüfungsaufgaben

Abitur 2022

Zoë Jenny: Der Flug des Kondors

grundlegendes Anforderungsniveau
Aufgabenart: Textbezogenes Schreiben: Interpretation literarischer Texte

AUFGABENSTELLUNG*

1 Interpretieren Sie den Text „Der Flug des Kondors" von Zoë Jenny. Berücksichtigen Sie dabei besonders, wie das Verhältnis der Figuren zueinander erzählerisch dargestellt wird.

Materialgrundlage

Zoë Jenny: Der Flug des Kondors. Aus: Dies.: Spätestens morgen. Erzählungen. Frankfurt am Main: Frankfurter Verlagsanstalt 2013, S. 71–74

Der Flug des Kondors (2013) *Zoë Jenny (*1974)*

Rechtschreibung und Zeichensetzung entsprechen der Textquelle.

Den ganzen Tag hatte es geregnet. Erst in den letzten Nachmittagsstunden war die Sonne durch die Wolkenmassen gebrochen und stand jetzt leuchtend in einem kleinen blauen Hof am Himmel. Der Käfig stand im Schatten von vier Kastanienbäumen; mit der Zeit war das Gitter rostig geworden, und der Käfig wirkte verwahrlost und wie ein Fremdkörper am Rande des Waldes. Der beißende Geruch schlecht gehaltener Tiere, der vom Käfig ausging, vermischte sich im Sommer mit dem Geruch von Raps und warmer Erde.

Seit Stunden schlief der Kondor in der gedeckten Ecke des Käfigs, während die Papageien, in Gruppen versammelt, lauernd auf den Astbäumen hockten, als warteten sie auf ein Signal. Sobald sich der Kondor aufrichtete, flatterten sie auf und flogen, eine rotgrüngelbe Wolke, laut kreischend durch das Gehege. Einige Papageien verloren dabei Federn, die sich im Gitter verfingen oder auf den Boden segelten. Ruckartig, mit einem hinkenden Bein steuerte der Kondor den Rest des Kadavers an, der ihm wie jeden Tag von einem Wärter in den Käfig geworfen worden war. Mit dem Schnabel zupfte und riss er daran, bis sein Kopf im offenen rohen Fleisch versank. Nachdem er die Beute verzehrt hatte, erreichte er, mit nur einem Flügelschlag, wieder seinen Ast, und die Papageien rückten gurrend und sich aufplusternd zur Seite. Der Kondor begann sein Gefieder zu putzen, indem er Feder für Feder durch den Schnabel zog; und als er fertig war, blieb er auf dem Ast sitzen, reglos wie träumend.

Der Feldweg, der vom angrenzenden Wald zum Käfig führte, war vom Regen aufgeweicht, und das Paar suchte, den Blick

* Quelle: Niedersächsisches Kultusministerium

auf den Boden gerichtet, nach trockenen Stellen.

„Warum mussten wir herkommen?", sagte die junge Frau und sprang hinter ihm über eine Wasserfläche.

„Wenn ich mich schon von ihm nicht verabschieden kann, will ich wenigstens unseren Ort noch einmal sehen, den Ort, an dem wir uns jahrelang getroffen haben, Elena."

Das Paar setzte sich auf eine Bank vor dem Gehege. Elena wandte sich vom Käfig ab und blickte, den Kopf auf seine Schulter gelehnt, auf den schmalen Waldstrich zurück, aus dem sie gekommen waren. Hinter den Baumwipfeln ragten die Kamine und Hochhäuser der Stadt empor.

„Hier war unser Versteck", sagte er und hielt inne. Er fühlte die Last ihres Kopfes auf seiner Schulter und richtete den Blick auf den Kondor, als brauche er zum Reden jemanden, den er ansehen konnte. „Hierher flüchteten wir uns nach der Schule. Wir haben über den Kondor gelacht, weil er immer gegen das Gitter flog und von den Papageien angegriffen wurde. Wenn der Kondor schlief, war er unsere Zielscheibe, und wir haben Steinchen nach ihm geworfen. Irgendwann rechneten wir zum Spaß aus, wie viele Quadratmeter Flugraum dem Vogel eigentlich zur Verfügung stehen. Aber er nahm es plötzlich ernst und fand, es sei tödlich wenig. Dann kam er auf die Idee, den Vogel freizulassen. Mit einer Drahtschere wollte er das Gitter aufschneiden. Er war wie besessen davon, den Kondor zu befreien. Erst als er dann dich kennengelernt hat …"

Sie winkte harsch ab. „Phil, wenn wir schon unbedingt hierherkommen mussten, kannst du nicht wenigstens aufhören, von ihm zu reden? Ich habe mit ihm abgeschlossen", sagte Elena, blickte in Richtung Stadt, sah, wie die Rauchsäulen aus den Kaminen aufstiegen und für Sekunden Schatten an die Hochhäuser warfen, bis der Rauch sich auflöste.

„Wo hast du den Abschiedsbrief eigentlich …"

„… gut sichtbar auf den Küchentisch gelegt", fiel sie ihm ins Wort. Dann schwiegen sie, nur die Papageien stießen von Zeit zu Zeit ihre kurzen schrillen Schreie aus.

„Er wird diesen Brief wochenlang mit sich herumtragen und ihn noch lesen, wenn wir schon längst fort sind. Er wird es nie begreifen können, dass ich mit dir weggegangen bin", sagte Phil nach einer Weile und zog eine Zigarette aus der Brusttasche.

In Gedanken sah Elena den vom vielen Lesen verknitterten, schmutzig gewordenen Briefbogen. „Er wird uns verachten", erwiderte Elena kühl, „und den Brief überall herumzeigen."

Phil beobachtete, wie oben auf dem Ast der alte Kondor seinen Kopf unter den Flügel schob. Niemand wird je kommen, den Kondor freizulassen Er wird hier in diesem Käfig sterben, dachte Phil. Die Klarheit dieser Tatsache erschreckte ihn.

„Ich glaube, er hat es geahnt", sagte Elena plötzlich und sah die Sonne hinter den Wolken verschwinden wie ein sich langsam schließendes Auge.

„Nein. Wie kannst du so etwas sagen. Er hätte nie erwartet, dass du ihn verlassen könntest. Schon gar nicht mir mir", erwiderte Phil aufgebracht, „außerdem wart ihr so gut wie verheiratet." Elenas Kopf fühlte sich plötzlich schwer an auf seiner Schulter, und er wünschte, sie würde ihn hochheben.

„Bereust du es?", fragte er schließlich und schnippte mit Daumen und Zeigefinger den glühenden Zigarettenstummel wie ein Geschoss ins nahe Gebüsch.

Im Käfig pickte ein Papagei mit seinem harten Schnabel auf den zerrupften Kondor ein, der es nicht zu bemerken schien. „Morgen, wenn wir im Flugzeug sind, werde ich glücklich sein“, sagte sie entschlossen, hob den Kopf von seiner Schulter und wandte sich dem Käfig zu.

In der Dämmerung bildete das Paar vor dem Gitter eine kleine dunkle Silhouette. Elena sah erschreckt den großen schwarzen Vogel an, dessen Anwesenheit sie erst jetzt bemerkte. Er hatte inzwischen die Schwingen, zwei riesige Arme, ausgebreitet, und an den Flügelspitzen zitterten die Federn wie angespannte gespreizte Finger. Der Kondor streckte seinen dünnen, verletzlich wirkenden Hals in die Höhe. Für Sekunden streifte Elena seinen kahlen, fast menschlichen Blick. Sie fuhr auf, und wie um sich vor einem Angriff zu schützen, machte sie einen Schritt zurück, als der Kondor zu seinem Flug gegen das Gitter startete.

Hinweis

Die folgende Lösung ist eine nicht amtliche Lösung.

Beispiellösung

Beispiellösung Teilaufgabe 1

Hinweise

Einleitung

Einleitungssatz: Textsorte, bibliografische Angaben, prägnant formuliertes „Thema“

Die Erzählung „Der Flug des Kondors“ von Zoë Jenny, 2013 in einem Erzählband der Autorin veröffentlicht, verdichtet den Moment der emotionsbelasteten Loslösung eines Paares von dem langjährigen Schulfreund des Mannes, zugleich bis zu diesem Tag Lebensgefährte der Frau.

Kürzestinhaltsangabe: zwei bis drei Sätze

Auf dem Weg in ein gemeinsames neues Leben sucht das Paar eine verrottete Voliere an einem Waldesrand auf, in der ein Kondor und Papageien ihr Dasein fristen. Für den Mann, Phil, ist dies ein aus Schultagen vertrauter Zufluchtsort von besonderem Erinnerungswert, seine Partnerin Elena ist ihm dorthin jedoch nur widerwillig gefolgt. Anstelle eines persönlichen Abschiedes von seinem Freund möchte Phil zumindest seine an die Beobachtung des Vogellebens geknüpften Erinnerungen zum Miteinander in früheren Tagen teilen, wohingegen Elena ihren Blick allein auf die Zukunft an anderem Ort richtet.

Deutungshypothese

Nach meinem ersten Leseverständnis steht der Lebenszyklus des in der Voliere gefangen gehaltenen Kondors und dessen Hoffnung auf Befreiung für die missliche Situation des ehemaligen Lebensgefährten Elenas, der sich genau wie der Kondor in einer unausweichlichen Opferposition befindet. Zugleich versinnbildlicht die Autorin, indem sie tierisches Verhalten in Gefangenschaft erzählerisch mit einer schuldbelasteten Aufbruchssituation verwebt, die Unmöglichkeit eines befreiten Neuanfangs.

Hauptteil

Textgliederung

Der Erzähltext lässt sich in vier Sinnabschnitte gliedern. Der Hinführung zur Szenerie (Z. 1 – 13) folgt die beobachtende Beschreibung der im „Käfig“ (Z. 5) lebenden Vögel: einiger bunt gefiederter Papageien und eines Kondors in deren üblichem Verhalten wie deren Bezogenheit zueinander (Z. 14 – 37). Im Weiteren wird ein junges Liebespaar eingeführt und in den unterschiedlichen Blickweisen auf den zurückgelassenen Freund und Partner profiliert (Z. 38 – 132), wobei man diese Erzählpassage noch untergliedern kann in die Perspektive Phils (Z. 46 – 78) und Elenas (Z. 79 – 104) sowie die Gegenüberstellung unterschiedlicher Einschätzungen (Z. 105 – 125). Schließlich werden Perspektivwechsel der Frau und Ausbruchversuch des Kondors korreliert (Z. 126 – 147).

<u>Erzählperspektive</u>

Zoë Jenny schreibt aus der auktorialen Erzählperspektive, in der Figurenzeichnung nimmt sie die Lesenden gleichwohl eher für Phil ein. Überwiegend wirken Erzählzeit und erzählte Zeit deckend, verknüpft mit einer Vielfalt an Details.

<u>Genaue Interpretation</u>: Überschrift

Die Überschrift der Erzählung weckt eine durchweg positive Assoziation, denn Fliegen wird mit Freiheit, Grenzenlosigkeit verbunden. Der Kondor als größter Greifvogel legt Majestätisches, vielleicht etwas Furcht einflößend, nahe.

Erzählanfang

Die erzählte Handlung ist außerhalb der Stadt angrenzend an einen Wald lokalisiert. Der erste kurze Satz der Erzählung „Den ganzen Tag hatte es geregnet“ (Z. 1) in seiner negativen Tagesbeschreibung lenkt die Grundhaltung der Lesenden entscheidend, um sie dann durch einen positiven Lichtblick hoffnungsvoll zu wenden. Bereits mit dieser metaphorischen Umschreibung der Wetterlage in den ersten beiden Sätzen werden die Lesenden auf eine fragile Beziehungssituation eingestimmt: Zwar hat sich der Himmel nach langem Regentag zum Abend geöffnet, die Formulierung „war die Sonne durch die Wolkenmassen gebrochen“ (Z. 2 f.) hat dabei allerdings etwas Kraft-, ja Gewaltvolles, das im selben Satz bezogen auf diesen Ort idyllisch gewendet wird, wenn die Sonne nun als „leuchtend in einem kleinen blauen Hof am Himmel“ (Z. 4 f.) beschrieben wird. Die bei den Lesenden durch die Ortsbeschreibung ausgelöste Assoziation ist entsprechend ambivalent: Die Bezeichnung der Voliere als „Käfig“(Z. 5) verdeutlicht unumwunden die Situation des Gefangenseins, zugleich bestärkt der Standort, die Einrahmung durch vier stattliche Kastanienbäume, die Illusion eines Idylls.

genaue Sprachanalyse

Lesewirkung

Assoziationen differenziert beschrieben

Der Käfig ist in schlechtem Zustand, „wirkte verwahrlost und wie ein Fremdkörper am Rande des Waldes“ (Z. 5 – 9). Dieses vergleichende Nomen steht dabei nicht nur für die Voliere, sondern untermauert das zu Bruch gegangene Beziehungsgeflecht. Vom erzählten Zeitpunkt her bezieht es auch die versuchte Neuanordnung mit ein. Symbolisch werden die, möglicherweise giftig wirkenden, Umstände der Dreiecksbeziehung nun auf geruchlicher Ebene verstärkt, wenn es heißt, der „beißende Geruch schlecht gehaltener Tiere" werde mit dem sommerlichen von „Raps und warmer Erde" vermischt (Z. 10 – 13). Dies könnte für die mögliche Überdeckung der vergangenen Probleme durch die neue Liebe stehen.

konjunktivisch formuliert: möglicher Interpretationsansatz

Die darauffolgende Form der Auseinandersetzung mit dem Gewesenen macht deutlich, dass der Neuanfang auf Untreue und Verrat beruht. Ausgangspunkt ist die detaillierte Beschreibung des Sozialgefüges in dem Käfig. Der Kondor ist allein und lebt zusammen mit einer Gruppe von Papageien (vgl. Z. 15 f.), die „lauernd auf den Astbäumen" (Z. 16 f.) hocken. Dies kann auf die menschlichen Charaktere der Erzählung übertragen werden. Dabei stellt der Kondor den früheren Schulfreund Phils und Ex-Lebenspartner Elenas dar, und die Gruppe der Papageien ist im beschriebenen Habitus mit dem Handeln des neuen Paares vergleichbar, das nur auf den passenden Zeitpunkt wartet, um zu flüchten (vgl. Z. 18 f.). Die Papageien bedrängen den Kondor, der deutliche Verletzungszeichen hat und bereits geschwächt (vgl. Z. 23 f.) nur „den Rest des Kadavers" (Z. 25) anfliegt und seinen Kopf darin versenkt (vgl. Z. 28 f.). Diese Passage steht für die einzige Möglichkeit, die der Kondor, oder symbolisch der Ex-Partner Elenas, noch hat: etwas von dem lieblos „in den Käfig" geworfenen Kadaver (Z. 26 f.) zu essen, wobei der Kadaver für die Überbleibsel seiner nun beendeten Beziehung mit Elena stehen könnte.

Interpretationsprämisse: klare Benennung des im literarischen Text Angedeuteten

Deutungsvermutung im Konjunktiv

Weiterführend beschreibt die auktoriale Erzählerin, wie der Kondor „mit nur einem Flügelschlag" (Z. 31) zurück auf seinen Ast fliegt. Dass der Dominanz nur widerwillig Raum gegeben wird, zeigt die erzählte Reaktion der Papageien, die „gurrend und sich aufplusternd zur Seite" rücken (Z. 32 f.). Der Kondor beginnt, seine Federn zu putzen, eine nach der anderen, wie zeitdeckend erzählt wird (vgl. Z. 34 f.). Diese Szenerie macht klar, dass er trotz der misslichen Lage sein Leben weiterlebt und seine Macht- bzw. Einflussposition behält und übertragen bei aller Veränderung auch kein Ablösen aus der Dreiecksbeziehung möglich zu sein scheint.

Es folgt ein Perspektivwechsel von der Beschreibung des Käfiglebens der Vögel hin zu einem Dialog zwischen Elena und Phil, verknüpft durch einen komplex strukturierten Satz, mit

Gelenkstelle in seiner Funktion umschrieben

dem das Areal rundum und der Weg des Paares skizziert wird (vgl. Z. 38 – 42).

In der nun einsetzenden Kommunikation des Paares steht unmissverständlich das Missfallen Elenas im Vordergrund, dies in Form der Frage „Warum mussten ...“ und gestisch durch das Überspringen einer „Wasserfläche“ verstärkt (Z. 43 ff.). Phil entgegnet auf der Sachebene und begründet den Zielort, er wolle, wenn er sich schon „von ihm nicht verabschieden“ könne, einen miteinander „jahrelang“ geteilten Treffpunkt „noch einmal sehen“ (Z. 46 – 50). Auffallend ist das dargestellte Verhältnis der Figuren.

Interpretation des Dialogs; Frageform; Hinzuziehung kommunikationsanalytischer Parameter

Zum einen spielt das Leid des Vogels eine symbolische Rolle für das Leiden und das Verhältnis in der alten Beziehung. Zum anderen wird eine die widerwillig-mürrische Art zurückweisende Haltung des neuen Liebhabers deutlich, dessen Unverständnis sich im erstmaligen, ermahnend wirkenden Nennen des Namens „Elena“ (Z. 50) zeigt.

Fokus der Aufgabenstellung

erstmalige Namensnennung „Elena“

Das „Paar“ (Z. 51) setzt sich erst dann auf eine Bank nahe dem Käfig. Die hypotaktisch detailliert beschriebene, abgewandte Blickrichtung Elenas lässt bei den Lesenden ein Gegenbild entstehen (vgl. Z. 51 – 57). Sie schaut auf die Stadt, die für Fortschritt und Zukunft steht. Zugleich wird die Distanz Elenas zur Symbolik des Käfigs, mit dem sie nichts zu tun haben möchte, zur Verstehensprämisse. Sie wendet sich somit vom Kern der folgenden Debatte ab und es wird ein deutlicher Zwiespalt in dem Verhältnis zwischen ihr und Phil offenbar. Dessen Gedanken schweifen vom erreichten Ort in die Vergangenheit, er erinnert sich, in einen kurzen Hauptsatz gefasst: „Hier war unser Versteck“ (Z. 58).

figurenbezogen vergleichende, syntaktische Analyse

Ausdeutung der Sitzposition/Blickrichtung

Im Folgenden wird die erzählerisch erzeugte Distanz im Verhältnis der Figuren zunehmend deutlich: Phil empfindet den Kopf, den Elena auf seine Schulter gelegt hat, als „Last“ (Z. 59). Der Kondor wird zwangsläufig stellvertretend für seinen Schulfreund zum Gegenüber, denn er braucht „jemanden, den er ansehen“ (Z. 62) kann, mit dem er teilen kann, was ihn in seinem Aufwachsen, also in der Vergangenheit, zutiefst geprägt hat.

umfassende Beziehungsanalyse, entsprechend dem in der Aufgabenstellung benannten Aspekt

Es schließt sich eine lange Redepassage an, in der Phil erinnert, wie sich die Wahrnehmung des Kondors vom Lachen über seinen Flug gegen das Käfiggitter hin zum Befreiungsbemühen des Schulfreundes aus dem zu kleinen Käfig gewandelt habe.

inhaltliche Bündelung (Anfangs-/Endpunkt), um Interpretationsschwerpunkt zu wahren

Als Phil ansetzt, auch Elena in sein Erinnern einzubeziehen, „Erst als er dann dich kennengelernt hat ...“ (Z. 77 f.), beendet diese den Halbsatz körpersprachlich „harsch“ (Z. 79) und verbunden mit einer ihrerseits nochmals verstärkt maßregelnden Äußerung, wiederum in Frageform. An deren Anfang nennt sie nun erstmals seinen Namen: „Phil, wenn wir schon unbedingt hierherkommen mussten, kannst du nicht wenigstens aufhören, von ihm zu reden?“ (Z. 79 – 82) Die Alliteration, die bedrängend gewählte Diktion Elenas und das unverhohlen ausgesprochene Redeverbot stehen für ihren angestrebten überlegenen Status, der in dem prägnanten Aussagesatz „Ich habe mit ihm abgeschlossen“ (Z. 82 f.) mündet, aber auch zeigt, wie wenig sie ihren verflossenen Partner gekannt hat und es ihr nun um die Befindlichkeit ihres neuen geht.

Rekonstruktion der Konfliktentwicklung zwischen Phil und Elena

erneut Frageform; Wirkung der eingesetzten sprachlichen und syntaktischen Mittel

Bezug zu Watzlawicks Beziehungsdefinition

Elenas mangelnde Redebereitschaft wird durch den weiterhin abgewandten Blick gen Stadt verstärkt, deren Bild nun um die Metaphorik aufsteigender und Schatten bildender, dadurch zumindest sekundenlang verunklarender „Rauchsäulen“ (Z. 84) ergänzt wird, so wie dies die akut gegebene Beziehungssituation ausmacht.

Wiederaufnahme der Blickrichtung und Modifikation des zu Sehenden in dessen Beziehungsausdeutung

Mit konkretem Bezug auf dieses Abschließen Elenas, das offenbar einem gemeinsamen Plan folgt, fragt Phil: „Wo hast du den Abschiedsbrief eigentlich ...“ (Z. 88 f.). Wiederum lässt Elena ihn seinen Redebeitrag nicht zu Ende bringen, vielmehr schneidet sie ihm erneut das Wort ab und antwortet knapp in einem Halbsatz: „... gut sichtbar auf den Küchentisch gelegt“ (Z. 90 f.). Dies lässt keine Fragen offen und so folgt ein beidseitiges Schweigen, nur von „kurzen schrillen Schreie(n)“ (Z. 93) der Papageien unterbrochen, die das vorangegangene Verhalten des Paares tierisch widerspiegeln und fortsetzen, wobei die lautmalerische Alliteration des „sch“ die Schärfe des Leseeindrucks erneut verstärkt.

Deutung mit Bezug auf Watzlawicks Axiom: „Man kann nicht nicht kommunizieren.“

lautmalerische Alliteration in Lesewirkung

Wieder ist es Phil, der „nach einer Weile“ (Z. 98) – dies eine Zeitraffung – das Schweigen bricht und ein mögliches Szenario zum Verhalten des Verlassenen darlegt, der den Brief „wochenlang mit sich herumtragen“ und den gemeinsamen Weggang „nie begreifen können“ (Z. 94 – 97) werde. Erstmals lässt die Erzählerin Elena ihrem neuen Liebespartner zumindest gedanklich zustimmen, generiert das einprägsame Bild des „vom vielen Lesen verknitterten, schmutzig gewordenen Briefbogen[s]“ (Z. 100 ff.). Schwingt in Phils Äußerung noch ein gewisses Bedauern und mitempfundene Hilflosigkeit mit, färbt sich der Blick auf den Verlassenen im dann von Elena

punktuelle Zeitraffung

unterschiedliche imaginäre Szenarien zum möglichen Umgang des Verlassenen mit dem Weggang Elenas und Phils

„kühl" Hinzugefügten negativ, er werde Phil und sie „verachten", den Abschiedsbrief „überall herumzeigen" (Z. 103f.).

Diese unterschiedliche Ausrichtung verstärkt sich im weiteren Gesprächsverlauf, indem beide Sichtweisen einander gegenübergestellt werden. Phil befasst sich mit den Handlungsfolgen und der gedanklichen Welt seines Schulfreundes, Elena hingegen mit der Trennungssituation sowie der gemeinsamen Zukunft in den nächsten Schritten.

dialektische Gegenüberstellung der Sichtweisen, geprägt von Verbundenheit und zukunftsorientiertem Blick

Bei erneut unmittelbarem Blick auf den Kondor erkennt Phil: „Niemand" (Z. 107) werde nun die Befreiungsabsicht seines Schulfreundes einlösen, weshalb der Kondor im Käfig sterben werde. Die Erzählerin kommentiert: „Die Klarheit dieser Tatsache erschreckte ihn." (Z. 109f.) Phil wird als von Gewissensbissen seinem Schulfreund gegenüber Geplagter gezeichnet. Elena weist ihrem verlassenen Lebensgefährten hingegen zu, er habe „es geahnt", was mit dem Wetterszenario einer hinter den Wolken verschwindenden Sonne verknüpft verglichen wird: „wie ein sich langsam verschließendes Auge" (Z. 113f.).

emotionale Verbundenheit

versus

pragmatisch abschließende Sicht

Phil widerspricht dem „aufgebracht" (Z. 118) und stellt die aus Perspektive seines Freundes gegebene Ungeheuerlichkeit einer Trennung, zumal seinetwegen, heraus: Elena und sein Schulfreund seien „so gut wie verheiratet" gewesen (Z. 119). Von der Erzählerin wird dies mit dem zu Gesprächsbeginn eingeführten Motiv des als „plötzlich schwer" empfundenen Kopfes Elenas auf der Schulter Phils verbunden (Z. 112, vgl. Z. 53), nun mit dem Wunsch auf Entlastung verknüpft. Phils womöglich aus Schuldgefühlen seinem Schulfreund gegenüber motivierte Frage „Bereust du es?" (Z. 122) bleibt zunächst offen. Sie ist mit dem modifiziert wiederholten Handlungsmotiv des Rauchens verknüpft, hier dem Wegschnippen eines „glühenden Zigarettenstummel[s]", für das nun der alliterationsgestützte Vergleich „Geschoss ins nahe Gebüsch" (Z. 124f.) verwendet wird.

unterschiedliche Einschätzung des empfundenen Beziehungsstatus des Verlassenen

vermutete Handlungsmotivation Phils

Symbolgehalt des Zigraretterauchens

Der Antwort Elenas geht das erzählte Verhalten eines Papageis voraus, das ebenso etwas Gewaltvolles an sich hat, wenn es dort heißt, er picke „mit seinem harten Schnabel auf den zerrupften Kondor ein" (Z. 126f.). Die Rangordnung in der Voliere wird von der Erzählerin umgekehrt – was durch ihren Kommentar zum Kondor, „der es nicht zu bemerken schien" (Z. 128), noch einmal gravierender ist. Dem entspricht die vermeintlich sorglos von Elena eröffnete Perspektive des „Morgen ... im Flugzeug" (Z. 129f.). Erst die Perspektive auf ein Entrinnen aus dieser mittelbaren Konfrontationssituation

Analogie tierisches/menschliches Verhalten

ermöglicht Elena, „entschlossen" (Z. 130) zu formulieren, was sie finden möchte: „glücklich [zu] sein" (ebd.). Die Lesenden können das empfunden Bedrängende des Handlungsortes gedanklich nicht so rasch hinter sich lassen. Es fällt zudem auf, dass die Erzählerin Elena wiederum nur von sich selbst sprechen lässt. Aber auch Phil erfährt spürbare Entlastung, denn Elena hebt ihren Kopf von seiner Schulter. Dass Elena sich nun dem Käfig zuwendet, beide also ihre Blickrichtung teilen, lässt die Lesenden schließlich trotz aller Konflikthaftigkeit der neuen Beziehung ein Happy End der Erzählung erwarten.

Leseperspektive in Diskrepanz zur Haltung Elenas

Indizien für ein erzähltypisches Happy End

Im letzten Absatz beschreibt die Erzählerin die beiden mit größerem erzählerischem Abstand gleich einem filmischen Wechsel von der Nahaufnahme hin zur Totale nun als „Paar", eine „kleine dunkle Silhouette" (Z. 133 f.) in der Abenddämmerung. Phil und Elena scheinen, in diesem Licht betrachtet, zu einem Miteinander gefunden zu haben.

Bezug zu filmsprachlichen Mitteln

Dieses Idyll jedoch täuscht, wofür die Erzählerin ebenso unerwartet wie symbolträchtig einen erneut bevorstehenden Anflug des Kondors wählt, bei dem dieser noch einmal imposanter wirkt, gerade in seiner auch im Halbdunkel noch sichtbaren Verletztheit. Tierische und menschliche Ebene verschwimmen, wenn sie dem Kondor einen „kahlen, fast menschlichen Blick" (Z. 143 f.) zuschreibt. Im vermeintlich gezielten Flug auf Elena, der sie einen erschrockenen „Schritt zurück" (Z. 146) machen lässt, distanziert diese sich somit von ihrem bisherigen Leben und wird das Käfiggitter zu ihrem Schutz. Zugleich steht der gestartete „Flug gegen das Gitter" (Z. 147), so die Schlussworte der Erzählung, für die unüberwindbaren Grenzen des Kondors, symbolisch des früheren Schulfreundes Phils und verlassenen Lebensgefährten Elenas, der beide eben nicht erreichen kann und dessen unabwendbares Schicksal die Gefangenschaft ist, unter der neuen Paarkonstellation zu leiden. Mit diesem misslingenden Ausbruchversuch schließt sich der Kreis hin zur Überschrift mit entgegengesetzter Konnotation.

Mittel der Täuschung

Kongruenz zweier Erzählebenen

Analyse des Erzählendes

Gesamtdeutung der Dreiecksbeziehung

Rückbezug auf die Überschrift

Nach genauer Interpretation lässt sich meine Eingangsvermutung bestätigen. Auffallend ist darüber hinaus zudem das erzählerisch dargestellte Verhältnis der Figuren. Dies wird durch mehrere Unterbrechungen der Dialoge sowie die verschiedenen Thematiken und aneinander vorbeilaufende Gedankengänge deutlich (vgl. u. a. Z. 79 – 89).

Überprüfung der eingangs formulierten Deutungshypothese, Bestätigung und Ergänzung

Auch wird ein distanziertes Verhältnis der Figuren zueinander erzeugt, indem die Erzählerin diese überwiegend von verschiedenen Ereignissen reden, also andere Zukunftsperspektiven in ihren Gesprächen thematisieren lässt.

Bündelung mit Aspektbezug zur Aufgabenstellung

Zusammenfassend wird in der Lesewirkung durch einen ständigen Wechsel zwischen Gewissensbissen und fehlendem Verantwortungsbewusstsein, auch durch unterschiedliche Thematiken im Dialog, in dem Vergangenheit und Zukunft gegeneinandergestellt werden, ein schwieriges Verhältnis der Figuren erzeugt. Die Figuren werden so dargestellt, dass sie aneinander vorbeireden und sich nur bedingt auf das Gegenüber einlassen, sodass der Eindruck der Unmöglichkeit eines unbelasteten Neuanfangs an einem anderen Ort entsteht.

abschließende Bündelung der Interpretationsergebnisse, dabei Berücksichtigung der Lesewirkung

Abitur 2022

Christoph Ransmayr: Sternenpflücker

erhöhtes Anforderungsniveau
Aufgabenart: Textbezogenes Schreiben: Interpretation literarischer Texte

AUFGABENSTELLUNG*

1 Interpretieren Sie den Text „Sternenpflücker“ von Christoph Ransmayr. Gehen Sie dabei insbesondere auf die erzählerische Gestaltung des Textes ein.

(Gewichtung: 80 %)

2 Setzen Sie die Ergebnisse Ihrer Textinterpretation in Beziehung zu folgender Aussage von Christoph Ransmayr:
„Geschichten ereignen sich nicht, Geschichten werden erzählt.“

(aus: Christoph Ransmayr: Atlas eines ängstlichen Mannes. Vorwort. Frankfurt am Main: S. Fischer Verlage 2012, S. 5)

(Gewichtung: 20 %)

Materialgrundlage

Christoph Ransmayr: Sternenpflücker. Aus: Ders.: Atlas eines ängstlichen Mannes. Frankfurt am Main: S. Fischer Verlage 2012, S. 36 – 40

Sternenpflücker (2012) *Christoph Ransmayr (*1954)*

Rechtschreibung und Zeichensetzung entsprechen der Textquelle.

Ich sah einen gestürzten Kellner auf dem Parkplatz eines Straßencafés in der kalifornischen Küstenstadt San Diego. Der Mann hatte ein mit Getränken beladenes Tablett eben noch scheinbar mühelos über seiner Schulter balanciert und war dann über ein Kabel gestolpert, das eine Autobatterie mit einem Teleskop verband. Nun lag er in den Scherben von Gläsern, Flaschen und Tassen, die er jenen Gästen hatte servieren wollen, die von der Theke ins Freie gelaufen waren oder schon seit Stunden zwischen geparkten Autos auf mitgebrachten Klappstühlen saßen und durch ihre Ferngläser, Teleskope und mit bloßem Auge zum Abendhimmel emporblickten, an dem die ersten Sterne glitzerten.

Obwohl seine Hose an einem Knie zerrissen war und aufgedruckte Klatschmohnblüten an seinem Hemd an Blutflecken denken ließen, schien der Mann unverletzt. Stumm, ohne Klage, aber auch ohne jeden Fluch, richtete er sich auf, zog das große, kreisrunde Messingtablett, das bei seinem Sturz unter ein geparktes Kabriolett geklirrt war, wieder unter dem Wagen hervor und begann auf allen vieren, die von Kaffee, Wein, Fruchtsäften und bloßem Wasser-

* Quelle: Niedersächsisches Kultusministerium

tropfenden Scherben aufzusammeln und auf das Tablett zu häufen.

Über den Abend- und Nachthimmel dieser Märztage zog einer der strahlendsten Kometen der vergangenen tausend Jahre, ein Himmelskörper von kaum sechzig Kilometern Durchmesser, der mit einem goldgelb leuchtenden Staubschweif und einem blauen Gasschweif eine fünfzig Millionen Kilometer lange Spur an den Nachthimmel schrieb. Der Besenstern hatte am Vorabend seinen erdnächsten Punkt in einer Entfernung von etwa zweihundert Millionen Kilometern passiert und raste nun wieder in jene Abgründe des Raumes zurück, aus denen er emporgestiegen war. Nach Monaten, in denen er neben dem großen Sirius als hellstes Licht am Nachthimmel erschienen war, würde er nun allmählich wieder kleiner und unscheinbarer werden, schließlich verschwinden und dann erst um das Jahr 4535 wiederkehren. Der Komet war nach seinen beiden Entdeckern Alan Hale und Thomas Bopp, die ihn während einer Vermessung des Kugelsternhaufens M70 im Areal des Schützen unabhängig voneinander beobachtet hatten, Hale-Bopp getauft worden – und schon kurze Zeit nach seinem Eintritt ins Blickfeld des bloßen Auges war gewiß, daß in der Geschichte der Menschheit kein Himmelslicht jemals so viele Blicke auf sich gezogen hatte.

Ich hatte Hale-Bopp in den vergangenen Wochen, auf langen Wanderungen durch die Mojave-Wüste und in der Sierra Nevada, oft über den Silhouetten verschneiter Gebirgszüge oder den schwarzen Weiten der Wüste gesehen und im Radio meines Geländewagens immer wieder Berichte von Ängsten, Hoffnungen, Träumen und astronomischen Vermutungen gehört, die mit diesem wandernden Licht verbunden wurden. Religiöse Phantasten und Sektenanhänger, hieß es, sähen in diesem Kometen nicht bloß ein Himmels-, sondern ein göttliches Zeichen, das den nahen Untergang der Welt oder das Kommen eines allmächtigen Erlösers ankündigte.

Der Besenstern mit seinem Doppelschweif – ein dritter, aus Natrium bestehender Schweif zeigte sich nur in den Teleskopen der größten Sternwarten – war innerhalb von beinahe sechshundert Tagen, in denen man seine zu- und wieder abnehmende Strahlkraft auch mit freiem Auge beobachten konnte, zu einer so vertrauten Erscheinung am Himmel geworden, daß sich an diesem Abend wohl kaum ein solches Publikum auf dem Parkplatz des Straßencafés eingefunden hätte, wäre da nicht noch ein zweites Schauspiel in unmittelbarer Nachbarschaft des Kometen zu verfolgen gewesen – eine von Sternfreunden und Astrofotografen sehnsüchtig erwartete Mondfinsternis.

Die Lage des Straßencafés auf einem Hügel mit weitem Blick auf die Lichter der Stadt und des Himmels hatte mehr als hundert Gäste und Beobachter angezogen, die schon am späten Nachmittag begannen, ihre Fernrohre, Stative und Kameras zwischen Wagenburgen aufzubauen und bei Wein, Bier oder Fruchtsäften an den kreisrunden Tischen des Cafés die Wahrscheinlichkeit zu besprechen, ob die wechselnde Bewölkung dieses Tages das Schauspiel verhüllen würde und ein rechtzeitiger, gerade noch möglicher Aufbruch ins wolkenärmere Wüstenland nicht das Gebot der Stunde sei. Wie langsam über solchen Gesprächen die Zeit verging.

Aber als es zu dämmern begann, dunkel wurde, Nacht wurde und alle Wolken wie an Schnüren gezogen verflogen und den Kometen, den Sternenhimmel und einen noch schattenlosen Mond freigaben, begann die Zeit schneller zu laufen. Und als dann der auf die Sekunde berechnete Zeitpunkt kam, an dem der Mond träge und unaufhaltsam in den Erdschatten glitt, dabei mehr und mehr von seinem Licht verlor und so den Kometen noch heller glänzen ließ, begann die Zeit zu fliegen. Die Rufe der auf dem Parkplatz versammelten Zeugen der Verfinsterung *Der Mond! Der Mond! Es beginnt!* klangen wie Alarmgeschrei und ließen die letzten Gäste aus dem Cafe hinausstürzen ins Freie.

Und dann war da plötzlich nur noch das wolkenlose Firmament und ein dunkler Platz voll Menschen, die schweigend zu den Sternen aufsahen, zwischen denen der hellste Komet des Jahrtausends an einem verfinsterten Mond vorüberzog – und war da trotzdem und immer noch hinter einer erleuchteten Glasfront diese lange leere Theke, von der ein Kellner sein schwer beladenes Tablett in die Nacht hinaustrug, dann zwischen Autos und Teleskopen dahinhuschte und dabei seinen Blick immer wieder gegen den Himmel richtete, bis plötzlich dieses böse Klirren zu hören war und der Gestürzte in einer Scherbensaat lag.

Aber während so weit, weit draußen im Raum das Himmelsschauspiel ungerührt seinen Lauf nahm, der Erdschatten, unser eisiger Schatten, über die Mondwüsten glitt und Hale-Bopp mit einer Geschwindigkeit von fast einhundertsechzigtausend Stundenkilometern unseren Planeten wieder hinter sich ließ, begann auf dem ölfleckigen nächtlichen Parkplatz ein Gegenschauspiel, das von einer anderen Helligkeit war.

Denn obwohl es lange, sehr lange dauern würde bis zu einer nächsten vergleichbar schönen Finsternis und obwohl der fliehende Komet nach seinem allmählichen Verblassen und Verschwinden erst nach mehr als zweitausendfünfhundert Jahren wiederkehren, aber niemals, niemals wieder in der Geschichte dieses Universums in so enger Gemeinschaft mit einem verfinsterten Mond zu sehen sein würde, wandten sich ..., nein, nicht alle Zeugen und Zuschauer, aber doch viele, viel mehr als zu erwarten waren, von dieser Einzigartigkeit, einem unwiederholbaren kosmischen Ereignis, ab und dem gestürzten Kellner zu, kehrten dem Himmel den Rücken, beugten sich zu dem stummen, beschämten Mann hinab, boten ihm ihre ausgestreckten Arme und sanken, als er nicht aufstehen, sondern bloß auf allen vieren die Scherben einsammeln wollte, neben ihm auf die Knie und lasen gemeinsam mit ihm die selbst im verfinsterten Mondschein noch blinkenden Scherben vom schwarzen Asphalt, als pflückten sie Sterne.

Hinweis

Die folgende Lösung ist eine nicht amtliche Lösung.

Beispiellösung

Beispiellösung Teilaufgabe 1

„Es war einmal ein kleines Mädchen, dem war Vater und Mutter gestorben, und es war so arm, dass es […] nichts mehr hatte […] als die Kleider auf dem Leib und ein Stückchen Brot." Das Märchen „Die Sterntaler" von den Gebrüdern Grimm erzählt die Geschichte eines Mädchens, das selbst fast nichts mehr hat und doch für andere sein letztes Hemd gibt – im wahrsten Sinne des Wortes. Das Mädchen wird für

Hinweise

Einleitung

Hinführung:
Nutzung von im Unterricht erworbenem Wissen (Transfer); hier: Märchen

seine selbstlose Hilfe am Ende reich belohnt, denn als es gar nichts mehr hatte, fielen auf einmal Sterne vom Himmel und die Sterne waren Goldtaler. So war das Kind reich bis an sein Lebensende und wie in fast allen Märchen wird auch in diesem das Gute belohnt. Denn das lehren uns die meisten Märchen, dass Nächstenliebe und Uneigennützigkeit zentrale Werte des Menschen sind.

Schon der Titel der vorliegenden Kurzgeschichte von Christoph Ransmayr – „Sternenpflücker" – legt eine Verbindung zum Sterntaler-Märchen nahe. Und tatsächlich thematisiert auch die 2012 verfasste Erzählung die Relevanz von Empathie und Hilfsbereitschaft, die anhand einer scheinbar banalen Alltagssituation verdeutlicht wird. Das Besondere der Kurzgeschichte ist dabei die Einbettung dieser Situation in ein außergewöhnliches, absolut einzigartiges Ereignis.

<u>Einleitungssatz</u>: Textsorte/Gattung, bibliografische Angaben, prägnant formuliertes „Thema"

Konkret handelt die Geschichte von einem Kellner, der die Besucher eines Straßencafès bedient und dabei sein Tablett fallen lässt, wodurch Gläser und Tassen zu Bruch gehen. Ein Großteil der Gäste geht daraufhin in die Knie, um ihm zu helfen, die Scherben einzusammeln. Eine nette Geste, die aber wohl nur kurz auffiele und schnell wieder vergessen würde, wenn sich nicht gleichzeitig ein Naturereignis von kosmischen Ausmaßen abspielen würde. Das Straßencafé ist nämlich nur deshalb mit mehr als hundert Gästen gefüllt, weil es auf einem Hügel liegt und so einen sehr guten Blick auf einen vorbeiziehenden Kometen ermöglicht. Dabei wird erzählerisch eindrücklich hervorgehoben, dass es sich nicht um irgendeinen Kometen handelt, sondern um den hellsten und „strahlendsten [...] der vergangenen tausend Jahre" (Z. 32 f.). Aber damit nicht genug: Gleichzeitig kann ein zweites Naturphänomen beobachtet werden, und zwar eine schon lange erwartete Mondfinsternis. Dass nun zwar „nicht alle Zeugen und Zuschauer" dieses einmaligen Himmelsschauspiels, „aber doch viele, viel mehr als zu erwarten waren" (Z. 162 ff.), ihren Blick vom Himmel abwenden und sich hinknien, um dem gestürzten Kellner zu helfen, erscheint angesichts der herausgestellten Tatsache, dass sie ein Jahrtausendereignis verpassen, tatsächlich besonders. Die parallele Darstellung der trivialen Alltagssituation und des kosmischen Phänomens überhöht die Bedeutung der einleitend genannten Werte: Die Menschlichkeit tritt in den Vordergrund; sie ist wichtiger als alles, was man sich vorstellen kann.

Kürzestinhaltsangabe

Hinweis auf besondere erzählerische Gestaltung (Aufgabenbezug)

Interpretationshypothese

Erläuterung der erzählerischen Gestaltung / Perspektive der Erzählperson

Erzählt wird die Geschichte aus der Sicht eines sich erinnernden Ichs. Die Person bleibt namenlos, erhält aber insofern Kontur, als dass sie davon berichtet, wie sie den Kometen „in den vergangenen Wochen, auf langen Wanderungen" (Z. 61 f.) beobachtet und sich über diesen informiert hat. Die Erzählperson, die in der Ich-Form schreibt, zeichnet sich durch Expertise hinsichtlich des Kometen aus, über dessen Bedeutung sie die Lesenden genauestens aufklärt. In der Beschreibung überzeugt sie durch Faktenwissen, da sie sowohl die Namensgebung des Hale-Bopp-Kometen erklären als auch Zahlen und Tatsachen zu diesem benennen kann (vgl. Z. 50 ff. und Z. 34 – 42). Darüber hinaus macht sie genaue geografische, astronomische und temporale Angaben und vermittelt so eindrücklich und glaubhaft, dass es sich um ein wirklich einmaliges Naturphänomen handelt. Dieses schien bisher das Wichtigste in ihrem Leben gewesen zu sein.

Analyse der Einleitung; Nutzung von im Unterricht erworbenem Wissen zur Textsorte (Merkmale der Kurzgeschichte)

Dennoch beginnt die Erzählperson ihre Geschichte mit dem folgenden Satz: „Ich sah einen gestürzten Kellner auf dem Parkplatz eines Straßencafés in der kalifornischen Küstenstadt San Diego" (Z. 1 ff.). Dieser Einstieg in medias res, der die Lesenden direkt mit dem zentralen Ereignis konfrontiert, ist typisch für die Gattung der Kurzgeschichte. Die Geschichte beginnt und endet abrupt und ohne Erklärungen. Präsentiert wird in der Regel eine besondere Begebenheit, die den Alltag der Hauptfigur – hier der Erzählperson – auf unerwartete Weise unterbricht. Vordergründig geht es in der vorliegenden Kurzgeschichte zwar um die Gleichzeitigkeit zweier besonderer Naturphänomene, Kometsichtung und Mondfinsternis, die sehnlichst erwartet und bis zu dessen Eintreffen die Spannung geschickt gesteigert wird.

Überblick über den Handlungsverlauf

Wie in Kurzgeschichten üblich, nimmt die Handlung aber eine unerwartete Wendung, als auf dem Höhepunkt des Abends, dem Moment der Mondfinsternis, plötzlich der Kellner stürzt und (fast) alle Blicke auf sich zieht.

Analyse des Aufbaus und Interpretation des Inhalts

Durch den unmittelbaren Einstieg werden die Lesenden direkt zu Teilnehmenden des Geschehens. Sie werden an einen bekannten und realen Ort, die Küstenstadt San Diego, versetzt und beobachten gemeinsam mit der Erzählperson, wie der Kellner über ein Kabel stolpert, das „eine Autobatterie mit einem Teleskop verband" (Z. 7 f.). Durch die Erwähnung des Teleskops wird schon im zweiten Satz von der Trivialität des menschlichen Alltags zu dem Geschehen übergeleitet, das eigentlich erzählt werden soll. So scheint es jedenfalls, denn nun entfernt sich der Blick der Erzählperson, und damit auch der der Lesenden, von dem Kellner und geht hinüber zu den Gästen, die sich auf dem Parkplatz versammelt hatten und „zum Abendhimmel emporblickten" (Z. 16). Kurz wird noch darauf hingewiesen, dass der Kellner unverletzt ist und, ohne sich zu beschweren oder Aufsehen zu erregen, damit beginnt, die Scherben einzusammeln. In der Kurzgeschichte mit dem Titel „Sternenpflücker" erscheint dies zunächst aber irrelevant, denn die ersten Sterne erstrahlen am Himmel und dort spielt sich etwas wirklich Wichtiges ab, das nun erklärt wird. Zu sehen ist ein leuchtend heller „Besenstern" (Z. 39), der zwar bereits seit Monaten als „hellstes Licht am Nachthimmel" (Z. 46) zu erkennen ist, aber sich heute auf seinem erdnächsten Punkt befindet und von nun an „kleiner und unscheinbarer" (Z. 48) werden wird. Folglich erleben wir einen besonderen Abend mit einem einzigartigen Himmelsphänomen, das so noch nie von der Erde aus zu beobachten war. Dies belegt die Erzählperson durch die Nennung zahlreicher, konkreter Details: Wir erfahren zum Beispiel, warum der Komet Hale-Bopp heißt, wie und wo er entstand und was aus ihm werden wird. Die Erzählperson tritt als Expertin/Experte mit beeindruckendem astronomischem Fachwissen auf und betont, dass „in der Geschichte der Menschheit kein Himmelslicht jemals so viele Blicke auf sich gezogen hatte" (Z. 58 ff.). Also ist es auch für die Lesenden völlig natürlich, den gestürzten Kellner schnell zu vergessen und sich auf die Sterne zu konzentrieren. Die Einmaligkeit des Kometen wird weiter dadurch betont, dass einige in diesem sogar „ein göttliches Zeichen" (Z. 73 f.) sähen. Die Besonderheit des Abends wird außerdem damit erklärt, dass die Sternenfreunde und Astrofotografen in dem Straßencafé „noch ein zweites Schauspiel in unmittelbarer Nachbarschaft des Kometen" (Z. 89 ff.) erwarten: eine Mondfinsternis. Minutiös beschreibt die Erzählperson nun das Geschehen im Straßencafé. Dabei springt sie zwischen Gegenwart und Vergangenheit hin und her, indem sie auch erzählt, wie man schon am Nachmittag mit den Vorbereitungen begonnen hatte. Die Zeit wird gedehnt und die Spannung gesteigert: „Wie langsam [...] die Zeit verging." (Z. 108 f.) In der fiktiven Welt der Erzählung stehen auch die Lesenden auf dem Parkplatz des Straßencafés und blicken gebannt zum Himmel. Die plötzliche Zeitraffung, stilistisch betont durch eine zweifache Klimax, treibt das Geschehen auf den Höhepunkt zu: „Aber als es zu dämmern begann, dunkel wur-

Berücksichtigung der Erzählperspektive und der Wirkung auf die Lesenden

Analyse und Deutung erzählerischer Mittel (Aufgabenbezug)

Analyse und Deutung der Erzählweise: Perspektive, Zeit und Raum, sprachlich-stilistische Mittel

de, Nacht wurde und alle Wolken wie an Schnüren gezogen verflogen und den Kometen, den Sternenhimmel und einen noch schattenlosen Mond freigaben, begann die Zeit schnell zu laufen." (Z. 110–115) Nicht nur die Personifikation der Zeit, sondern auch die bildhafte Veranschaulichung des Geschehens intensivieren den Eindruck des einmaligen Ereignisses, das die Erzählperson sowie die Gäste des Cafés und die Lesenden hier erleben dürfen. Auf dem Höhepunkt der Erzählung, dem Moment der Mondfinsternis, fliegt die Zeit sogar (vgl. Z. 121). Die subjektivierte Darstellung der Zeit dient dem Spannungsaufbau und wird im Folgenden weiter verstärkt, indem die visuelle Wahrnehmung durch eine akustische ergänzt wird. „[W]ie Alarmgeschrei" (Z. 124 f.) klingen die Rufe der Beobachter, die den Mond zuerst entdecken und mit ihrem Geschrei auch die letzten Gäste des Cafés auf den Parkplatz hinauslaufen und zum Himmel blicken lassen. Die gleichzeitige Schilderung des kosmischen Phänomens und der Reaktion auf dieses in der beobachtenden Menge scheint den Höhepunkt der Handlung zu markieren. Der normale Alltag des Menschen ist völlig vergessen, die Lesenden haben sich von der Geschichte in den Bann ziehen lassen. Aber „trotzdem und immer noch" (Z. 133) ist da der Kellner mit seinem Tablett voller Gläser. Eingeleitet durch die konzessive Konjunktion und in seiner Gleichzeitigkeit durch das Temporaladverb betont, wird der Gegensatz zum Alltag sowohl geschaffen als auch aufgehoben. Dieser war vergessen, aber er besteht weiter. Er ruft sich in Erinnerung, als „plötzlich dieses böse Klirren zu hören war" (Z. 139 f.); die Personifikation der zu Bruch gehenden Gläser. Das alltägliche Geschehen wird nun und im Folgenden durch bildsprachliche Mittel überhöht und so mit dem kosmischen Ereignis am Himmel gleichgesetzt. Die Erzählperson spricht von einem „Gegenschauspiel, das von einer anderen Helligkeit war" (Z. 150 f.) und so dem „Himmelsschauspiel", das sich „so weit, weit draußen" (Z. 142 f.) abspielt, Konkurrenz macht. Der Perspektivwechsel vom kosmischen auf das irdische Geschehen erfolgt fließend, die Ereignisse werden durch die Metapher des Schauspiels zwar gleichgesetzt, durch die die Entfernung herausstellende Wiederholung aber auch kontrastiert. Während zuvor mehrfach die faktische Helligkeit des Hale-Bopp-Kometen betont worden war, spricht die Erzählperson nun von einem metaphorischen Licht. Denn obwohl – und die adversative Konjunktion „obwohl" wird hier ebenfalls bewusst wiederholt (vgl. Z. 152 und 154) – das Himmelschauspiel in dieser Form

Zeitgestaltung und Spannungsaufbau

Funktion bildsprachlicher Mittel im Kontext des Geschehens

Deutung des Höhe- und Wendepunkts

für die Anwesenden nie wieder zu sehen sein wird, wenden sie sich ab und helfen. Diese Uneigennützigkeit der Menschen scheint nahezu unerhört, wie durch eine weitere Wiederholung herausgestellt wird, denn wirklich „niemals, niemals wieder in der Geschichte dieses Universums" (Z. 158 f.) werden sie die Chance haben, ein solches Naturphänomen zu sehen. Objektiv betrachtet erscheint es also fatal, sich abzuwenden und stattdessen einem Kellner zu helfen. Aber der Mensch zeichnet sich eben nicht nur durch seine Ratio aus, sondern auch durch seine Emotio, und so handelt er intuitiv und hilft seinem Mitmenschen. Nicht jeder, auch das wird deutlich (vgl. Z. 162 f.), aber eben doch fast jeder der Anwesenden wendet sich „von dieser Einzigartigkeit, einem unwiederholbaren kosmischen Ereignis, ab und dem gestürzten Kellner zu" (Z. 164 ff.). Helfend strecken sie ihre Arme aus und sammeln gemeinsam mit ihm die Scherben auf. Der wahre Höhepunkt der Kurzgeschichte, der überraschende Wendepunkt, ist erst jetzt erreicht. Denn mit diesem Schauspiel der Menschlichkeit hatten die Lesenden nicht gerechnet. Nachdem die Spannung zuvor geschickt aufgebaut und am Höhepunkt gehalten wurde, fällt sie nun plötzlich ab. Nach der Pointe endet die Kurzgeschichte abrupt und lässt die Lesenden mit dem Moment der Überraschung zurück.

Erläuterung des Geschehens und des plötzlichen Endes

Die Aufwertung der menschlichen Werte vor dem Hintergrund kosmischer Großereignisse erinnert an das Sterntaler-Märchen, denn auch dieses stellt Empathie und Selbstlosigkeit über alles. Das arme Mädchen aus dem Märchen wird belohnt, als Sterne vom Himmel fallen und sich in Goldtaler verwandeln. Ein Motiv, mit dem in der Kurzgeschichte von Beginn an gespielt wird, da schon der Titel die Idee des „Sternenpflückens" ins Blickfeld rückt. In der Handlung geht es aber nur vordergründig um die Sterne am Himmel, die durch Fernrohre und Teleskope beobachtet werden. Im Wesentlichen geht es um die gleichen Sterne wie im Sterntaler-Märchen: um symbolische Sterne, die metaphorisch für zentrale menschliche Werte stehen. Im letzten Satz wird der Titel wieder aufgegriffen: Die Menschen sammeln die „noch blinkenden Scherben vom schwarzen Asphalt, als pflückten sie Sterne" (Z. 174 ff.). So schließt sich der Kreis der Erzählung und lässt das Ende dennoch offen. Es bleibt den Lesenden überlassen, den selbstlosen Akt der Hilfsbereitschaft zu bewerten. Der Bezug zum Sterntaler-Motiv unterstützt aber den hier formulierten Deutungsansatz der Betonung menschlicher Werte.

Schlussbetrachtung und Fazit; Rückbezug zur Einleitung (Sterntaler-Märchen)

Bestätigung der Interpretationshypothese

Erzählerisch gelingt es dem Autor, ein triviales, alltägliches Ereignis in ein Schauspiel „einer anderen Helligkeit“ (Z. 151) zu verwandeln und auf die hohe Relevanz von Empathie und Hilfsbereitschaft in einer naturwissenschaftlich geprägten Gesellschaft hinzuweisen. Die Kurzgeschichte „Sternenpflücker“ von Christoph Ransmayr zeigt, wie reale – oder denkbar reale – Ereignisse erzählerisch so gestaltet werden können, dass ihnen eine neue Bedeutung zugeschrieben wird.

Beispiellösung Teilaufgabe 2

„Geschichten ereignen sich nicht, Geschichten werden erzählt.“ – Dieses Zitat von Christoph Ransmayr aus seinem Buch „Atlas eines ängstlichen Mannes“ verdeutlicht die Sicht des Autors auf die Erzählkunst. Er betont, dass nicht das Ereignis, sondern die Art des Erzählens eine Geschichte ausmacht. Was bedeutet also „Erzählen“? Nach Ransmayr geht es um die fiktionale Bearbeitung eines Ereignisses. Dabei ist es zweitrangig, ob dieses Ereignis real oder fiktiv ist. Zentral ist vielmehr die künstlerische Gestaltung desselben und die bewusste Konstruktion eines fiktionalen Textes. Damit erschafft der Autor eine fiktionale Welt, die eine eigene Bedeutung erhält.

Erläutern lässt sich dies mit dem Modell des literarischen Erzählens, das die verschiedenen Ebenen einer Erzählung verdeutlicht. Ausgehend von einer Idee – oder eben einem bestimmten Ereignis – konstruiert der Autor einen Text, die fiktionale Welt. In dieser setzt er eine Erzählperson ein, die somit zu einem Teil der Erzählung wird und mehr oder minder bemerkbar ist. Je nach gewählter Erzählsituation beeinflusst die Erzählperson die Art der Wahrnehmung des Ereignisses. So werden sich die Lesenden einer Erzählperson in der Ich-Form immer näher fühlen, weil sie deren Sicht auf die Dinge miterleben und sich mit ihr identifizieren. Die Erzählperson richtet sich zunächst an ein implizites Lesepublikum, für das sie die Handlung bewusst gestaltet. Dieses ist zu unterscheiden von dem realen Lesepublikum, das den Text später liest. Die Poetisierung eines Ereignisses erfolgt also immer über mehrere Ebenen, die dazu führen, dass einem Gegenstand Bedeutung zugeschrieben wird. In der Literatur ereignet sich die Geschichte nicht, sie wird erzählt.

Hinweise

Einleitung: Zitat der zu bewertenden Aussage von Christoph Ransmayr

Tipp: Berücksichtigen Sie die Gewichtung. Der Schwerpunkt liegt auf Teilaufgabe 1 (80 %). In der Teilaufgabe 2 geht es um eine gedankliche Vertiefung bereits erworbener Erkenntnisse aus der Textinterpretation.

Hintergrundwissen für die Erläuterung nutzen (Modell literarischen Erzählens)

Die vorliegende Kurzgeschichte von Christoph Ransmayr liefert ein Beispiel dafür, wie ein reales – oder denkbar reales – Ereignis literarisch gestaltet wird. Zunächst kann in dem

Erläuterung zu Ergebnissen der Interpretation in Bezug setzen

gleichzeitigen Auftreten eines besonderen Kometen und einer Mondfinsternis von einem realen Ereignis ausgegangen werden. Es handelt sich hierbei um ein einmaliges Naturphänomen, von dem im Reportagestil berichtet wird. Dafür setzt Ransmayr eine Erzählperson in der Ich-Form ein, die sich durch naturwissenschaftliche Expertise auszeichnet, konkrete Angaben zu Ort und Zeit machen kann und fachsprachlich überzeugend vermittelt, dass es sich um eine einzigartige Begebenheit handelt. Schon hier wird die Art der Wahrnehmung des Ereignisses durch die Lesenden mit der Wahl der Erzählsituation gelenkt, wenngleich noch wenig auffällig. Wie in der journalistischen Reportage gleicht die Erzählung des sich erinnernden Ichs einem emotional gefärbten Tatsachenbericht: „Ich hatte Hale-Bopp [...] gesehen und [...] gehört ..." (Z. 61 – 69). Die Erzählperson ist Teil des Geschehens und vermittelt dem impliziten Lesepublikum ein nachvollziehbares Bild des einmaligen Naturschauspiels.

Eingehen auf die Besonderheit der erzählerischen Gestaltung in der vorliegenden Geschichte

Wirklich anschaulich wird die poetologische Aussage Ransmayrs in der erzählerischen Verknüpfung dieses kosmischen Ereignisses mit einem irdischen, von dem gleichzeitig berichtet wird. Auch dieses könnte real sein: Anlässlich des besonderen Himmelsschauspiels haben sich Hobbyastronomen und Sternenfreunde in einem für die Sternenbeobachtung günstig gelegenen Straßencafé versammelt und helfen plötzlich einem Kellner, der über ein Teleskopkabel gestolpert ist, statt das Jahrtausendereignis am Himmel zu Ende anzusehen. Durch eine geschickt angelegte Spannungskurve, eine minutiöse Schilderung der Ereignisse auf dem Höhepunkt der Geschichte sowie den gezielten Einsatz sprachlich-stilistischer Mittel wird die Aufmerksamkeit der Lesenden komplett umgelenkt. Die Erzählperson richtet den Blick der Lesenden auf das zweite „Schauspiel in unmittelbarer Nachbarschaft des Kometen" (Z. 89 f.). Die Verwendung von Metaphern wie „Schauspiel" und „Nachbarschaft", aber auch verschiedene Personifikationen (z. B. „dieses böse Klirren", Z. 139 f.) und Vergleiche („wie Alarmgeschrei", Z. 124 f.) führen dazu, dass dieses einen ganz besonderen Eindruck hinterlässt. Auch die Wiederholungen (wie in Z. 123 f.: *„Der Mond! Der Mond!"*) dienen der Bewusstmachung des Einmaligen. Die Perspektive der Erzählperson nimmt die Lesenden mit, die nicht nur mit den Augen der Erzählperson sehen, sondern auch mit deren Ohren hören. Die Lesenden fühlen mit der Erzählperson. Auf Textebene unterstützen zahlreiche adversative und konzessive Konjunktionen die gedankliche Gegenüberstellung des

Erläuterung der Leselenkung an ausgewählten Beispielen

himmlischen und irdischen Ereignisses und vermitteln den Eindruck, dass zwei Welten, die eigentlich gänzlich gegensätzlich sind, nun gleichgesetzt werden. Der Sturz des Kellners wird zum Zentrum der fiktionalen Welt. Die Tatsache, dass die Menschen ihm Hilfe anbieten, wird erzählerisch in den Mittelpunkt gestellt und in ihrer Relevanz aufgewertet, indem die kleine Episode von kosmischen Ereignissen eingerahmt wird, die zuvor schon mit einem „göttlichen Zeichen" (Z. 74) assoziiert wurden. Hinzu kommt die Anspielung auf das bekannte literarische Sterntaler-Motiv, das das Geschehen trotz der Möglichkeit seiner Realität märchenhaft wirken lässt.

Abschluss und Rückführung auf das Zitat

Diese Geschichte mag sich so ereignet haben, aber erst die Art und Weise, wie sie erzählt wird, verleiht ihr Bedeutung. „Geschichten ereignen sich nicht – Geschichten werden erzählt." (Christoph Ransmayr, 2012)

Basiswissen zu den Rahmenthemen

Rahmenthema 1: Literatur und Sprache um 1800

Von der Aufklärung zur Romantik

Um 1800 wird das literarische Selbstverständnis von Stilrichtungen, mentalen Konzepten und philosophischen Neuausrichtungen wie Aufklärung, Sturm und Drang, Empfindsamkeit, Klassik und Romantik geprägt, die sich als Reflexe auf eine Welt im beschleunigten Wandel und Umbruch deuten lassen.
Zentrales Ereignis mit weitreichenden Wirkungen war die Französische Revolution 1789 mit ihrer Leitidee der Befreiung und der Emanzipation der Bürger. Das gedankliche Rüstzeug für diese Bewegung ist in den Ideen der Aufklärung seit 1720 zu finden, angelegt bereits in dem wissenschaftlichen, philosophischen und technischen Erneuerungsschub um 1500, dem Herausbilden von Erkenntnissen jenseits der Religion. Dass der absolutistische Staat des 16. und 17. Jahrhunderts vom ökonomisch und zunehmend auch politisch aufstrebenden Bürgertum nicht mehr als (alleiniges) Leitbild und damit der Adel nicht mehr (ausschließlich) als Schicht mit der Definitionsmacht über das dominante gesellschaftliche Ideal akzeptiert wurde, veränderte das literarische Leben zusehends. Der Lebensentwurf und die Weltsicht des Bürgertums setzten sich in Mitteleuropa, auch in Deutschland, zunehmend durch: Der Standesdünkel des Adels mit den durch die Herkunft ererbten Privilegien war dem Verständnis vom Bürger mit Blick auf Entfaltung der Persönlichkeit, auf Vorrang der eigenen Leistung und Tugend allein schon in moralischer Hinsicht nicht gewachsen. Ob im streng rationalen Denken der Aufklärung oder im Geniekult des Sturm und Drang, ob in der allseitig gebildeten Persönlichkeit der Klassik oder im übersteigerten Ich der Romantik – in allen literarischen Strömungen sind der Einzelne und sein Wert, sein Engagement und letztlich seine Autonomie bedeutsamer als alle gesellschaftlichen Schranken.
Damit gehen gänzlich unterschiedliche politische Entwicklungen einher: Ist in Frankreich eine revolutionäre Bewegung von Erfolg – im Sinne veränderter Machtkonstellationen bzw. sozialer Träger – gekrönt, bleiben in Deutschland demokratische, auch nationale Hoffnungen nach den Befreiungskriegen 1813–1815 unerfüllt.
Das Überlappen der Epochen, die Gleichzeitigkeit stark divergierender Phänomene, ist ein Kennzeichen des Umbruchs um 1800. Lassen sich Aufklärung einerseits und Sturm und Drang bzw. Empfindsamkeit andererseits noch als Gegensätze und Ergänzung verstehen, sind Klassik und Romantik kaum mehr in eine solche Beschreibung zu fassen. Zuordnungen – etwa die Heinrich von Kleists zu Klassik oder Romantik – sind in unterschiedlicher Weise möglich; Johann Wolfgang Goethe bearbeitet sein Faust-Drama in dieser Zeitperiode immer wieder und lässt so einen Text entstehen, der Elemente der Aufklärung, der Klassik sowie der Romantik integriert und nicht zuletzt deshalb als das vielleicht umfassendste Werk der deutschen Literatur gilt.

Das zentrale Spannungsfeld der Literatur und Sprache um 1800 entsteht zwischen den Leitideen, Themen und Texten der Aufklärung und der Romantik. Diese Epochen werden im Folgenden gegenübergestellt:

Aufklärung	Romantik
– Regelpoetik (Gottsched) – Schaffen und Kritisieren von Literatur anhand strikter formaler Vorgaben – Dichten als Handwerk	– Autonomie der Kunst und des Künstlers – Ablehnung jeglicher Einschränkungen durch Regeln – Vermischung der Gattungen – progressive Universalpoesie
– Theater als Erziehungsanstalt – bürgerliche Dramen – Lehrgedichte und aufklärerische Fabeln (Lessing)	– Roman als umfassendes Gesamtkunstwerk mit lyrischen, dramatischen und reflexiven Teilen – Märchen, Volkslieder
– politischer Umbruch – französische Revolution – Kritik des Absolutismus – Freiheits- und Gleichheitsgedanke – Emanzipation des Bürgertums – Deklaration der Menschenrechte	– Resignation aufgrund der Brutalisierung der Französischen Revolution – Unterlegenheitsgefühl gegenüber Napoleon – Wahrnehmung der Zeit als politisch, ökonomisch und sozial krisenhaft
– Betonung der Rationalität und des Nützlichkeitsdenkens – Lichtmetaphorik – Analyse und Experiment: Wissenschaft zur Erschließung der Welt	– Erkenntniswert liegt auch in der Poetik, in Märchen, im Volksgut – Idee von der beseelten Natur – Nachtseite der Naturwissenschaften – Thematik des Traumes – erste Auseinandersetzungen mit der Psyche – Erweiterung um das Gefühl
– Fortschrittsgedanke, positiver Blick auf die künftige Entwicklung – „Ausgang des Menschen aus der selbst verschuldeten Unmündigkeit" (Immanuel Kant)	– teilweise Restauration in den deutschen Fürstentümern – Hinwendung zum Mittelalter – Konservatismus, aber auch fortschrittliche Poesie und die Idee der Nation – Fortführung des Individualismusgedankens
– Kirchen- und Religionskritik – Negation der religiösen Dogmatik – Toleranzgedanke (Lessing)	– Klage über den Verlust der christlichen Einheit (Novalis) – Betonung des Christentums (Eichendorff)

Aufklärung (ca. 1720 – 1800)

Epochenbegriff

Als besonderer Einschnitt wird aus Sicht von Zeitgenossen wie im Rückblick die Epoche der *Aufklärung* angesehen. Der Begriff – im Englischen und Französischen noch deutlicher als „age of enlightenment“ bzw. „siècle de lumière“ bezeichnet – steht für das Bild vom Licht, das der Gebrauch der Vernunft in die Menschheit bringe. Bei Immanuel Kant ist vom „Ausgang [des Menschen] aus seiner selbst verschuldeten Unmündigkeit“ die Rede. Bürgerlich-philosophisches Aufbegehren gegen die Autorität von Adel und Kirche, Kritik am absoluten Wahrheitsanspruch der Religion und an der absoluten Monarchie spiegelten sich in der Literatur in neuen Genres wie dem bürgerlichen Trauerspiel wider.

Geschichte und Gesellschaft

1740 – 1786 Friedrich der Große
1755 Erdbeben von Lissabon
1756 – 1763 Siebenjähriger Krieg
1768 Erfindung der Dampfmaschine
1775 letzter Hexenprozess in Deutschland
1776 USA: Unabhängigkeitserklärung
1789 Französische Revolution

- Bürgertum als ökonomisch bedeutendste Schicht (Manufakturwesen)
- Aufgeklärter Absolutismus (Fürst als erster Diener des Staates)

Literarisches Leben – Themen und Motive der Literatur

- Universallexika, z. B. *Enzyklopädie* von Diderot und d'Alembert mit 35 Bänden als Darstellung des Wissens einer Zeit
- deutlich erweitertes Lesepublikum; erheblich größerer Markt für Zeitschriften und andere Publikationen
- Aufgabe von Dichtung ist „prodesse et delectare“ (nützen und erfreuen) im Gegensatz zu höfischer Dekoration
- Bürgerliches Trauerspiel in Abgrenzung von der Ständeklausel des Barock; Akzent als Familiendrama; Mitleiden des Publikums als Ziel

Welt- und Menschenbild

- Siegeszug der Naturwissenschaften und des naturwissenschaftlich geprägten Denkens
- Begründung der neuzeitlichen Philosophie durch R. Descartes (1596 – 1650): „Ich denke, also bin ich.“ (Rationalismus)
- Wegbereiter der Aufklärung vor allem I. Newton, F. Bacon, B. Spinoza, J. Locke (Empirismus), in Deutschland G. W. Leibniz
- Immanuel Kant (1724 – 1804) *Beantwortung der Frage: Was ist Aufklärung*
- Fortschrittsglaube, Weisheit und Tugend als Kernbegriffe
- Menschenbild einer angeborenen Humanität, Toleranzgedanke

Gattungen, Autor(inn)en, Werke

J. Ch. Gottsched (1700 – 1766) *Versuch einer Critischen Dichtkunst vor die Deutschen*
G. E. Lessing (1729 – 1781) *Minna von Barnhelm, Emilia Galotti, Nathan der Weise, Hamburgische Dramaturgie, Fabeln*
Ch. M. Wieland (1733 – 1813) *Die Abderiten*
G. Ch. Lichtenberg (1742 – 1799) *Aphorismen*
Ch. F. D. Schubart (1739 – 1791) *Deutsche Chronik*
M. Claudius (1740–1815) Gedichte, Kurzprosa

Sturm und Drang / Empfindsamkeit (ca. 1740 –1785)

Epochenbegriff

Als eine europäische Gegenbewegung zur von der *Aufklärung* betonten Rationalität bildete sich die *Empfindsamkeit* heraus, die „Herz" und „empfindsam" zu Modewörtern werden ließ und Seele wie Sensibilität in den Mittelpunkt rückte. Eng damit verknüpft entwickelt sich – benannt nach dem Titel eines Dramas von Friedrich Maximilian Klinger (1752 – 1831) – die literarisch-revolutionäre Bewegung des *Sturm und Drang*. Junge Literaten feiern dabei den natürlichen, unverbildeten Menschen in seiner Individualität. Besonders hervorgehoben wird das Gefühlvolle und Schöpferische, zugespitzt im Begriff des „Genies". Freiheit von Bevormundung und unbegründeter Autorität knüpfen an Gedankengut der Aufklärung an.

Geschichte und Gesellschaft

→ Aufklärung

1774 Erscheinen des *Werther* von J. W. Goethe

Literarisches Leben – Themen und Motive der Literatur

- Gefühlsintensität mit metaphorischen Wendungen wie „Meer der Empfindungen", „Sturm der Begeisterung" oder „Mutter Natur"
- Suche nach der natürlichen Form der Sprache, dem spontan Gesprochenen (z. B. Ausrufe, unvollständige Sätze im Drama)
- Vorstellung vom dichterischen Genie als Orientierung an der Bibel, Homer oder Shakespeare als idealisierte Beispiele für Weltliteratur
- „Wertherfieber": Goethes Briefroman als Schlüsseltext der Epoche mit großer gesellschaftlicher Wirkung
- Genres wie *Tagebuch*, *Autobiografie* und *Briefroman* als Träger der Gefühlskultur
- Freiheitsdrang und Aufbegehren gegen Willkür ohne direkte politische Richtung in den Dramen von Schiller und Goethe
- Abkehr von Begrenzungen und formalen Regeln

Welt- und Menschenbild

- Einfluss des *Pietismus* (lat. *pietas* Frömmigkeit); Bewegung einer Erneuerung des Protestantismus, die dem Dogmatismus einer erstarrten Kirche entgegengesetzt auf eine alternative Frömmigkeit setzte
- Kultur der Affekte, Suche nach einer volksnahen, sinnenkräftigen und bildreichen Sprache
- Dichter als Schöpfer in Anlehnung an J. J. Rousseaus Aufforderung „Zurück zur Natur"
- Dichter des *Sturm und Drang* stark geprägt vom Pantheismus, der Vorstellung eines Weltganzen, in dem Mensch, Natur und All verbunden sind

Gattungen, Autor(inn)en, Werke

F. G. Klopstock (1724 – 1803) *Der Messias*
J. G. Herder (1744 – 1803) *Stimmen der Völker in Liedern*
J. M. R. Lenz (1751 – 1792) *Der Hofmeister, Die Soldaten*
J. W. Goethe (1749 – 1832) *Götz von Berlichingen, Die Leiden des jungen Werthers,* Gedichte (u. a. *Prometheus, Willkommen und Abschied, Mailied*)
F. Schiller (1759 – 1805) *Die Räuber, Kabale und Liebe*

Klassik (ca. 1786 – 1805)

Epochenbegriff

Ein „classicus“ (ein Bevorzugter) war bei den Römern ein Bürger erster Klasse. Davon abgeleitet meint *Klassik* einerseits die Blütezeit in der Dichtung oder in den Künsten allgemein eines Volkes oder einer Nation, anderseits bei der *deutschen Klassik* eine Orientierung am Vorbild der Antike, für die Klassiker der Inbegriff der Vollkommenheit. Während als *englische Klassik* die Zeit Shakespeares gilt, ist *Klassik in der deutschen Literatur* mit Goethe und Schiller verbunden, vor allem mit ihrem gemeinsamen Wirken in Weimar. Nach dieser Einteilung ist Schillers Todesjahr 1805 als Ende der Epoche gesetzt, in anderen Versionen Goethes Todesjahr 1832. Auch Hölderlin, Kleist und Jean Paul werden in einigen Darstellungen zu den Autoren der Klassik gezählt.

Geschichte und Gesellschaft

1793 Französische Revolutionstruppen im Rheinland, Gründung deutscher Jakobinerklubs

1799 Staatsstreich Napoleon Bonapartes

1803 Reichsdeputationshauptschluss; Neuordnung in Deutschland unter französischem Einfluss

1804 Code civil; Schaffen modernen Rechts durch Napoleon Bonaparte

Literarisches Leben – Themen und Motive der Literatur

- Freundschaft von Goethe und Schiller (1794 – 1805): *Xenien*
- Weimar als kulturelles Zentrum mit europäischer Ausstrahlung: *Weimarer Klassik*
- Ausgleich und Harmonie in der künstlerischen Gestaltung nach antikem Vorbild
- leitende Vorstellung eines organischen Wachstums, das dichterisch zu gestalten sei, verknüpft mit Vernunft, Selbstzucht und sittlicher Läuterung
- Konzept der ästhetischen Erziehung zur Veredelung des individuellen Charakters
- Monatsschrift *Die Horen*, herausgegeben von Schiller, als Programmschrift der deutschen Klassik

Welt- und Menschenbild

- Antikeverklärung als „edle Einfalt und stille Größe“ (Kunsthistoriker J. J. Winckelmann)
- Streben nach Vorbildhaftem, Normsetzendem, überzeitlich Gültigem; Empfänglichkeit für „alles Gute, Schöne, Große, Wahre“ (Goethes *Maximen und Reflexionen*)
- Ideal der Humanität in Anlehnung an Leitgedanken der Aufklärung, reflektiert durch Erfahrung mit der Französischen Revolution und der Schreckensherrschaft 1792 – 1794
- Abkehr vom Subjektivismus des *Sturm und Drang*

Gattungen, Autor(inn)en, Werke

J. W. Goethe (1749 – 1832) *Egmont, Iphigenie auf Tauris, Hermann und Dorothea, Faust I und II*; *Wilhelm Meisters Lehrjahre, Dichtung und Wahrheit*; Gedichte

F. Schiller (1759 – 1805) *Don Carlos, Maria Stuart, Wallenstein-Trilogie, Die Jungfrau von Orleans*; Gedichte/Balladen: *Die Bürgschaft, Der Ring des Polykrates*

J. Paul (1763 – 1825) *Titan, Flegeljahre*

F. Hölderlin (1770 – 1843) *Hyperion*

H. v. Kleist (1777 – 1811) *Michael Kohlhaas; Prinz Friedrich von Homburg; Der zerbrochene Krug*

Romantik (ca. 1795 – 1840)

Epochenbegriff

Die Epochenbezeichnung *Romantik* lässt zwar Bezüge zum heutigen Verständnis des Begriffs erkennen, darf aber nicht mit dem Klischee von Romantik – etwa aus der Werbung – verwechselt werden. Eine Betonung des Gefühls ist durchaus Kennzeichen der *Romantik*, dabei geht es den Romantikern um Intensivierung des Lebens, um das Wunderbare und Geheimnisvolle – bis hin zum Dunklen, Geheimnisvollen und Abseitigen. Es besteht eine Sehnsucht nach Entgrenzung und unerreichbarer Ferne, auch eine Idealisierung von Vergangenem, z. B. des Mittelalters. Dabei wird die angestrebte Intensivierung durch ein Poetisieren der Welt erreicht. Statt Auseinandersetzung mit der Wirklichkeit, z. B. der beginnenden Industrialisierung, ist eine Verklärung von Natur zur Idylle kennzeichnend.

Geschichte und Gesellschaft

→ Klassik

1804 – 1814 Napoleon I.
1806 Ende des Hl. Römischen Reiches deutscher Nation
1806 Schlacht von Jena und Auerstedt: vernichtende Niederlage Preußens
1807 – 1814 Preußische Reformen
1813 „Völkerschlacht“ bei Leipzig
1813 – 1815 Befreiungskriege
1814/15 Wiener Kongress, politische Restauration mit Gründung des Deutschen Bundes und der „Heiligen Allianz“
1817 Wartburgfest
1819 Karlsbader Beschlüsse, Verfolgung sog. Demagogen
1830 Julirevolution in Frankreich und revolutionäre Bewegungen in Europa
1832 Hambacher Fest
1835 Erste Eisenbahn in Deutschland
1837 Professorenprotest der „Göttinger Sieben“

Welt- und Menschenbild

- Philosophie des deutschen Idealismus, bes. geprägt von J. G. Fichte (1762 – 1814)
- intensiv gelebtes Christentum bei einigen Romantikern, auch Einbeziehen der Schriften von F. Schleiermacher (1768 – 1834) *Über die Religion, Reden an die Gebildeten unter ihren Verächtern*

Gattungen, Autor(inn)en, Werke

A. W. Schlegel (1767 – 1845) *Vorlesungen*
Novalis (1772 – 1801) *Heinrich von Ofterdingen*
F. Schlegel (1772 – 1829) *Lucinde*
L. Tieck (1773 – 1853) *Der blonde Eckbert*
E. T. A. Hoffmann (1776 – 1822) *Lebensansichten des Katers Murr*
C. Brentano (1778 – 1842) Gedichte u. a. *Der Spinnerin Nachtlied*
J. v. Eichendorff (1788 – 1857) *Aus dem Leben eines Taugenichts*
H. Heine (1797 – 1856) *Das Buch der Lieder*
W. Hauff (1802 – 1827) Märchen

Literarisches Leben – Themen und Motive der Literatur

- Interesse an Geschichte, Sprache, Poesie, Mythologie des deutschen Volkes (Mittelalter, *Nibelungenlied*)
- literarische und Lebenshaltung mit Konzentration auf das Private (Lebensglück in der Familie) und Hang zum Resignativen
- drei Zentren: Frühromantiker um die Gebrüder Schlegel; Heidelberger Romantik um A. v. Arnim und C. Brentano; schwäbische Romantiker: G. Schwab, W. Hauff, L. Uhland
- Lyriker der Befreiungskriege mit nationalistischen Tönen, u. a. Th. Körner und E. M. Arndt
- Vorliebe für Volkslieder (Sammlung *Des Knaben Wunderhorn* von C. Brentano und A. v. Arnim), Märchen (J. und W. Grimm) und fantastische Erzählungen

Rahmenthema 2: Drama und Kommunikation

Was ist ein Drama?

Der Begriff *Drama* (griech. Handlung) bezeichnet als Oberbegriff jegliche Form von Theaterstücken. Je nach Aufbau und Ausgestaltung unterscheidet man verschiedene Formen:

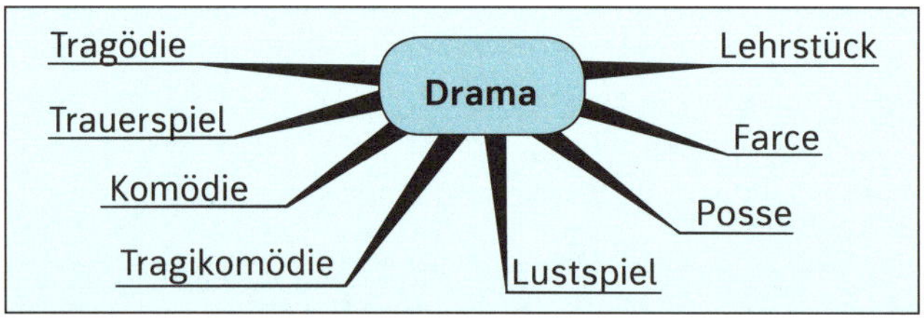

Im weiteren Sinn werden die Begriffe *Drama* und *Schauspiel* auch zur Bezeichnung von weniger streng aufgebauten Theaterstücken verwendet, die sich nicht eindeutig einer der in der Abbildung genannten Unterkategorien zuordnen lassen. Vor dem Hintergrund historisch-gesellschaftlicher und technischer Entwicklungsprozesse haben sich von der Antike bis zur Gegenwart die Bühnentechnik sowie die formale und inhaltliche Gestaltung dramatischer Texte deutlich verändert.

Neben der *Lyrik* und der *Epik* ist die *Dramatik* die dritte große Gattung der Literatur. Bei dramatischen Texten unterscheidet man grundsätzlich zwischen dem *Haupt-* und dem *Nebentext*. Der Haupttext ist der auf der Bühne gesprochene Text, zum Nebentext gehören die nicht gesprochenen Textteile (Titel, Untertitel, Personenverzeichnis, Sprecherinnen- und Sprechernamen, Regieanweisungen usw.). Im Gegensatz zu den beiden anderen Gattungen ist für die Dramatik eine szenische Realisierung (Inszenierung durch einen Regisseur bzw. eine Dramaturgin) auf einer Bühne kennzeichnend. Eine Ausnahme stellen sogenannte *Lesedramen* dar, deren Aufführung entweder von der Autorin / dem Autor nicht intendiert war oder zur Zeit der Entstehung aus unterschiedlichen Gründen (technischen, sozialen, politischen) nicht möglich war. Gegenüber den Gattungen Lyrik und Epik ist der als Rede oder Gegenrede die Handlung vorantreibende *Dialog* das wesentliche Merkmal der Dramatik. Eingeteilt in *Akte* bzw. Aufzüge (anfangs häufig fünf oder drei Akte) und *Szenen* bzw. *Auftritte* (→ S. 137 f.) sind den Textpassagen Figuren zugeordnet, die als psychologische Charaktere, typisierte Ideenträger oder einfache Typen ausgestaltet sein können (→ S. 140 f.). Kernstück vieler Dramen ist in der Regel der dramatische *Konflikt*, der je nach Form des Dramas im Schluss des Dramas gelöst oder bei modernen Dramen mit offenem Schluss ungelöst bleibt.

Die Interpretation bzw. die Analyse dramatischer Texte stellt besondere Ansprüche an die Lesenden bzw. das Publikum, da sie meist keine vermittelnde oder kommentierende Erzählfigur begleitet, sodass sie selbst aus den Regieanweisungen / dem Bühnenbild und den Dialogen die Handlung erschließen müssen. Während Aufmerksamkeit und Konzentration bei den geschlossenen, *aristotelischen Dramen* (→ S. 134 ff.) vor allem durch die komplexen und anspruchsvollen Dialoge gefordert werden, geschieht dies in den offenen, *nichtaristotelischen Dramen* (→ S. 135 ff.) durch die meist episoden- und sprunghafte Gestaltung des Handlungsgangs.

Die Entwicklung der Spielstätten

Die Anlage und die räumliche Beschaffenheit der Spielstätten sowie die technischen Möglichkeiten wirkten sich nachhaltig auf die Gestaltung der Dramen aus. Die Amphitheater sind frühe Zeugnisse der hoch entwickelten Theaterkultur der Antike. Bekannte und gut erhaltene Beispiele sind z. B. das griechische Theater in Ephesos (Türkei) bzw. das Amphitheater in Orange (Südfrankreich). Diese Spielstätten, die für damalige Verhältnisse bereits sehr weit entwickelt waren, prägten die Form der antiken Dramen, da die baulichen und technischen Gegebenheiten schnelle Veränderungen im Bühnenbild nicht zuließen (→ Lehre von den „drei Einheiten", S. 134).
Im Gegensatz zu dieser hohen Kultur des Dramas fanden im Mittelalter die Schauspiele im Allgemeinen auf öffentlichen Plätzen statt, wobei die Dekorationselemente schlicht und mobil sein mussten. Das änderte sich erst mit Beginn der Neuzeit, da die Spielstätten zunehmend in geschlossene Säle verlegt wurden. In Anlehnung an das antike römische Theater bestanden die Bühnen aus einem Bühnenhaus im Hintergrund und einer freien Vorderbühne. Diese konnte allerdings durch Vorhänge verschlossen werden. Die Konstruktion der Drehbühne erweiterte diese neuen Möglichkeiten noch einmal erheblich, da mehrere Bühnenbilder gleichzeitig vorbereitet sein konnten und Ortswechsel schnell und mehrfach wiederholt durch die Drehung der Bühne zu realisieren waren. Diese Entwicklung kennzeichnet vor dem Hintergrund gesellschaftlicher Veränderungen den Übergang vom aristotelischen zum nichtaristotelischen Drama (→ S. 134 ff.).
Im Vergleich zu den antiken Theaterbühnen verfügen unsere heutigen modernen Bühnen über eine sehr komplexe Bühnentechnik. Dazu gehören z. B. der Einsatz filmischer Mittel und die Einbindung von Videoinstallationen sowie die digitale Steuerung der Licht- und Toneffekte. Moderne Theaterstücke können daher völlig anders konzipiert werden bzw. auch bewusst auf die Ausschöpfung dieser Möglichkeiten verzichten.
Parallel zu den großen Bühnen gibt es in vielen Städten kleinere Studiobühnen, auf denen auf begrenztem Raum und mit für heutige Verhältnisse eher schlichten technischen Mitteln experimentelle Inszenierungen dargeboten werden. Die Reduktion des technischen Aufwands und die unmittelbare Nähe zum Publikum werden dabei nicht als Manko, sondern als Herausforderung betrachtet. Dies gilt in gewisser Weise auch für die freien Theater.
Die Spielpläne unserer Theater zeigen deutlich, dass trotz der oben beschriebenen Entwicklung der Spielstätten die klassischen Dramen, die unter anderen Voraussetzungen entstanden sind, immer noch gespielt werden. Das liegt unter anderem daran, dass viele klassische Dramen eher zeitlos bedeutsame Themen behandeln bzw. dass sie als Teil unserer Kultur und Allgemeinbildung gelten.

Formen des Dramas

Das aristotelische Drama (geschlossene Form)

Aristotelische Dramen bzw. Dramen der geschlossenen Form orientieren sich stark am Aufbau antiker Dramen sowie an den diesbezüglichen Beobachtungen und Aussagen des griechischen Philosophen Aristoteles (384 – 322 v. Chr.), die dieser im Hinblick auf die Gattung der Tragödie in seiner Schrift „Poetik“ (um 335 v. Chr.) festhielt. Dabei leitete er aus der Analyse zeitgenössischer Dramen allgemeine Regeln für den Aufbau von Tragödien ab. Seine Ausführungen zum antiken griechischen Drama besaßen vor allem in der Zeit des französischen Klassizismus und im Verlauf der Weimarer Klassik dogmatischen Charakter. Zu den Aussagen des Aristoteles, die die Konzeption der Dramen dieser aber auch noch späterer Zeiten bestimmten, gehören vor allem:
- die Lehre von den „drei Einheiten“
- der Aufbau des (antiken) griechischen Dramas (siehe Schaubild)
- die Ständeklausel
- die Lehre von der Katharsis

Die Lehre von den „drei Einheiten“

Mit Bezug auf die Gegebenheiten des griechischen Amphitheaters setzte Aristoteles fest, dass eine Aufführung nur bei Tageslicht – also höchstens in der Zeit von Sonnenaufgang bis Sonnenuntergang – stattfindet und wegen der besonderen Beschaffenheit der damaligen Bühnen nur an einem Ort spielt. Daraus folgte, dass nur einsträngige Handlungen ohne Nebenhandlungen dargeboten wurden. Aus diesen auf die spezifische Bühnensituation zugeschnittenen Aussagen entwickelten die Dramentheoretiker der französischen Klassik als Forderung für die Gestaltung von Dramen und insbesondere von Tragödien die sogenannte Lehre von den „drei Einheiten“:
- Einheit der Zeit
- Einheit des Ortes
- Einheit der Handlung

Der Aufbau des griechischen Dramas

Die von Aristoteles beschriebenen griechischen Dramen waren in der Regel aus drei oder fünf Akten aufgebaut, wobei die einzelnen Akte jeweils eine spezifische Funktion besaßen. In seiner Schrift „Die Technik des Dramas“ (1863) hat Gustav Freytag entsprechende Aussagen des Aristoteles systematisiert.

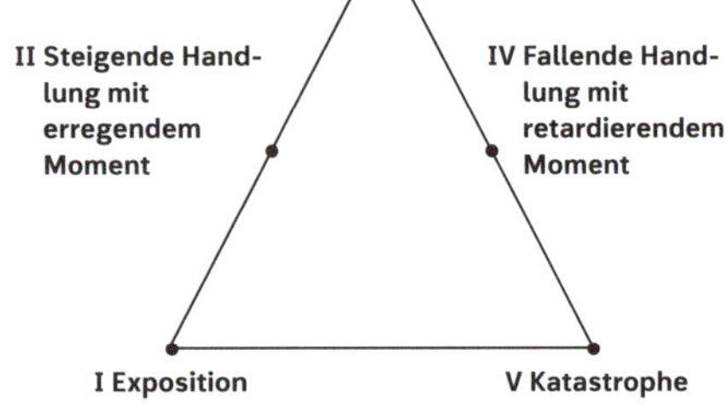

Akt I	**Exposition**	Einführung in Ort, Zeit, Hauptfiguren und die zentralen Motive
Akt II	**Steigende Handlung**	Die Handlung spitzt sich zu durch Interessenskonflikte, Intrigen usw.
Akt III	**Höhepunkt/ Peripetie**	Die Zuspitzung der Handlung / des Konflikts erreicht ihren Höhepunkt, sodass es zu einem Wendepunkt (Peripetie) kommt, der zum Erfolg oder Scheitern der Hauptfigur führt.
Akt IV	**Fallende Handlung**	Auf dem Weg zum Untergang bzw. zur Rettung kommt es zu Verzögerungen (retardierenden Momenten), die der Steigerung der Spannung auf den Ausgang dienen.
Akt V	**Katastrophe**	Häufig verbunden mit dem Tod der Hauptfigur kommt es in der Tragödie zum Untergang, der aber in der Regel einen moralischen und ideellen Sieg darstellt. In der Komödie folgt demgegenüber nach der fallenden Handlung die Rettung bzw. die Lösung des Konflikts (häufig durch eine Eheschließung).

Der Aufbau vor allem der älteren Dramen entspricht häufig diesem Aufbauschema. Bei Dreiaktern entfallen die Akte II und IV.

Die Ständeklausel

Für die Figuren galt bis zur Entwicklung des bürgerlichen Trauerspiels (→ S. 136) vor allem durch Gotthold Ephraim Lessing (1729 – 1781) die Ständeklausel, die französische Dramentheoretiker des 18. Jahrhunderts im Anschluss an Aristoteles formuliert hatten. Demnach waren nur solche Figuren „tragödienwürdig“, die eine möglichst hohe tragische Fallhöhe aufzuweisen hatten. Das Personal der Tragödie bestand daher vor allem aus Göttern, Königen und adligen Personen. Für die Komödie, deren Bedeutung wesentlich niedriger eingestuft wurde, galt diese Ständeklausel nicht.

Die Lehre von der Katharsis

Nach Aristoteles sollte die Gesamtkonzeption der Tragödie, als Nachahmung (mimesis) einer abgeschlossenen Handlung von gewisser Größe, dazu beitragen, beim Publikum Furcht (phobos) und Mitleid (eleos) zu erregen, wovon man sich eine reinigende Wirkung von eben diesen Affekten durch die Identifikation mit den Dramenfiguren versprach.

Das nichtaristotelische Drama (offene Form)

Mit dem Begriff *nichtaristotelisches Theater* werden im Allgemeinen alle dramatischen Stücke bezeichnet, die den aristotelischen Regeln nicht bzw. nur sehr bedingt entsprechen. Die Dichter des Sturm und Drang z. B. haben sich ganz bewusst über das feste und statische Regelwerk der Dramen der geschlossenen Form hinweggesetzt, indem sie die Einheit des Ortes und der Handlung durch die Verwendung von *Fetzenszenen* aufgaben und Prosa statt Verse nutzten. Sie lehnten die dem strengen Formalismus frönenden französischen Dramen inhaltlich und formal ab und nahmen sich die offene Form der Dramen von William Shakespeare zum Vorbild.

Entsprechende Umbrüche hat es im Verlauf der Entwicklung des Dramas immer gegeben, auch zum Beispiel während der Epoche der → Klassik. Ebenfalls sind die Dramen Christian Dietrich Grabbes (1801–1836) und Georg Büchners (1813–1837) aus der Epoche des Vormärz / Jungen Deutschlands zu den nichtaristotelischen Stücken zu zählen. Aber erst im 20. Jahrhundert erreichte das nichtaristotelische Drama mit dem epischen Theater Bertolt Brechts (siehe unten) und dem absurden Theater einen eigenen und maßgeblichen Stellenwert.

Das bürgerliche Trauerspiel

Für das bürgerliche Trauerspiel, das primär von Gotthold Ephraim Lessing in der Epoche der Aufklärung begründet wurde, ist wesentlich, dass es statt in Versen in Prosa verfasst ist und mit der Ständeklausel (→ S. 135) der klassischen Tragödie bewusst bricht, indem hauptsächlich niedriger Adel und das Bürgertum zum Personal der Stücke gehören. Dementsprechend sind auch die Themen und Konflikte gestaltet, die in erster Linie den Bereich der Familie und der privaten Beziehungen betreffen sowie Fragen der Moral und des Anstands zum Gegenstand haben.
Lessing befasst sich in seinem bürgerlichen Trauerspiel „Emilia Galotti“ (1772) als erster mit dem Problem adliger Willkür vor dem Hintergrund der Spannungen, die sich aus privaten Beziehungen zwischen den adligen und bürgerlichen Ständen ergeben. Dieses und andere Stücke Lessings enthalten bereits gesellschaftskritische Ansätze, die im weiteren Verlauf der Entwicklung des Dramas an Bedeutung gewinnen und zunehmend zu einer künstlerischen Reflexion gesellschaftlicher Verhältnisse führen.

Das epische Theater

Bertolt Brecht (1898–1956) wendet sich mit seiner Dramaturgie des *epischen Theaters* besonders gegen die klassischen drei Einheiten des Ortes, der Zeit und der Handlung, gegen die Einfühlung des Publikums und die Katharsis (→ S. 135). Stattdessen will er durch seine Art von Theater erreichen, dass das Publikum eine Distanz aufbaut und zur kritischen Reflexion angeregt wird. Um zu verhindern, dass das Publikum sich in das gespielte Stück hineinversetzt, sich mit den Figuren identifiziert, mit ihnen mitempfindet und mit ihnen leidet, verwendet das epische Theater verschiedene *Verfremdungseffekte*. Dazu gehören die Einbindung von Liedern und Songs in das Geschehen auf der Bühne (Montagetechnik), die Verwendung von Bildern, Texten und Spruchbändern auf und vor der Bühne, die teilweise direkte Ansprache des Publikums durch die Schauspielenden sowie das Improvisieren. So entsteht beim Publikum keine Illusion, es wird ihm nicht die Identifikation mit den Figuren erlaubt. Dem Publikum soll jederzeit bewusst sein, dass es nur ein Theaterstück sieht. Diesen Zweck soll auch die Kargheit der Bühnenausstattung unterstützen.

Hinweise zu Tendenzen der **Gegenwartsdramatik** finden Sie auf Seite 170.

Elemente dramatischer Texte

Handlung

Im Gegensatz zur Epik entfalten Dramen die Handlung in der Regel weniger aus aktionsstarken Begebenheiten, sondern stärker aus inneren Konflikten der Figuren.
Die Entwicklung des Dramas und die gravierenden Veränderungen in der Bühnentechnik (→ S. 133) wirken sich deutlich auf den Aufbau und die Gestaltung der Handlung aus. Die Handlung in den meisten aristotelischen Dramen (geschlossene Form) verläuft *linear* und besteht nur aus einem Handlungsstrang (Ausschnitt des Ganzen). Bei den nichtaristotelischen Dramen (offene Form) entwickelt sich die Handlung in der Regel nichtlinear und besteht aus mehreren Handlungssträngen bzw. Einzelsegmenten (Ganzes in Ausschnitten).
Je nach Zuordnung des Dramas (Entstehungszeit) ergeben sich für die Analyse einer ausgewählten Szene also unterschiedliche Beobachtungsschwerpunkte:

Lineare Handlung – Ein Ausschnitt des Ganzen

- Aristotelische Dramen, bei denen es sich meistens um Drei- oder Fünf-Akter handelt, entsprechen im Allgemeinen einem festem Aufbauplan. In der Regel gibt es daher nur einen Handlungsstrang und Nebenhandlungen sind eher die Ausnahme. Die einzelnen Szenen sind fester Bestandteil der Funktion, die der jeweilige Akt im Aufbauplan des Dramas einnimmt. Die einzelne Szene ist daher der *steigenden* oder *fallenden* Handlung zuzuordnen.
- Der *Konflikt*, der in einem Widerstreit der Meinungen und Wertvorstellungen, in der Widersprüchlichkeit der Charaktere oder in dem Gegeneinander der Handlungsziele begründet sein kann, stellt das Kernstück der dramatischen Handlung dar.
- Die *Exposition* ist in den aristotelischen Dramen ein zentrales Strukturelement, deren Aufgabe es ist, das Publikum auf die bevorstehende Bühnenhandlung vorzubereiten. Die Exposition kann gleichermaßen vergangenheits-, gegenwarts- und zukunftsbezogen sein, indem sie das Publikum / die Lesenden über die Vorgeschichte der Handlung unterrichtet, mit Ort, Zeit und Personen des Stücks vertraut macht und bereits mögliche Konflikte andeutet.
- Die Übergänge von der einen zur anderen Szene werden durch die Beibehaltung des Schauplatzes, durch den Verbleib einer Figur auf der Bühne oder andere Mittel miteinander eng verklammert (auch „liaison des scènes“ genannt).
- Neben- bzw. Parallelhandlungen werden meist nur durch die Technik der *Mauerschau* (Teichoskopie) oder des *Botenberichts* eingebunden. Das heißt, dass eine erhöht stehende Figur unmittelbar von einem Ereignis berichtet, das gerade für die anderen unsichtbar (quasi hinter einer Mauer) stattfindet bzw. dass jemand eine Botschaft überbringt, in der über eine andere Handlung berichtet wird.
- Der *Schluss* bringt die Lösung des Konflikts, die je nach Form des Dramas häufig mit dem Tod des Protagonisten verbunden ist (Tragödie) bzw. zu einem unverhofft glücklichen Ende geführt wird (Komödie).

Nichtlineare Handlung – Das Ganze in Ausschnitten

- Die nichtaristotelischen Dramen bzw. die Dramen der offenen Form lassen sich keinem festen Aufbauplan zuordnen, zumal sie aus einer sehr unterschiedlichen Anzahl von Akten und Szenen bestehen können. Die Handlung verläuft meist nicht linear, sondern sprunghaft, indem einzelne Episoden aus einem oder auch mehreren Handlungssträngen herausgegriffen werden.
- Eine *Exposition* wie in den aristotelischen Dramen ist meist nicht vorhanden, sondern das Geschehen entfaltet sich häufig im Sinne eines analytischen Dramas. Das heißt, dass die für den *Konflikt* entscheidenden Ereignisse nicht erst durch den Gang der Handlung vermittelt werden, sondern von Anfang an die Voraussetzung für die Handlung darstellen und im Verlauf des Dramas nach und nach aufgedeckt werden.
- *Neben-* bzw. *Parallelhandlungen* sind möglich, da die zeitliche Ausdehnung der Handlung deutlich länger als im aristotelischen Drama sein kann (keine Bindung an die Einheit der Handlung) und häufig Zeitsprünge und Ortswechsel beim Übergang von der einen zur anderen Szene vorliegen. Die Technik der Mauerschau bzw. des Botenberichts spielen daher kaum noch eine Rolle. Die Gleichzeitigkeit von Handlungen wird im Nacheinander der Szenenabfolge dargestellt.
- Im Gegensatz zum aristotelischen Drama bleibt der *Schluss* häufig offen und die Generierung von Lösungsmöglichkeiten wird an das Publikum / die Lesenden delegiert.
- Die Handlung entfaltet sich in ihrer Gesamtheit nicht aus einer klar strukturierten Abfolge von einzelnen Szenen und Akten, sondern aus teilweise eher isolierten Einzelszenen, die sehr kurz und unvermittelt sein können (Fetzenszenen), um schlaglichtartig Aspekte der Handlung zu thematisieren.

Erschließungsfragen für die Analyse

- Ist die Szene Teil einer linearen bzw. nichtlinearen Handlung? Gehört sie zur Haupt-, Neben- oder Parallelhandlung?
- Wie beeinflusst die Szene den weiteren Handlungsverlauf? Welche Funktion und Bedeutung hat die Szene für die Entwicklung der Handlung? (Diese Fragen lassen sich nur bei Kenntnis des gesamten Dramas beantworten).
- Wie ist die zu interpretierende Szene mit der vorausgehenden und nachfolgenden Szene verbunden? Gibt es Zeitsprünge oder Ortswechsel im Übergang von der vorausgehenden bzw. zur nachfolgenden Szene?

Raum- und Zeitgestaltung

Die Gestaltung des Raumes und der Zeit sind an der Entfaltung der Handlung beteiligt, da es schon einen erheblichen Unterschied bedeutet, ob das gesamte Drama nur an einem oder an mehreren Schauplätzen spielt bzw. ob es nur den begrenzten Zeitraum eines Tages oder eine Zeitspanne von mehreren Wochen, Monaten oder auch Jahren umfasst. Für die Analyse einer Szene ist es also wichtig, die Raum- und Zeitgestaltung im Kontext des gesamten Stückes zu beachten.

Raumgestaltung

- Die Angaben zum Raum (synonym verwendet werden *Schauplatz* und *Handlungsort*) sind in den aristotelischen Dramen meist wenig konkret, da stärker als in den nichtaristotelischen Dramen die Handlung durch die Dialoge und nicht durch einen aktionsstarken Raum vorangetrieben wird. Der zeitliche Hintergrund, in den die Handlung einzuordnen ist, bestimmt dabei die Vorstellung des Raumes.
- Die häufigen und meist schnell aufeinanderfolgenden *Ortswechsel* in nichtaristotelischen Dramen bedingen, dass dort oft genauere Angaben zum Raum gegeben werden, denn das Publikum / die Lesenden müssen die Möglichkeit haben, die Ortswechsel gedanklich nachzuvollziehen. Hinzu kommt, dass der Raum sich wesentlich deutlicher auf das Agieren der Figuren auswirkt.
- Zu Requisiten und Kostümen werden in dramatischen Texten nur selten direkte Aussagen getroffen. Die konkrete Ausgestaltung ist Bestandteil der jeweiligen Inszenierung, die sich in der Regel aber an dem zeitlichen Hintergrund orientiert.
- Je nach dramaturgischem Konzept ergibt sich aus dem Zusammenspiel von Bühnenraum, Requisiten und Kostümen eine sehr geschlossene und realitätsnahe Ausgestaltung der Bühne oder es wird durch Reduktion bzw. Verfremdung des Bühnenbilds bewusst gemacht, dass es sich bei der Darstellung um eine Inszenierung handelt. Vor allem das epische Theater und zeitgenössische Theaterstücke bevorzugen die zweite Variante.

Zeitgestaltung

- Je nach Grundkonzeption und zentraler Thematik eines Dramas wird die Zeit, in der die Handlung spielt, mehr oder weniger stark präzisiert. Dramen, in denen eher grundlegende menschliche Konflikte oder Ideen und Werte im Mittelpunkt stehen, sind zeitlich nicht konkret gebunden. Dramen, die historische Ereignisse bzw. gesellschaftliche Probleme aufgreifen, müssen den zeitgeschichtlichen Hintergrund durch die Dialoge bzw. die Gestaltung der Bühne (→ Raumgestaltung) verdeutlichen. Besonders im epischen Theater werden die aktuellen zeitlichen Bezüge durch die Präsentation von Prospekten (Plakate bzw. Stellwände mit Fotos, Zeitungsartikel, Spruchbänder usw.) im unmittelbaren Umfeld der Bühne hergestellt.
- Die zeitliche Struktur eines Dramas wird geprägt durch das Verhältnis zwischen *Spielzeit* und *gespielter Zeit*. In Analogie zu den Termini *Erzählzeit* und *erzählte Zeit* (→ S. 182) in der Epik bezeichnet die *Spielzeit* dabei den Zeitraum, den eine Aufführung umfasst, während *gespielte Zeit* den Zeitraum angibt, den die Handlung umfasst. In aristotelischen Dramen ist dies unter Berücksichtigung der Einheit der Zeit in der Regel ein Tag, in den nichtaristotelischen Dramen können dies Tage, Wochen oder auch Jahre sein. Aus dem im gesamten Drama vorliegenden Verhältnis zwischen Spielzeit und gespielter Zeit ergibt sich eine eher *zeitraffende* (Spielzeit ist kleiner als gespielte Zeit) oder *zeitdehnende* (Spielzeit größer als gespielte Zeit) Handlung. Eine Besonderheit dramatischer Texte besteht darin, dass die einzelne Szene immer *zeitdeckend* ist, da im Dialog der Figuren Spielzeit und gespielte Zeit übereinstimmen. Bei der Analyse einer dramatischen Szene ist deshalb zu berücksichtigen, wie die Szene in das zeitliche Kontinuum des gesamten Stücks eingebettet ist.

- Besonders in den nichtaristotelischen Stücken mit einer längeren gespielten Zeit und folglich häufigeren Zeitsprüngen wird die zeitliche Zuordnung einer Szene durch Formulierungen, die Verknüpfungen herstellen oder Anspielungen auf vorausgehendes oder nachfolgendes Geschehen enthalten, kenntlich gemacht. Der Hinweis z. B. auf eine Aktivität, die eine Figur in Zukunft ausführen will (z. B. „um das zu klären, muss ich XY aufsuchen"), verklammert zeitlich die Szene mit einer anderen, in der dieser Plan konkretisiert wird.

Erschließungsfragen für die Analyse

- Gibt es direkte Hinweise zum Handlungsort und zur Raumgestaltung im Text? Wie kann oder muss man sich den Raum vorstellen, in dem die Figuren agieren?
- Sind Anfang bzw. Ende der Szene durch einen Ortswechsel gekennzeichnet?
- Werden Bezüge dieser Szene zu anderen über die Wahl des Schauplatzes hergestellt?
- Gibt es wichtige Requisiten, die den Schauplatz näher bestimmen?
- Wie ist die Szene in die zeitliche Struktur des gesamten Dramas eingebettet?
- Liegen beim Übergang von der vorausgehenden Szene zur nachfolgenden Szene Zeitsprünge vor? Wie werden diese Zeitsprünge deutlich gemacht? Gibt es in den Formulierungen der Figuren zeitliche Verklammerungen?

Figuren und Figurenkonstellationen

Die Figuren im Drama können grundsätzlich als *Charaktere* bzw. *Typen* bezeichnet werden. Von einem Charakter spricht man, wenn die Figur im Drama differenzierter dargestellt wird, so dass man verschiedene Eigenschaften und Verhaltensweisen kennen lernt. Von einem Typ oder Typus spricht man dagegen, wenn eine Figur mehr oder weniger nur auf einen Aspekt (z. B. Geiz, Gewalttätigkeit usw.) reduziert wird.

- Die Namen bzw. die Bezeichnung der Figuren können bereits deutliches Indiz für die Figurenzeichnung sein, wenn z. B. sprechende Namen (Oberlin, Schufterle, Grimm, Gottlieb Biedermann ...) verwendet werden oder den Figuren nur Funktionsbezeichnungen (Doktor, 1. Handwerksbursche ...) zugewiesen werden. Der Anordnung der Figuren im Personenverzeichnis, evtl. ihren Namen und den vielleicht beigefügten Angaben zu ihrem Status lassen sich unter Umständen bereits Informationen darüber entnehmen, welche Rolle die Figuren im Stück spielen bzw. in welcher Beziehung sie zueinander stehen.
- Als *Protagonist(inn)en* bezeichnet man Figuren des Dramas, die die Handlung tragen. In der griechischen Tragödie waren das zunächst nur ein/-e Spieler/-in und ein/-e Gegenspieler/-in (Protagonist/-in und Antagonist/-in), später kamen weitere Figuren hinzu. Die Hauptfiguren werden oft mit den Begriffen *Heldin/Held* oder *Antiheldin/Antiheld* bezeichnet, je nachdem ob sie selbstbewusst, eigenverantwortlich und aktiv am Verlauf des eigenen Schicksals beteiligt (Heldin/Held) oder eher passiv und leidend fremden Mächten und Kräften ausgesetzt sind (Antiheldin/Antiheld). Erst mit Aufhebung der Ständeklausel (→ S. 135) in den nichtaristotelischen Dramen werden auch Antiheld(inn)en zu den Hauptfiguren der Dramen.

- Da in dramatischen Texten keine Erzählfigur die direkte Charakterisierung (→ S. 180) der Figuren übernehmen kann, charakterisieren sich die Figuren durch ihr Verhalten und vor allem durch das gesprochene Wort selbst bzw. werden indirekt durch die Aussagen anderer charakterisiert. Speziell im zweiten Fall ist dabei zu berücksichtigen, dass diese Art der Charakterisierung nicht objektiv ist, da sie aus der Perspektive einer anderen Figur vorgenommen wird.
- Die Figuren in einem Drama werden erst wirklich lebendig und dadurch charakterisiert, dass sie in der Interaktion mit anderen Figuren gezeigt werden. Jede Figur ist eingebunden in eine Figurenkonstellation, die z. B. bestimmt wird durch den Grad der Zuneigung, Abneigung oder Feindschaft zu einer anderen. Um Charaktereigenschaften zu verdeutlichen, werden einzelnen wichtigen Figuren *Gegenspieler* oder *Kontrastfiguren* gegenübergestellt.
- Gestalt, Mimik, Gestik, Körperhaltung und -bewegung sowie die Kleidung charakterisieren eine Figur. Allerdings finden sich dazu in den Dramentexten meist nur wenig konkrete Hinweise (Regienanweisungen), sodass die Lesenden entsprechende Vorstellungen aus der Handlung und vor allem aus dem gesprochenen Wort selbst entwickeln müssen. Dem Publikum einer Aufführung wird diesbezüglich bereits eine Interpretation angeboten. Bei der Analyse einer Dramenszene muss also deutlich werden, ob es sich bei Aussagen zum äußeren Erscheinungsbild um eine eigene Interpretation oder um konkrete Vorgaben handelt, die durch Textbelege nachgewiesen werden können.

Sprache und Dialogführung

- Der Dialog ist das zentrale Merkmal dramatischer Texte, denn das Drama lebt vom gesprochenen Wort. Die Analyse einer Dramenszene muss deshalb im besonderen Maße auf die inhaltliche Aussage und die formale Gestaltung der Dialoge (Ausdrucksweise, Wortwahl, Satzbau usw.) eingehen.
- Das Prinzip der Ständeklausel prägt im aristotelischen Drama auch die Sprache, sodass der Sprachstil der Figuren getragen bzw. gehoben ist und bis hin zum *Pathos* reichen kann. Die Sprache der Figuren ist kunstvoll gestaltet, reich an Sprachbildern und anderen rhetorischen Mitteln (→ S. 160 ff.). Der Text ist häufig in Blankversen (→ S. 157) geschrieben. Vorherrschend ist ein hypotaktischer Sprachstil.
- In nichtaristotelischen Dramen werden Stilebenen und die Ausdruckshaltung gemischt und es findet eher eine Orientierung an der Alltagssprache statt (verschiedene Soziolekte, Jargon, spontane Äußerungen, „Aneinandervorbeireden“ oder „Schweigen“). Anders als beim geschlossenen Drama, wo das Bewusstsein die Sprache dominiert, dominiert hier die Sprache über das Bewusstsein. Ausrufe, elliptische und parataktische Satzkonstruktionen sind Ausdruck einer lebendigen, spontanen und emotionalen Sprache, die die Figuren deutlich charakterisiert.
- Die gründliche Analyse der Dialoge muss kommunikative Strukturen mitberücksichtigen, da der Dialog immer eine Form der Interaktion ist. Das bedeutet, dass nicht nur inhaltlich geklärt wird, was genau gesagt wird, sondern auch wie diese Inhalte kommuniziert werden. Dazu gehört, dass man Aussagen zum Sprachstil, d. h.

zur Wortwahl, zum Satzbau und zu den verwendeten rhetorischen Figuren, trifft. Qualitativ wirksam werden entsprechende Aussagen aber erst, wenn sie nicht nur beschrieben, sondern in der Deutung funktionalisiert werden.

- Sprechtempo, Tonfall und Lautstärke werden in dramatischen Texten nur selten durch Regieanweisungen präzisiert und müssen daher aus dem dargestellten Geschehen erschlossen werden, sollten aber im direkten Zusammenhang mit der sprachlichen und kommunikationstheoretischen Analyse berücksichtigt werden.
- Um dem Publikum an Gedanken einer Figur teilnehmen zu lassen, finden *Monologe* bzw. die Technik des *Beiseitesprechens* Anwendung. Beide Formen sind, wenn auch etwas realitätsfern, typische dramaturgische Elemente, da es eher ungewöhnlich ist, dass eine Person längere Zeit laut für sich selbst spricht (Monolog) bzw. dass eine Person quasi hinter vorgehaltener Hand ihre Gedanken laut preisgibt (Beiseitesprechen), während andere anwesend sind. Das Beiseitesprechen wird in der Regel durch die Regieanweisung „beiseite" deutlich angegeben.
- In den Dramen der offenen Form, speziell im epischen Theater (→ S. 136), wird das Publikum direkt angesprochen, indem z. B. eine Figur die Rolle quasi verlässt und sich unmittelbar an das Publikum wendet. Im *Monodrama*, einem monologischen Einpersonenstück, werden diese Techniken prägendes Gestaltungsmittel, da es Dialoge im eigentlichen Sinne hier nicht mehr gibt.

Erschließungsfragen für die Analyse

- Handelt es sich bei den agierenden Figuren eher um Charaktere oder Typen? Kann eine der Figuren als Protagonist(in) der Handlung bzw. als Held(in) oder Antiheld(in) bezeichnet werden?
- Wie ist die einzelne Figur in die Figurenkonstellation des gesamten Stücks bzw. in die Szene eingebunden? Gibt es direkte Gegenspieler oder Kontrastfiguren?
- Wie und wodurch charakterisieren sich die Figuren selbst bzw. werden sie von anderen charakterisiert?
- Welchen Anteil hat die Sprache an der Charakterisierung der Figuren?
- Auf welchem Sprachniveau entwickelt sich das Gespräch? Handelt es sich um eine gebundene oder eher freie und emotionale Sprache?
- Welche Wirkung wird durch den Satzbau und die Wortwahl erreicht?
- Welche rhetorischen Figuren werden verwendet und welche Funktion haben sie?
- Wie müssten Sprechtempo, Tonfall und Lautstärke in einzelnen Passagen der Dialoge gestaltet sein?
- Welche kommunikativen Strukturen werden in den Dialogen deutlich? Wie groß sind die Redeanteile der Figuren? Welche Figur ergreift die Initiative im Gespräch und welche Figur beendet es?
- Gibt es Tendenzen zur Monologisierung der Dialoge?

Prüfungsrelevantes Wahlpflichtmodul: Familie im Drama (Abitur 2024)

Georg Büchner und sein „Woyzeck" gelten vielen gelegentlichen und weniger routinierten Leserinnen und Lesern häufig als schlecht greifbar. Oft ist zu hören, z. B. von Schülerinnen und Schülern, dass sie einen roten Faden vermissen, die Handlung wenig überzeugend daherkommt, weil aus der Zeit gefallen, das Stück zu deprimierend ist usw. Von einem innovativen Ansatz des Verfassers ist man nur schwer zu überzeugen. Das Thema auf der Bühne zeigt jedoch schnell auch den wenig Schauspielerfahrenen, dass der Stoff zahlreiche Facetten bietet und sich gut inszenieren lässt. Der Komplex an Irritationen lässt sich bei knapper Analyse der Hintergründe zum Werk und der Zusammenhänge, die den Schaffensprozess begleiteten, zügig erschließen und so eine Klarheit schaffen, die motivieren kann.

Figuren- und Konfliktgestaltung als Spiegel gesellschaftlicher Determinanten

Vordergründig spult Büchner ein tragisches Kriminalstück ab, bei dem sich in sozial schwieriger Umgebung (heute spräche man von „prekär") ein Mord aus Eifersucht ereignet. Das Werk ist jedoch deutlich vielschichtiger. Die Hauptfigur Woyzeck fristet ihr Dasein als einfacher Soldat und steht damit sozial auf einer niedrigen gesellschaftlichen Stufe. In allen Bereichen seines tristen Lebens zeigen sich Ausgeliefertsein, Fremdbestimmung, Bevormundung und Abhängigkeit: Attribute, die schon in dem ausgeübten Beruf angelegt scheinen. Eine Verstärkung erleben diese Bedingungen durch die übrigen Figuren. Sein Vorgesetzter, der Hauptmann, bremst Woyzeck aus und kümmert sich nicht um die Situation des Untergebenen, sondern pflegt seinen Egoismus. Da Woyzeck wegen seiner Liaison mit Marie, aus der ein uneheliches Kind hervorgegangen ist, auf zusätzliche Einnahmequellen angewiesen ist, liefert er sich dem Doktor aus, der ihn für seine pseudowissenschaftlichen Experimente missbraucht und damit körperlich stark schwächt. Beider Ansprüche, diejenigen des Hauptmanns und des Doktors, kann Woyzeck nicht gerecht werden und muss sich entsprechend belehren lassen. Schließlich erkennt er aufgrund verschiedener Indizien, dass Marie ihm nicht treu ist, sondern sich mit einem im Rang über Woyzeck stehenden Unteroffizier, dem Tambourmajor, einlässt. Arzt und Hauptmann bestärken ihn in seinen Zweifeln, sodass Woyzeck sich eine Waffe beschafft und Marie ersticht. Erhebliche Blutspuren an seinem Arm verraten ihn schließlich. Mit der Entsorgung der Tatwaffe und seiner Flucht schließt die Handlung in einem offenen Ende und lässt Leserinnen und Leser oftmals irritiert zurück.

Innovative Dramengestaltung

Auf zwei Ebenen liefert Büchner mit seinem Werk neue Ansätze in der Dramengestaltung: zum einen in Hinblick auf den Stoff. Konsequent stellt Büchner die einfachen Leute den vermeintlich besseren Trägern und Stützen der Ordnung gegenüber. Die Spaltung der Gesellschaft verdeutlicht er dabei durch die Titel und Funktionen der Menschen und lässt sie in Sprachduktus und Vokabular klar erkennen. Damit arbeitet er die Machtverhältnisse heraus, die sich in Form von Herrschenden und Beherrschten, die Opfer der Verhältnisse, zeigen und sich ebenfalls über deren Sprache belegen lassen. Das Werk lässt sich daher als erstes soziales Drama einordnen, da die Ursache der Auseinandersetzung (und der Tat) in den sozialen Verhältnissen liegt. Dass das Proletariat im Werk überhaupt eine Rolle spielt, geht ebenfalls über gewohnte Zuschnitte hinweg, wie sie etwa im bürgerlichen Trauerspiel gelten.

Hinterfragt man zum anderen vor diesem Hintergrund den Aufbau des Dramas und beschäftigt sich mit seiner Konzeption im Abgleich mit allgemeiner Dramentheorie, wird schnell deutlich, dass es sich beim Stück um ein Novum für die damalige Zeit handelt. So lässt es sich als ein offenes Drama sehen, zumal nicht vollendet und ohne feste Gliederung in Akte, sondern nur lose in Szenen vorliegend. Seine Entstehungsgeschichte macht dies nachvollziehbar, ist es doch aus Fragmenten erst weit nach Büchners Tod in seine jetzige Form gebracht worden. Allerdings lässt sich hierzu auch eine Gegenposition finden, da sich in der Veränderung der Hauptfigur eine fortlaufende und stimmige Entwicklung mit Steigerung und Weg zur Katastrophe zeigt sowie Zeit, Orte und Handlung recht komprimiert daherkommen. Hier ist anzumerken, dass Dramen fast nie in der reinen Lehrform vorliegen, die Leserinnen und Leser daher abwägen und begründen müssen.

Das Individuum in der Gesellschaft – zwischen Autonomie und Determination
Zu Büchners Lebzeiten wurde die Frage der Verantwortlichkeit und Zurechnungsfähigkeit von Täterinnen und Tätern anlässlich damals akuter Vorfälle öffentlich anhand von Gerichtsprozessen samt Tauglichkeit der psychiatrischen Gutachten diskutiert. Dies wird dem Straßburger Medizinstudenten Büchner nicht verborgen geblieben sein, daher schließt sich eine weitere Ebene der Textrezeption an, die die Einstellung des politischen Revolutionärs Büchner erkennen lässt, nämlich die Frage nach der Determination von Tätern und damit deren Schuldfähigkeit zu stellen. Diese Erkenntnisse zeigen, dass Büchners Denken bezüglich eines umfassenden Blicks auf den Menschen sowie die gesellschaftlichen und sozialen Verhältnisse weit über seine Zeit hinausreichte, denn diese Fragestellung ist für die Justiz und den Strafvollzug bis heute prägend in einer modernen Gesellschaft wie der unseren, die auch die Resozialisierung von Täterinnen und Tätern will.

Rahmenthema 3: Literatur und Sprache um 1900 – neue Ausdrucksformen der Epik

Literarische Moderne (ca. 1880 – 1925)

Das Nebeneinander bzw. die Gleichzeitigkeit unterschiedlichster, z. T. widersprüchlichster literarischer Strömungen, Stile (Stilpluralismus), Tendenzen, Entwürfe, Programme (Polarität), basierend auf der Orientierungslosigkeit in einer durch gesellschaftliche, ideologische, normative und ästhetische Brüche gekennzeichneten Welt prägt die Zeit um 1900. Laut Thomas Mann weist dies auf den „Willensausdruck dieser sehr reich bewegten Zeit, in der viele Strömungen [...] sich überkreuzten und ineinander übergingen" hin. Man spricht auch von der „Gleichzeitigkeit des Ungleichzeitigen": Der Widerspruch, z. B. zwischen dem sich als autonom verstehenden Individualkunstwerk und der entstehenden Massenkultur (Trivialliteratur), gilt als Grundmuster der „Literarischen Moderne". Die propagierte „Modernität" ist das gemeinsame Bindeglied dieser heterogenen und disparaten Richtungen und Stile, weshalb die Zeit vor dem Ersten Weltkrieg heute nicht als das Ende des 19. Jahrhunderts, sondern als der Beginn des 20. Jahrhunderts gesehen wird.
Den anerkannten literarischen Strömungen des Naturalismus, Impressionismus und Expressionismus werden andere Stilrichtungen, die aus der bildenden Kunst oder aus dem französischen Kulturraum übernommen wurden, an die Seite gestellt: *Symbolismus, Ästhetizismus, Décadence, Fin de Siècle, Neuklassik, Neuromantik, Jugendstil, Dadaismus* usw. Allen gemeinsam ist ein verändertes, z. T. neues Verhältnis zur Sprache, deren Leistungsfähigkeit als Mittel der Kommunikation als problematisch erlebt wurde (Sprachkrise als Bewusstseins- und Wahrnehmungskrise). Wichtigstes Dokument dieser Sprachskepsis ist Hugo von Hofmannthals fiktiver Brief des Lord Chandos („Ein Brief", 1901). Zu den bedeutendsten Autoren der Zeit zählen neben Hugo von Hofmannsthal Stefan George, Franz Kafka, Thomas und Heinrich Mann, Robert Musil und Rainer Maria Rilke.
Anhand der oben skizzierten Auffächerung der Literatur der Jahrhundertwende mit ihren unterschiedlichen Strömungen und Tendenzen, den teils aus der bildenden Kunst, aus der Architektur, der Geschichte übernommenen Bezeichnungen lässt sich das grundsätzliche Problem der Einteilung der Literatur in Epochen, die vermeintlich streng voneinander getrennt sind, sehr gut demonstrieren. Daher legitimiert sich auch der Begriff des Epochenumbruchs um 1900, da dieser die literarischen Erscheinungen im Sinne der Diskontinuität hervorhebt. Gerade die divergierenden mentalen und kulturellen Konzepte, die sich teils ergänzen, teils miteinander konkurrieren oder sich widersprechen, befördern die Differenzqualität der einzelnen literarischen Strömungen. Diese Epochenumbrüche lassen sich besonders für die Zeit um 1800, um 1900, aber auch um 2000 feststellen. Im Spannungsfeld der ästhetischen Konzepte reagieren die Autor(inn)en direkt oder verzögert auf die rasanten Veränderungen ihrer Lebenswelt, auf politische Veränderungen oder Modernisierungsschübe, im technischen, wissenschaftlichen oder gesellschaftlichen Feld.

Krise und Erneuerung des Erzählens

Die Erschütterung der Weltsicht durch den Anbruch der Moderne hat zu einer Erschütterung des Sprachverständnisses geführt. Die Sprachskepsis steigert sich zur Sprachkrise, die – hier liegt das Paradoxon vor – sprachlich virtuos von den Autorinnen und Autoren in Gedichten und Essays thematisiert wird, etwa in der bildreichen Sprache des rhetorisch durchkomponierten Chandos-Briefes. Da sich nunmehr die Welt, mithin der Gegenstand des Erzählten, in radikalem Wandel befindet, und die Sprache, also das Medium des Erzählens, nicht mehr unbefangen verwendet werden kann, geraten auch die traditionellen Erzählmuster, somit die Form des Erzählens, in die Kritik. Chronologische Erzählmuster, in sich geschlossene, runde Figurenzeichnungen und stringente Erzählperspektiven, wie sie bis zum bürgerlichen Realismus galten, scheinen ungeeignet, die neu wahrgenommene Komplexität und Heterogenität der Welt zu erfassen. Die Erneuerung des Erzählens setzt ein. Die folgende Gegenüberstellung zeigt wesentliche Aspekte dieses Wandels der Erzählweise auf, der auf der Krise des Erzählens basiert:

Traditionelles Erzählen	Modernes Erzählen
Wahrnehmung der Welt als überschaubar, verstehbar	Wahrnehmung der Welt als unübersichtlich, vielschichtig und brüchig, Zweifel an der Wahrnehmung und dem darstellenden Medium Sprache
Handlungsverlauf orientiert sich am Erzählkern, ist linear und kausal motiviert und geschlossen	Handlungsverlauf z. T. fragmentiert, sprunghaft und assoziativ, offene Handlung, offene Sinnfragen
Erzählfigur häufig in Er/Sie-Form, auktorial, führt die Lesenden durch die erzählte Welt, kommentiert Figuren, verfügt über Innen- wie Außensicht, Erzählperspektive bleibt konstant und hat ordnende Funktion	Erzählfigur häufig in Ich-Form oder personal, subjektive Figurenperspektive oder neutraler Erzählerbericht, Erzählfigur zieht sich hinter die anderen Figuren zurück
Held(inn)en stehen im Mittelpunkt, exemplarische Entwicklung, gesellschaftliches Muster	Krise des Held(inn)en, Antiheld(inn)en, Brüchigkeit, Infragestellung der allgemeinen Relevanz, radikale Subjektivität
konventioneller Erzählbericht, szenische Darstellung und Figurenrede, chronologisch geordnete, realistische Weltsicht der Erzählfigur	Psychologisierung der Darbietungsweise: innerer Monolog, Stream of Consciousness, Perspektivwechsel, heterogene Zeitstruktur, Simultaneität des Erzählten, Montagetechnik
Hervorhebung der Erzählfigur als souveräne schöpferische Kraft des Erzählvorgangs, Sinnstiftung	Betonung der/des impliziten Lesenden, die/der Sinn aus den erzählten Facetten generieren muss, kein Anspruch auf allgemeingültige Sinnstiftung

Realismus (ca. 1850 – 1890)

Epochenbegriff

Man unterscheidet zwischen a) typologischem Realismusbegriff (Realismus als epochenübergreifendes Darstellungsmerkmal) und b) literaturgeschichtlichem Epochenbegriff *Realismus*. Der Epochenbegriff *Realismus* bezeichnet die europäische Literaturepoche zwischen Romantik und Naturalismus. Wirklichkeitsnähe, Lebensechtheit, Widerspiegelung der Alltagswelt sind gefordert, außerdem Beispielhaftigkeit, Verdichtung, Verklärung („poetischer Realismus") im Sinne eines poetischen Mehrwerts, der das gewöhnliche Bild der Erscheinungen übersteigt. Die Wirklichkeit soll durch Auswahl und Konzentration auf Details entstehen; ein/-e distanzierte/-r Autor/-in wird gefordert.

Geschichte und Gesellschaft

1848/49 Gescheiterte Revolution
ab 1864 Aufstieg Preußens
1870/71 Deutsch-französischer Krieg, Proklamation des preußischen Königs Wilhelm I. zum Deutschen Kaiser in Versailles, Einigung des Reichs, Bismarck Reichskanzler („Gründerzeit")
1878 „Sozialistengesetze": Unterdrückung sozialdemokratischer Gruppierungen
1888 – 1918 Wilhelm II. deutscher Kaiser („Wilhelminisches Zeitalter"); Beginn des deutschen Imperialismus

- zunehmende Industrialisierung; rasante Technikentwicklung, beschleunigte Lebensverhältnisse; Urbanisierung, Proletarisierung der Arbeiterschicht, soziale Probleme (Klassengegensätze)
- Tendenzen weiblicher Emanzipation: Frauen im Erwerbsleben, zunehmendes Infragestellen traditioneller Rollenbilder

Literarisches Leben – Themen und Motive der Literatur

- großer Einfluss frz. und russ. Epik auf den deutschen Roman (G. Flaubert *Madame Bovary*; L. Tolstoi *Anna Karenina, Krieg und Frieden*)
- Auseinandersetzung von Individuum und Gesellschaft
- soziale und politische Fragen der Zeit, Eheprobleme: kritische Reflexion in Bildungsromanen

Welt- und Menschenbild

- große Veränderungen, aufkommende Naturwissenschaften bewirken sowohl Fortschrittsglauben als auch Orientierungslosigkeit durch Verlust von traditionellen Werten und Normen
- materialistische, diesseits orientierte Grundhaltung, Bedeutungsverlust der Religion
- in Teilen des Bildungsbürgertums trotz Wohlstand eher resignative Grundstimmung; konservative Wertehaltung, Gebundenheit an soziale Schicht
- Adel und Offizierskorps bestimmen weitgehend das gesellschaftliche Leben, Vorbildfunktion alles Militärischen: Untertanenmentalität, Pflichterfüllung gegenüber dem Staat

Gattungen, Autor(inn)en, Werke

bevorzugte Gattung: Epik
F. Hebbel (1813 – 1863) *Maria Magdalena* (Drama)
Th. Storm (1817 – 1888) *Pole Poppenspäler, Der Schimmelreiter, Immensee*
Th. Fontane (1819 – 1898) *Irrungen, Wirrungen, Frau Jenny Treibel, Effi Briest*
G. Keller (1819 – 1890) *Die Leute von Seldwyla; Der grüne Heinrich*
C. F. Meyer (1825 – 1889) *Das Amulett, Der Schuss von der Kanzel*
A. Stifter (1805 – 1868) *Nachsommer, Bunte Steine*
Gustav Freytag (1816 –1895) *Soll und Haben*

Naturalismus (ca. 1880 – 1900)

Epochenbegriff

Der Naturalismus gilt als europäische Strömung; Vorbilder für die deutsche Literatur sind die gesellschaftskritischen Romane des Franzosen É. Zola, die skandinavische Literatur von H. Ibsen, A. Strindberg, die russische von F. Dostojewski, M. Gorki. Das Programm des Realismus wird eingeengt auf a) die Darstellung des Elends von Kleinbürgertum und Proletariat, b) die Kritik an der Doppelmoral und Gleichgültigkeit des Bürgertums hinsichtlich ungelöster sozialer Probleme der Industriegesellschaft. Von Arno Holz wird die Formel *Kunst = Natur – x* entwickelt; x soll möglichst klein sein, d. h. das Kunstwerk gilt als umso vollkommener, je mehr es sich der Natur (= die sozialen Verhältnisse) annähert. Das bedeutet eine möglichst objektive Darstellung der Wirklichkeit, Absehen von der subjektiven Meinung und Deutung der Künstler. Neue Darstellungsmittel werden eingesetzt wie Dialekt und Umgangssprache, Verzicht auf gebundene Sprache (gilt als unnatürlich), *Sekundenstil* (Deckungsgleichheit von erzählter Zeit und Erzählzeit).

Geschichte und Gesellschaft

um 1890 erste Regierungsjahre Wilhelms II., letzte Regierungsjahre Bismarcks: deutschnationale Euphorie

- Hochphase des deutschen Imperialismus (Tendenz zum Militarismus)
- einseitige Entwicklung und Verteilung des Kapitals (u. a. durch Bismarcks Schutzzollpolitik)
- Zuspitzung der sozialen Lage, Verschärfung gesellschaftlicher Gegensätze

Literarisches Leben – Themen und Motive der Literatur

- sozialkritische Tendenzen, Künstler in Opposition zur gutbürgerlichen Gesellschaftsordnung
- Durchschnittsmenschen als Produkt ihres Milieus, ihrer Umgebung
- Großstadt: Arbeitermilieu, Mietskasernen, Elendsquartiere, Arbeits- und Obdachlosigkeit, Familienprobleme, soziale Verelendung, Krankheit, Alkoholismus
- von Wilhelm II. als „Rinnsteinkunst" diffamiert

Welt- und Menschenbild

- Einbeziehung neuster Erkenntnisse der Naturwissenschaften; antimetaphysischer, empirischer Positivismus
- Einfluss der deterministischen Gesellschaftstheorie des französischen Philosophen Auguste Comte
- Der Mensch wird im Bedingungsgefüge (Determinismus) von Psyche, Trieben, sozialem Milieu und Umwelt gesehen und begriffen, dadurch werden seine Verhaltensweisen determiniert
- Leugnung des freien Willens zugunsten eines kausalgesetzlichen Ablaufs der Dinge

Gattungen, Autor(inn)en, Werke

Dominanz des Dramas
Johannes Schlaf (1862 – 1941) und Arno Holz (1862 – 1941) beide vor allem als Autorenteam tätig: *Papa Hamlet, Die Familie Selicke*
G. Hauptmann (1862 – 1946) *Vor Sonnenaufgang, Der Biberpelz, Die Ratten, Die Weber*

Expressionismus (ca. 1905 – 1925)

Epochenbegriff

1911 wird *Expressionismus* als Begriff für eine Berliner Sammelausstellung französischer Maler verwendet, danach auf die Literatur übertragen und gilt als Ausdruck des Protests junger Künstler aus mittelständischem, z. T. großbürgerlichem Milieu (oft Doppelbegabungen) gegen das wilhelminische Bürgertum mit seinen erstarrten Konventionen sowie das kapitalistische Wirtschaftssystem. Der Zusammenschluss von Künstlergruppen spiegelt sich in einer Vielzahl von Manifesten und Programmatiken. Die Suche nach dem „Neuen Menschen" („Menschheitspathos"), nach ihm adäquaten neuen Ausdrucksformen, findet sich vor allem in Lyrik und Drama: Ablehnung des Mimesis-Gedankens der Kunst, Propagierung der „Ästhetik des Hässlichen". Oft stehen traditionelle Form (z. B. Sonett) und provozierender Inhalt als Ausdruck für katastrophale Erschütterungen der Zeit in Kontrast. Asyndetischer Reihungsstil, elliptischer Satzbau, starke Bildlichkeit und Metaphorik, Farbsymbolik, Synästhesie, Neologismen und Montage sind weitere epochentypische Mittel und Formen.

Geschichte und Gesellschaft

1908 Automobilisierung (Fließbandproduktion Ford)
1910 Halleyscher Komet: Hoffnung auf Erneuerung und Angst vor Untergang der alten Gesellschaftsordnung
1912 Untergang der *Titanic*: Erschütterung in den Fortschrittsglauben
1914 – 18 Erster Weltkrieg: Zusammenbruch der k.u.k.-Monarchie, Niederlage Deutschlands, Abdankung des Kaisers
1915 A. Einsteins Relativitätstheorie
1917 Russische Oktoberrevolution
1918 Bürgerkrieg in Berlin, Münchner Räterepublik
1918/19 Friedensvertrag von Versailles; Weimarer Republik; „Dolchstoßlegende", hohe Reparationszahlungen Deutschlands

- neue Medien: Rundfunk und Film vereinnahmen die Unterhaltungsindustrie

Welt- und Menschenbild

- kritische Auseinandersetzung mit den Errungenschaften der modernen Zivilisation
- Protestbewegungen gegen erstarrte Konventionen und verlogene Moral einer als überkommen empfundenen bürgerlichen Gesellschaft
- „Janusgesicht der Moderne": Zukunftseuphorie sowie Skepsis gegenüber Technik und Erneuerung; Kriegseuphorie sowie totale Ablehnung des Krieges
- Kunst als Beitrag zur Weltveränderung

Gattungen, Autor(inn)en, Werke

vorherrschende Gattung: Lyrik, später auch Drama (G. Kaiser); K. Pinthus' Anthologie *Menschheitsdämmerung*
Gottfried Benn, Paul Boldt, Jakob van Hoddis, Georg Heym, Else Lasker-Schüler, Alfred Lichtenstein, Oskar Loerke, Ernst Stadler, August Stramm, Georg Trakl

Literarisches Leben – Themen und Motive der Literatur

- Weltende, Apokalypse, Werteverfall, Gewaltfantasien: Endzeitstimmung als Bild für Zusammenbruch der abendländischen Kultur
- Großstadt mit all ihren Facetten; antiidyllische Naturlyrik
- kritische Auseinandersetzung mit technischem Fortschritt (Eisenbahn)
- Krieg, Tod, Sinnlosigkeit des Lebens; Orientierungslosigkeit, Dissoziation des Ich, Anonymität, Kommunikationslosigkeit
- Visionen von Aufbruch, Revolution

Rahmenthema 4: Vielfalt lyrischen Sprechens

Was ist Lyrik?

Lyrik ist der Fachausdruck für Gedichte. Ein Gedicht ist leicht von einem erzählenden Text zu unterscheiden: Es gliedert sich in Verse und hat daher einen Flatterrand. Oft sind Gedichte auch in Strophen unterteilt und gereimt.

Lyrik zeichnet sich durch „verdichteten" Sprachgebrauch aus. Die sinnliche Seite der Sprache steht häufig im Mittelpunkt:
- der Klang der Wörter
- die Folge der Wörter in einem Sprechzusammenhang (Rhythmus)
- das Verhältnis von betonten und unbetonten Silben
- die Optik der Wörter

Bildlichkeit trägt in vielen lyrischen Texten zu einer Bedeutungsbildung bei, die Wahrnehmungen und Gefühle in besonders strenger Form, allerdings durchaus mehrdeutig vorstellt. Individuelle, sehr persönliche Sichtweisen auf Gegenstände überwiegen. Gedichte sind vielfach „Verdichtung", zeichnen sich durch besondere Prägnanz aus. Ein Beispiel:

Nicht müde werden (1964) *Hilde Domin (1909–2006)*

Nicht müde werden
sondern dem Wunder
leise
wie einem Vogel
die Hand hinhalten

Quelle: Hilde Domin: Nicht müde werden. Aus: Dies., Gesammelte Gedichte. Frankfurt a.M.: S. Fischer 1987, S. 294

Bei diesem modernen Gedicht wird mithilfe eines Vergleichs eine Art Lebensweisheit ausgedrückt. Das „Wunder" wird mit einem flatterhaften „Vogel" verglichen, dem man die Hand hinhalten soll, obwohl es natürlich lange dauern kann, bis er sich auf einer ausgestreckten Hand niederlässt. Man soll die Hoffnung auf ein Wunder also nicht aufgeben, auch wenn es manchmal aussichtslos erscheint.
Dies ist zunächst eine textimmanente Erschließung. Darüber hinaus können Fragen zum biografischen oder literarhistorischen Kontext – Hilde Domin hat viele Jahre im Exil verbringen müssen – Deutungshinweise liefern (→ S. 27 f.). Eine vorschnelle Interpretation der Gedichtaussage als Ausdruck biografischer Brüche und schwieriger Situationen im Leben der Autorin sollte allerdings vermieden werden (Sprecherin/Sprecher im Gedicht → S. 155).

Ein kurzer Abriss zur Geschichte der Gattung

Lyrik gilt als diejenige poetische Gattung, die menschliche Stimmungen in stärkster Weise ausdrücken kann. Abgeleitet vom griechischen Wort *lyrikós* (zum Spiel der Lyra, der Leier gehörend) wird der Lied- und Vortragscharakter der antiken Herkunft betont. Seit dem 18. Jahrhundert wird die heute noch übliche Definition von Lyrik als eine der drei Hauptgattungen neben Epik und Dramatik gebraucht.
Bei dem Formenreichtum, den die Lyrik seit der Antike entwickelte, sind als Grundkonstanten Rhythmus, Metrum, Vers, teilweise auch Reim und Strophe zu identifizieren.

Die germanische Stabreimkunst, deren Gesetze nicht überliefert sind, sondern erst im 19. Jahrhundert rekonstruiert wurden, ist heute allenfalls in Wendungen wie „Haus und Hof" noch nachzuweisen, prägte aber bis zum *Hildebrandslied* (althochdeutsch, 9. Jahrhundert) eine eigenständige lyrische Tradition im nordwestlichen Europa.
Als besondere Blütezeit gilt das Hochmittelalter (11. – 13. Jahrhundert). Der höfische *Minnesang* ist vor allem mit Walther von der Vogelweide (um 1170 bis ca. 1230) verbunden, aber auch bedeutende Versepen wie das „Nibelungenlied" kennzeichnen diese Epoche. Eine weitere im deutschsprachigen Raum entstandene Dichtkunst ist der zunftbürgerliche *Meistergesang* im 16. Jahrhundert, verbunden vor allem mit dem Namen Hans Sachs (1494 – 1576).
Als eigentlicher Beginn einer vor allem an italienischen Renaissancevorbildern geschulten und orientierten Dichtkunst in deutscher Sprache gilt das aus heutiger Sicht strenge Regeln der Form benennende *Buch von der deutschen Poeterey* (1624) von Martin Opitz (1597 – 1639). Die damit erstmals theoretisch fundierte Barocklyrik fand Ausprägungen vor allem im weltlichen und geistlichen Sonett (→ S. 153), aber auch in *Kirchenliedern* oder Epigrammen (→ S. 153) sowie weiteren in dieser Epoche gepflegten lyrischen Formen.
Als ein Höhepunkt deutscher Literatur gilt (nicht nur in der Lyrik) das dichterische Schaffen von Johann Wolfgang Goethe (1749 – 1832), Friedrich Schiller (1759 – 1805) und Friedrich Hölderlin (1770 – 1843) sowie die Lyrik der Romantik, verbunden mit Namen wie Novalis (1772 – 1801) oder Joseph von Eichendorff (1788 – 1857).
Mit Heinrich Heine (1797 – 1856) wird eine häufig ironisch gebrochene romantische Lyrik verbunden, aber auch politisch engagierte Dichtung des Vormärz.
Während die von Goethe und Schiller geprägte Lyrik des Sturm und Drang und der Klassik als Stimmungs-, Erlebnis- oder Ausdrucksdichtung charakterisiert und als, aus heutiger Sicht, traditionell bezeichnet wird, gilt die sogenannte Moderne als den Lesenden gegenüber bewusst sperrig.
Wenn Einfühlen und Nacherleben, auch Schönheit als nicht nur ästhetische Kategorie das Typische klassischer Lyrik umreißen, ist gerade im Verzicht auf Formbegrenzung bzw. im bloßen Spiel mit der Form die Moderne ausgewiesen, in Frankreich seit der Mitte des 19. Jahrhunderts, in Deutschland eher um 1900.

Die im Naturalismus, Expressionismus oder Dada(ismus) entwickelten sprachlichen Entgrenzungen haben im 20. Jahrhundert keine ausschließlich daran anknüpfende „Dichterschule“, sondern auch Gegenbewegungen und eine von manchen als epigonal (nachahmend) betrachtete Lyrik mit gestalterischen Bezügen auf die klassischen Vorbilder hervorgebracht. Eine Tendenz zur Verrätselung und zum Experiment ist allerdings seit dem Epochenumbruch um 1900 aus der deutschsprachigen Lyrik nicht mehr wegzudenken.

Möglichkeiten der Einordnung von Lyrik bieten – zunächst unabhängig von literarhistorischen Kontexten – thematisch und motivisch begründete Zuordnungen:

Gedichte	**Thema/Motiv**
Alltagslyrik	Erfahrungssplitter und persönliche Impressionen aus dem Alltag sind kennzeichnend (z. B. in der Lyrik von Rolf Dieter Brinkmann).
Gedankenlyrik	Weltanschauliche und philosophische Fragen werden thematisiert (z. B. Lebenskrisen, Identitätsprobleme, Menschenbild).
Großstadtlyrik	Thema ist das Erleben der Großstadt (vor allem im Expressionismus stark vertreten, z. B. Georg Heym *Der Gott der Stadt*).
Liebeslyrik	Wonnen und Schmerzen der Liebe gehören zu den ältesten Motiven in der Lyrik und werden häufig gefühlsbetont verarbeitet.
Naturlyrik	Naturbegegnung und Naturerleben (wie der Jahreszeitenwechsel) sind ein vorrangiges Thema (z. B. in der Romantik).
Poetologische Lyrik	Gedichte werden zum Gegenstand des Gedichts und als Form reflektiert (z. B. in Goethes *Gedichte sind gemalte Fensterscheiben* oder in Brechts *Schlechte Zeit für Lyrik*).
Politische Lyrik	Aussagen zu politischen Ereignissen sind als Appell/Kritik formuliert (z. B. im Vormärz/Junges Deutschland: Heinrich Heine *Die schlesischen Weber*).

Hinweise zu Tendenzen der **Gegenwartslyrik** finden Sie auf Seite 170.

Formen der Lyrik

Gedichte können nach inhaltlichen, formalen und literarhistorischen Gesichtspunkten klassifiziert werden, z. B.:

Formen der Lyrik	Merkmale
Ballade	In Versform erzählte Geschichte mit Dialogelementen: Die Zuordnung zur Lyrik ist aber umstritten; andere Kategorisierungen betonen die epischen und dramatischen Aspekte der Ballade.
Elegie	formstrenges Klagelied in der Antike; Trauer, Schwermut und Sehnsucht sind zentral
Epigramm	Sinngedicht; kurz und pointiert formulierter, scharfsinniger Einfall, z. T. satirisch; im Unterschied zum Aphorismus in Reimform verfasst
Hymnus/ Hymne	ursprünglich ein Lob- und Preisgesang in der Kirchenliturgie; bei Goethe und Schiller freier gefasst
Lied	oft Volkslied, einfache Verse; Höhepunkte der Lieddichtung im Mittelalter (Minnesang) und der Romantik um 1800
Ode	ursprünglich ein Chorgesang im antiken Drama; dann rhythmisch freier, mit feierlichem Inhalt
Sonett	14-zeilige Gedichtform seit der italienischen Renaissance; im Barock besonders beliebt; besteht in der Regel aus zwei Quartetten und zwei Terzetten

Darüber hinaus gibt es noch weitere Formen bzw. Klassifizierungen, z. B.:
- Anakreontik, eine Stilrichtung Mitte des 18. Jahrhunderts nach antikem Muster, heitere und graziöse Verse in Anlehnung an Anakreon (ca. 580 – 490 v. Chr.),
- experimentelle Gedichtformen, in denen die Sprache selbst zum Inhalt und Zweck des Gedichts wird, z. B. in der konkreten Poesie mit Vertretern wie Eugen Gomringer (*1925) und Ernst Jandl (1925 – 2000) sowie
- Kleinformen, wie z. B. Haiku, Elfchen und Limerick.

Das Sonett

Eine besonders typische Gedichtform des Barock (1600 – 1720), auch im Expressionismus vertreten, stellt das Sonett dar, das Ihnen hier exemplarisch vorgestellt wird. Die 14 Zeilen werden zumeist in zwei *Quartette* (Strophe mit je vier Versen) und zwei *Terzette* (Strophe mit je drei Versen) gegliedert und realisieren sehr häufig ein typisches Reimschema – im Barock nach italienischem Vorbild (Francesco Petrarca 1304 – 1374) –, mit doppelten Blockreim der Quartette abba abba cdc cdc (dagegen bei Shakespeare: abab cdcd efef gg). Am französischen Vorbild orientierte sich die deutschsprachige Barockdichtung beim Versmaß durch den Gebrauch von Alexandrinern (→ S. 157).
Der asymmetrische Aufbau des Sonetts erzeugt eine formale und inhaltliche Spannung. Themen können dadurch argumentativ entfaltet werden; die Sprecherin / der Sprecher im Gedicht kann ihr/sein Thema reflektieren.

Im Rahmen der Poetikvorgaben des Barock stellen die Quartette in *These* und *Antithese* Aussagen über einen bestimmten Kanon von Themen (z. B. Liebe, Tod/Vergänglichkeit, vanitas) vor, die Terzette bündeln diese Aussagen und führen sie zu einer *Synthese*. Das Sonett ist auf das pointierte Ende hin angelegt, zeigt damit eine Finalstruktur. Ein Beispiel:

Schlussgedicht der „Waldmonologe aus Kreuth“ (1908)

Paul Heyse (1830–1914)

Sieh das Sonett! Kannst du ein Gleichnis nicht
In seiner Strophen Viergestalt gewahren,
Das Bild von zwei verbundnen Menschenpaaren?
Voran die Eltern, Leute von Gewicht.

Was er mit seinem würd'gen Tone spricht
Bestätigt sie, bemüht, ihm zu willfahren.
So schwierig manchmal auch die Reime waren,
Sie hält sich stets an seiner Seite dicht.

Dann folgen flink den Alten auf dem Fuß
Von schlankem Wuchs leichtherzig die zwei Jungen,
die man für Liebesleutchen halten muss.

Er raunt ins Ohr ihr zarte Liebkosungen,
Und mit des letzten Reims behändem Schluss
Hat sein Terzinchen küssend er umschlungen.

Quelle: Paul Heyse: Schlussgedicht der „Waldmonologe aus Kreuth“. Aus: Ders., Gesammelte Werke. Dritte Reihe. Bd. V. Stuttgart/Berlin: J. G. Cottasche Buchhandlung, 1924. S. 282.

Das Reimschema in Heyses Sonett weicht nur im zweiten Terzett vom Barockmuster ab. Anhand des Bildes von zwei Paaren zweier Generationen wird die Sonettform vorgestellt, in der Abweichung vom Vorbild nicht stärker variierend als schon im Barock möglich. Nicht nur in klassisch gebauten Gedichten wie im barocken Sonett sind häufig Gegensatzpaare zu finden. Gegensätze, Widersprüche, widerstreitende Gefühle im Gedicht sind Möglichkeiten, um der Gedankenstruktur näher zu kommen. Auch Steigerungen oder Wendungen – etwa im abschließenden Vers oder Verspaar – bieten Hinweise.

Elemente lyrischer Texte

Motiv – Thema – Titel

Mit dem Ermitteln von Widersprüchen oder Wendungen sind erste Schritte einer Gedichtanalyse eingeleitet. Diese Analyse ähnelt gelegentlich einer Übersetzungsarbeit, denn die gedankliche Struktur erschließt sich meist nicht auf den ersten Blick. Mithilfe einiger Aspekte ist es möglich, sich dieser Struktur zu nähern:
Oft wird ein *zentrales Motiv* oder auch *Leitmotiv* im Gedicht verarbeitet, das Veränderungen erfährt oder zumindest Präzisierungen (z. B. unerfüllte Liebe). Die Worte, die zu diesem Motiv in Beziehung stehen, zeigen die Motiventwicklung an. Damit eng zusammenhängend ist das Thema des Gedichts, auf das häufig auch der Titel hinweist. Dieser Titel bzw. diese Überschrift, wenn sie nicht dem Eingangsvers entspricht, hat eine Hinweisfunktion, die in der Analyse zu klären ist.

Das Gedicht als Kommunikationsangebot

Sprecherin/Sprecher (im Gedicht)

Wie im Bereich der Epik kann die Autorin / der Autor nicht mit der/dem (ausdrücklich oder unmerklich) Sprechenden im Gedicht gleichgesetzt werden. Eine Nähe oder Übereinstimmung zwischen der Figur, die im Gedicht die Stimme erhebt, und die Autorin / der Autor des Gedichts ist im Einzelnen mit Textbelegen nachzuweisen. Gelegentlich wird der Begriff *lyrisches Ich* als Synonym für jedes Sprechen im Gedicht benutzt. Als eine Art Oberbegriff für dieses Sprechen, unabhängig von der konkreten Ausprägung, setzt sich aber zunehmend *Sprecherin/Sprecher im Gedicht* oder nur *Sprecherin/Sprecher* durch. Damit werden sowohl die identifizierbaren Sprechrollen (zumeist eine) als auch ein gestaltloses Sprechen (das Fehlen einer/eines erkennbaren Sprechenden) benannt.

Sprechweise

Die Sprecherin bzw. der Sprecher im Gedicht kann in ganz unterschiedlicher Weise kommunizieren: Trotz der subjektiven Färbung und der häufig erkennbaren Selbstäußerung in vielen Gedichten ist auch ein *sachliches Sprechen* möglich. Hilde Domins Gedicht „Nicht müde werden“ kann als Appell verstanden werden, als Aufforderung der/des Sprechenden an sich selbst oder an andere.
Eine ironische Aussage ist im Gedicht ebenfalls möglich; die Kurzform des Epigramms (→ S. 153) gilt als geradezu prädestiniert für Ironie. Ein Beispiel:

Der Deutsche Krieg (um 1628) *Friedrich von Logau (1604–1655)*

Was hat doch bracht das deutsche Kriegen?
Dass wir nun ruhn, weil wir ja liegen.

Quelle: Friedrich von Logau: Der Deutsche Krieg. Aus: Heinz Ludwig Arnold (Hrsg.), Deutschland! Deutschland? Texte aus 500 Jahren von Martin Luther bis Günter Grass. Frankfurt a. M.: S. Fischer 2002, S. 73

Vers – Metrum – Reim

Vers und Zeilenumbruch

In Gedichten wird der Zeilenumbruch, die Anordnung der Textzeilen auf einer Druckseite, in besonderer Weise genutzt. Dieser Umbruch kann in drei Erscheinungsformen beschrieben werden:

Enjambement (Zeilensprung)	Der Satz- und Sinnzusammenhang reicht über das Vers- oder Strophenende hinaus. Das Enjambement hebt vor allem Begriffe am Versende hervor.	Über allen Gipfeln / Ist Ruh ... (J. W. Goethe, *Ein gleiches / Wandrers Nachtlied*)
Hakenstil	In dieser Folge von Enjambements erscheinen die Verse durch die übergreifenden Satzbögen wie verhakt.	Danke ich brauch keine neuen / Formen ich stehe auf / festen Versesfüßen und alten / Normen Reimen zu Hand ... (Ulla Hahn, *Ars poetica*)
Zeilenstil	Satz- und Versende fallen zusammen.	Wer reitet so spät durch Nacht und Wind? / Es ist der Vater mit seinem Kind; / Er hat den Knaben wohl in dem Arm, / Er fasst ihn sicher, er hält ihn warm. ... (J. W. Goethe, *Erlkönig*)

Metrum

Die Betonungsverhältnisse im Gedicht werden, wenn sie regelmäßig sind, als *Metrum* oder *Versmaß* bezeichnet. Dabei unterscheidet man die Silbenabfolge, die sogenannten *Versfüße*, in *betonte* x̂ und *unbetonte* Silben x.
Davon unterscheidet man den *Rhythmus*, der zwar diese Betonungen beim Sprechen berücksichtigt, aber dem Sinn der Worte und Sätze folgt.
Die Begriffe für das Versmaß und die regelmäßigen Strophenformen stammen aus der griechischen Antike.

Die wichtigsten Fachbegriffe zur Lyrik

Begriff	Erläuterung	Beispiel
Metrum	Versmaß mit Versfüßen als kleinsten Einheiten	betonte Silbe: x̂ unbetonte Silbe: x
Hebungen	betonte Silben im Vers: Je nach Zahl der Hebungen im Vers kann etwa vom jambischen Fünf- oder Sechsheber als Versmaß gesprochen werden.	Vor grauen Jahren lebt' ein Mann in Osten ... (G. E. Lessing) x x̂ x x̂ x x̂ x x̂ x x̂ x (Blankvers: 5-hebig) Du siehst, wohin du siehst, nur Eitelkeit auf Erden (A. Gryphius) x x̂ x x̂ x x̂ x x̂ x x̂ x x̂ x (Alexandriner: 6-hebig)
Senkungen	unbetonte Silben im Vers	
Versfüße		
Jambus	zweihebiger Versfuß: unbetont – betont	Der Mond ist aufgegangen x x̂ x x̂ x x̂ x
Trochäus	zweihebiger Versfuß: betont – unbetont	Nacht ist wie ein stilles Meer x̂ x x̂ x x̂ x x̂
Daktylus	dreihebiger Versfuß: betont – unbetont – unbetont	Leidenschaft führt mir die ... x̂ x x x̂ x x
Anapäst	dreihebiger Versfuß: unbetont – unbetont – betont	Aus der Hand frisst der Herbst ... x x x̂ x x x̂
Versformen		
Hexameter	epischer Vers aus sechs Versfüßen (meist Daktylen) um eine Silbe gekürzter letzter Versfuß	Hûrtig mit Dônnergepôlter entrôllte der tûckische Mârmor (Homer)
Alexandriner	sechshebiger Vers mit 12 oder 13 Silben	→ Hebungen
Knittelvers	vierhebiger, unregelmäßiger Vers	Hâbe nun, âch! Phîlosophîe, Jûristerêi und Mêdizîn ... (J. W. Goethe)
Blankvers	fünfhebiger Jambus	→ Hebungen
Distichon	Kombination von zwei Versen: ein daktylischer Vers mit sechs bzw. fünf Versfüßen (Hexameter, Pentameter	Wanderer, kommst du nach Sparta, verkündige dorten, du habest / uns hier liegen gesehn, wie das Gesetz es befahl. (griech. Grabinschrift – Epitaph – übersetzt von F. Schiller)

Strophenformen		
einfache Liedstrophe	vierzeilige Strophe mit häufig regelmäßigem Wechsel betonter und unbetonter Silben (alternierendes Metrum) und Endreim mindestens zweier Verse	Wie herrlich leuchtet Mir die Natur! Wie glänzt die Sonne! Wie lacht die Flur! (J. W. Goethe, *Mailied*)
Sestine	sechszeilige Strophe mit regelmäßigem Reimschema	*aabbcc* oder auch: *ababcc*

Reim

Das klangliche Element des Reims prägt traditionell gebaute Gedichte. Mithilfe des Reims sind zahlreiche Möglichkeiten dichterischen Ausdrucks verbunden:

Reim	Gleichklang zweier oder mehrerer Lautgruppen	
Reimarten	– *Stabreim:* anlautende Konsonanten (Alliteration) – *Endreim:* auslautende Vokale und Konsonanten – *Assonanz:* gleichlautende Vokale – *Binnenreim:* zwei oder mehr Wörter in einem Vers reimen sich	Man(n) merkt manches Strand – Sand Zug – Buch Oh Holpern und Stolpern
Reimschema/ Reimstellungen	Darstellung der verschiedenen Endreimformen durch Kleinbuchstaben	– *Paarreim:* aabbcc ... – *Kreuzreim:* abab ... – *umarmender Reim:* abba
Versende		
Kadenz	Form des Versendes: – *klingende oder weibliche Kadenz:* Abschluss mit betonter und unbetonter Silbe (x̂ x) – *stumpfe oder männliche Kadenz:* Abschluss mit einer betonten Silbe (x x̂)	Fest gemauert in der Erden x̂ x x̂ x x̂ x x̂ x Steht die Form, aus Lehm gebrannt. x̂ x x̂ x x̂ x x̂ (F. Schiller, *Das Lied von der Glocke*)

Wortwahl und Satzbau

Eine ungewöhnliche Satzstellung ist vielen Gedichten eigen, auch unvollständige Sätze oder gar Satzfetzen finden sich in moderner Lyrik häufiger. Damit kann z. B. ein pathetischer Ton verbunden sein; Ungewohntes und damit Ungewöhnliches wird erzeugt. Ein Beispiel:

Erinnerung an die Marie A. (1924) *Bertolt Brecht (1898–1956)*

1
An jenem Tag im blauen Mond September
Still unter einem jungen Pflaumenbaum
Da hielt ich sie, die stille bleiche Liebe
In meinem Arm wie einen holden Traum.
[...]

Quelle: Bertolt Brecht: Erinnerung an Marie A. Aus: W. Hecht u. a. (Hrsg.), Bertolt Brecht. Werke. Große kommentierte Berliner und Frankfurter Ausgabe. Bd. 11: Gedichte I. Frankfurt a. M.: Suhrkamp 1988, S. 92

Mit Ellipsen, Wiederholungen (Anapher, Parallelismus) von Wörtern oder Satzteilen erzeugen Gedichte ihre je eigene Stimmung. Diese Mittel sind auch in der Rhetorik gebräuchlich.

Sprachliche Bilder/Bildlichkeit

Sprachliche Bilder werden in allen mündlichen und schriftlichen Kommunikationssituationen gebraucht. Wenn ein Baby als *Sonnenschein* bezeichnet wird, ist das Alltagssprache. Das *sprachliche Bild* ist der Oberbegriff zu Metapher, Vergleich, Metonymie, Allegorie und Symbol (→ rhetorische Mittel, S. 160 ff.). All diese Bilder sind auch außerhalb von Lyrik zu finden; viele werden oft unbewusst angewendet. Manche Bilder sind im Sprachgebrauch bereits so etabliert, dass sie gar nicht mehr als solche erkannt werden (*Ich habe einen Berg von Aufgaben.*).

In der modernen Dichtung sind Verrätselungen in sprachlichen Bildern zu finden; man bezeichnet sie als *Chiffren*. Ursprünglich meint Chiffre ein Geheimzeichen, das nur durch Kenntnis eines „Schlüssels" entziffert, also: dechiffriert, werden kann. In der Lyrik geht es um Worte und Wörter, die – abgelöst von ihrer ursprünglichen Bedeutung – ihren Sinn erst im vom Dichter geschaffenen Assoziationsraum gewinnen. In Paul Celans *Todesfuge* handelt es sich bei der Wendung von der „schwarzen Milch der Frühe" um eine solche Chiffre; in der Lyrik des Expressionismus steht die Farbe „blau" für einen solchen neu geschaffenen Assoziationsraum.

Rhetorische Mittel

Folgende rhetorische Figuren und Fachbegriffe können Ihnen als Hilfsmittel für die Textanalyse sehr von Nutzen sein:

Fachbegriff/ rhetorische Figur	Erklärung	Beispiel
Allegorie	Sinnbild für einen abstrakten Begriff	*Justitia* als Frau mit verbundenen Augen; Waage und Schwert als Sinnbild für *Gerechtigkeit*
Alliteration	Wiederkehr desselben Anlauts bei mehreren aufeinanderfolgenden Wörtern	Milch macht müde Männer munter.
Anapher	Wiederholung mindestens eines Wortes am Vers- oder Satzanfang	Es zu kämmen gegen den Strich/ Es zu paaren widernatürlich / Es nackt zu scheren (M. L. Kaschnitz, *Ein Gedicht*)
Antithese	Gegenüberstellung gegensätzlicher Aussagen	Tages Arbeit; abends Gäste; / Saure Wochen, frohe Feste! (J. W. Goethe)
Apostrophe	Form der Anrede: Abwendung vom Publikum, Hinwendung zu anderen Ansprechpartnern	Ihr Götter, steht mir bei!
Assonanz	Reim nur der Vokale, nicht der ganzen Silbe	Romanzen vom Rosenkranz (C. Brentano)
Asyndeton / asyndetische Reihung	Aneinanderreihung ohne beiordnende Konjunktion (Gegenteil → Polysyndeton)	Falschgeldprägen, Lichtausknipsen, Zähneputzen, Totschießen. (G. Grass, *Die Blechtrommel*)
Chiasmus	kreuzweise bzw. spiegelbildartige Stellung von Satzgliedern	Die Kunst ist lang! / Und kurz ist unser Leben. (J. W. Goethe, *Faust I*)
Ellipse	unvollständiger Satz	Wohin gehst du? *Nach Hause.*
Enumeratio	Aufzählung	Alles rennt, rettet, flüchtet. (F. Schiller, *Die Glocke*)
Epipher	Wiederholung desselben Worts / derselben Wörter am Schluss parallel gesetzter Wortgruppen oder Sätze	Doch alle Lust will *Ewigkeit,* / will tiefe, tiefe *Ewigkeit!* (F. Nietzsche, *Also sprach Zarathustra*)
Euphemismus	Untertreibung, mildernder oder beschönigender Ausdruck	*ein kleines Problem* (statt: *eine schwierige Situation*)

Hyperbel	Übertreibung	blitzschnell; Schneckentempo
Inversion	Umstellung von Wörtern im Gegensatz zur üblichen Syntax	Einen Krimi lese ich gern.
Ironie	Es wird das Gegenteil von dem gesagt, was gemeint ist.	Ich finde es prima, dass du heute wieder zu spät kommst.
Klimax	Höhepunkt, steigernde Reihung	Heute back' ich, morgen brau' ich, übermorgen hol' ich der Königin ihr Kind. (*Rumpelstilzchen*)
Litotes	Verneinung oder Abschwächung des Gegenteils	*nicht hässlich* (statt: *schön*); *nicht übel* (statt: *gut*)
Metapher	Bedeutungsübertragung in der Beziehung der Ähnlichkeit, sprachliches Bild	Mauer des Schweigens; Licht der Wahrheit; *Durchbohrt* hat mich der Läst'rung *giftiger* Speer. (F. Schiller)
Metonymie	Ersetzung eines Wortes durch eines, das mit ihm in einer logischen Verbindung steht	*Das Weiße Haus meldet …* (statt: *Der amerikanische Präsident …*)
Neologismus	Wortneuschöpfung	schwerschwarz (G. Grass, *Die Blechtrommel*)
Onomatopoesie	Lautmalerei	grrrrmpft!; knistern und knastern
Oxymoron	Verbindung zweier sich widersprechender Begriffe	bittersüß; schwarze Milch (P. Celan, *Todesfuge*)
Paradoxon	(scheinbarer) Widerspruch	Die Tragödie des Alters ist nicht alt zu sein, sondern jung. (O. Wilde)
Parallelismus	Wiederholung derselben Wortstellung bei nebeneinandergereihten Satzgliedern oder Sätzen	Heiß ist die Liebe, kalt ist der Schnee. Wie ist das Wetter, wie ist die See?
Parenthese	Einschub, Schaltsatz	Ich möchte dir – ich fasse mich kurz – von den Ereignissen erzählen.
Personifikation	Vermenschlichung von Tieren, Gegenständen oder abstrakten Begriffen	Väterchen Frost; die Sonne lacht
Pleonasmus	überflüssige Verbindung von Wörtern mit gleicher Bedeutung zur Verstärkung	schwarzer Rappe; weißer Schimmel

Polysyndeton	Reihung von beiordnenden Konjunktionen (Gegenteil → Asyndeton)	*Und* es wallet *und* siedet *und* brauset *und* zischt. (F. Schiller, *Der Taucher*)
Prämisse	Grundannahme, auf der weitere Überlegungen aufbauen	Ich glaube an den Menschen und das heißt, ich glaube an seine Vernunft! (B. Brecht, *Leben des Galilei*)
Refutatio	Vorwegnahme eines möglichen Einwands, der sogleich widerlegt wird	Sie werden sagen, dass ..., aber ...
rhetorische Frage	Frage, auf die keine Antwort erwartet wird oder deren Antwort bereits feststeht	Möchten Sie gerne Ferien?
Suggestivfrage	Frage, die eine bestimmte Auslegung durch den Zuhörer nahelegt	Könnte es vielleicht sein, dass Ihnen Hausarbeiten lästig sind?
Syllogismus	logische Denkfigur, bei der aus zwei Prämissen ein Schluss gezogen wird	Stimmbänder sind notwendig, um sprechen zu können. Fische haben keine Stimmbänder. Also können Fische nicht sprechen.
Symbol	ein konkretes Zeichen für ein bestimmtes Handeln oder einen bestimmten Gegenstand	*Kreuz* als Symbol des christlichen Glaubens; *Taube* als Symbol für Frieden
Synästhesie	Vermischung verschiedener Sinneseindrücke	heiße Musik; schreiende Farben
Synekdoche	Bezeichnung, die einen Teil für das Ganze setzt (Pars pro Toto) oder das Ganze durch einen Teil wiedergibt (Totum pro Parte)	Wir flehen um ein *wirtlich Dach* (für: *gastfreundliches Haus*) (F. Schiller)
Tautologie	Doppelaussage, oft synonym zu → Pleonasmus gebraucht	nackt und bloß; einzig und allein; alter Greis
Trikolon	dreigliedriger Ausdruck	Und wiegen und tanzen und singen dich ein. (J. W. Goethe, *Erlkönig*)
Vergleich	bildhafter Hinweis auf einen anderen Bereich	Er ist schlau wie ein Fuchs.
Wortspiel	geistreich-witzige Verwendung von Wörtern	Entrüstet Euch! (Wahlspruch der Friedensbewegung)

Rahmenthema 5: Literatur und Sprache von 1945 bis zur Gegenwart

Geschichte, Politik und Gesellschaft

Die Nachkriegszeit von 1945 bis 1949

1945 – 1949 Aufteilung Deutschlands in vier Besatzungszonen, Sonderstatus Berlins, Kriegsverbrecherprozesse in Nürnberg

1947 amerikanische Wirtschaftshilfe durch den „Marshall-Plan" zum Aufbau Westdeutschlands und Europas

1948 Währungsreform

1948 – 1949 Blockade Berlins, zunehmend Politik des Kalten Krieges

Aufbruch zweier deutscher Staaten

1949 Gründung der Bundesrepublik Deutschland und der Deutschen Demokratischen Republik; Beginn der „Ära Adenauer" (CDU)

1950 – 1953 Koreakrieg

1952 regelmäßige Fernsehsendungen; Watson und Crick entdecken die Struktur der DNA

1953 Arbeiteraufstände in der DDR am 17. Juni

1955 Beitritt der Bundesrepublik zur Nato, Beitritt der DDR zum Warschauer Pakt

1956 Ungarnaufstand, Unruhen in Polen, Verbot der KPD in der Bundesrepublik

1957 Sowjetunion startet den Satelliten „Sputnik"; Gründung der Bundeswehr; in der Bundesrepublik zunehmender Wohlstand

1961 Bau der Berliner Mauer; Eichmann-Prozess in Frankfurt

1962 Kuba-Krise (Streit um russ. Raketenstützpunkt unmittelbar zu den USA)

1963 Besuch des amerikanischen Präsidenten John F. Kennedy in Berlin

1964 Eskalation des Vietnam-Krieges

1966 Große Koalition, Entstehen der APO (Außerparlamentarische Opposition)

1968 Studentenunruhen (USA, Frankreich, BRD), „Prager Frühling", von den Truppen des Warschauer Pakts niedergeschlagen

1969 Mondlandung der Amerikaner

Offenere Gesellschaft – Bedrohung von innen

1970 neue Ostpolitik Bundeskanzler Brandts (SPD), deutsch-polnischer Vertrag in Warschau

1971 Machtwechsel in der DDR: Erich Honecker wird Nachfolger Walter Ulbrichts

1972 Unterzeichnung der Ost-Verträge: Verpflichtung auf Gewaltverzicht

1973 Aufnahme der BRD und DDR in die UNO, Waffenstillstand in Vietnam

1975 Unterzeichnung der KSZE-Akte in Helsinki, Höhepunkt der Ost/West-Entspannung

1977 „Deutscher Herbst": RAF verübt zahlreiche terroristische Anschläge in der Bundesrepublik; erster „Personal Computer"

1979 erster großer Atomkraftwerkunfall in Harrisburg/USA

1982 erfolgreiches Misstrauensvotum gegen Helmut Schmidt (SPD), danach wird Helmut Kohl (CDU) neuer Bundeskanzler

Auf dem Weg zur deutschen Einheit

1985 Gorbatschow wird Generalsekretär der UdSSR, Beginn der Liberalisierung Osteuropas, Schlagwörter: Glasnost (Transparenz), Perestroika (Umgestaltung)

1986 Atomkraftwerkunfall in Tschernobyl/UdSSR

1989 Flucht von DDR-Bürgern über Ungarn, nach friedlicher Revolution ausgehend von Montagsdemonstrationen in der Leipziger Friedenskirche am 9. November Grenzöffnung

1990 „Wiedervereinigung": Beitritt der neuen Bundesländer zur Bundesrepublik

1991 Golfkrieg, Proteste in Bundesrepublik

1997 geklontes Schaf Dolly

1999 erste Klonierung menschlicher Zellen

2005 Angela Merkel (CDU) wird erste Bundeskanzlerin

Literatur von der Nachkriegszeit bis zur Gegenwart unter besonderer Berücksichtigung des Aspekts „Wirklichkeitserfahrungen und Lebensgefühle Jugendlicher“

Literatur der Nachkriegszeit

Für die Literatur in den ersten Jahren nach Kriegsende etablieren sich die Begriffe „Kahlschlagliteratur“ (Weyrauch), „Literatur der Stunde Null“ und „Trümmerliteratur“ (Böll). Sie bezeichnen Werke der Emigranten und Heimkehrer nach dem Krieg. In ihnen manifestiert sich ein Misstrauen gegenüber dem unter den Nationalsozialisten zu Propagandazwecken missbrauchten emotionalisierenden, pathetischen Sprachgebrauch.

Die Autorinnen und Autoren sind auf der Suche nach neuen adäquaten Ausdrucksformen und Ausdrucksmitteln der Literatur. Sie verwenden eine karge, schmucklose Sprache, und es entsteht „hermetische Lyrik“. In der Auseinandersetzung mit dem Nationalsozialismus fordern sie Wahrheit und Mitmenschlichkeit. Themen ihrer Literatur sind die Sinnlosigkeit des Krieges, andererseits erfahrene Menschlichkeit, daneben Not, Gefangenschaft, Heimkehrerschicksale.

Markantes Ereignis ist die Gründung der „Gruppe 47“ (Böll, Grass, Koeppen, Johnson, Walser), die eine realistische Schreibweise fordert und eine sozialkritische Grundhaltung hat. Vor allem in Kurzgeschichten und Erzählungen gelingt es den Autorinnen und Autoren, die Nachkriegsnot auf die Perspektive junger Menschen hin zu verdichten.

Luise Rinser balanciert in der unmittelbar nach dem zweiten Weltkrieg verfassten Kurzgeschichte *Die rote Katze* das moralische Dilemma existenzieller Not aus, das einen Jungen zum Mörder macht. Um zu unterbinden, dass seine Familie weiterhin eine Katze durchfüttert, obwohl nicht genug zu essen da ist, tötet der Junge das Tier und gehorcht damit der Vernunft statt seinem Gefühl.

Wolfgang Borchert knüpft in seiner wohl Anfang 1947 verfassten Kurzgeschichte *Die Küchenuhr* das Gefühl völliger Fassungslosigkeit angesichts des Verlusts der Eltern und der Zerstörung des Zuhauses an den titelgebenden Alltagsgegenstand. Dass die Küchenuhr zu einer symbolträchtigen Zeit stehen bleibt und bei dem Er-Erzähler das frühere Nachhausekommen und Empfangenwerden von seiner Mutter lebendig werden lässt, ist Ausdruck der Lebenssituation einer ganzen Generation junger Menschen, der die Jugend und die Hoffnung auf die Zukunft genommen worden sind.

Heinrich Böll führt in der 1950 veröffentlichten Kurzgeschichte *Wanderer kommst du nach Spa...* das Bildungsethos der Nazis ad absurdum. Er tut dies ganzheitlich über den gewählten Ort der Handlung, ein früheres Gymnasium, das in Kriegszeiten zum Lazarett umfunktioniert ist, und in der Figurenzeichnung des jungen Ich-Erzählers, der ironischerweise vor drei Monaten noch Schüler der Schule war und nun schwer verletzt durch den Schulraum getragen wird, vorbei an formvollendeten antiken Statuen. Mit Zynismus wird so die Ideologie in deren Konsequenzen deutlich gemacht: Ohne Arme und mit nur noch einem Bein ist der Protagonist sämtlicher erlernter Fähigkeiten beraubt.

Zwei deutsche Literaturen

In der **Zeit von 1949 bis zur Wende 1989** gibt es zwei deutsche Literaturen, die sich aufgrund der stark divergierenden politischen und gesellschaftlichen Rahmenbedingungen jeweils unterschiedlich entwickeln.

In der **Bundesrepublik** treten die Autor(inn)en konsequent für Demokratie ein; zunehmend geraten sie in Spannung zur Politik der Adenauer-Ära und kritisieren Wohlstandsgesellschaft, Remilitarisierung, Spießertum. Literarisch verdichtet wird vom Wiederaufstieg alter Nazis oder dem Einfluss von Unternehmen und Kirchen nach dem Krieg erzählt. Die nonkonformistische Haltung gegenüber der bundesdeutschen Wirtschaftswundergesellschaft führt verstärkt zur Politisierung der bundesrepublikanischen Literatur, für die das Jahr 1960 wie die folgenden Jahre insofern einen Einschnitt bilden, als sie in dieser Zeit mit Autorinnen und Autoren wie den Schweizern Friedrich Dürrenmatt und Max Frisch, der Österreicherin Ingeborg Bachmann sowie mit Heinrich Böll, Günter Grass, Uwe Johnson, Wolfgang Koeppen, Siegried Lenz und Martin Walser Anschluss an die Weltliteratur findet. Themen der Romane sind die Vergewisserung der eigenen Identität, kritische Distanz zu den gesellschaftspolitischen Entwicklungen in der Bundesrepublik, auch Modellentwürfe einer humanitären Gesellschaft.

Auch in dieser Zeit bedienen sich Schriftstellerinnen und Schriftsteller explizit der Perspektive Jugendlicher, schreiben so noch einmal unmittelbarer.

Ende der 1960er-Jahre entwickelt sich, analog zum kritischen Zeitgeist, eine engagierte Literatur der Arbeitswelt sowie der Alltagskultur; ebenso ist die Politisierung der Literatur im Zuge der Studentenrevolte von 1968 und die Hinwendung zum Dokumentarischen zu beobachten. Diese Literatur (Theaterstücke, Gedichte, Romane) arbeitet häufig mit Tatsachenmaterial, wie z. B. Zeitungsmeldungen, Reportagen, Prozessakten, Protokollen, Interviews, und verarbeitet diese Sachtexte z. T. in Form von Collagen und mithilfe der Montagetechnik. Beispiele dafür sind: Günter Wallraff *Ganz unten,* Rolf Hochhuth *Der Stellvertreter,* Heinar Kipphardt *In der Sache J. Robert Oppenheimer,* Peter Weiss *Die Ermittlung* und als Vertreter der politischen Lyrik Hans Magnus Enzensberger. Der Beginn der 68er-Ära fällt mit dem Ende der „Gruppe 47" zusammen. Es gibt nicht viele literarische Texte, die sich im Kontext der Lebenssituation von Jugendlichen explizit mit der Studentenbewegung auseinandersetzen.

> **Uwe Timm** verknüpft in seinem Roman *Heißer Sommer,* erschienen 1974, die persönliche Geschichte eines Studenten mit dem Zeitgeschehen (Studentenrevolte). Er macht die Spirale wachsender Radikalität und Gewaltbereitschaft verstehbar, zeigt aber auch einen neuen gangbaren Ausweg auf: Der Protagonist findet, als er mit der Bereitschaft zu Waffengewalt gegen „das System" konfrontiert ist, seinen Weg zurück zum Studium – er möchte Lehrer werden und auf diese Weise gesellschaftlich etwas bewegen.

Für die Literatur der 1970er-Jahre, nach den Studentenunruhen und der APO-Zeit, setzt sich „Neue Subjektivität" als Sammelbegriff durch. Die Literatur, die unter diesem Begriff subsumiert wird, ist gekennzeichnet durch die Abkehr von der politischen Literatur der 1960er-Jahre. Sie wendet sich (wieder) stärker der Verarbeitung individueller Erfahrungen und der Auseinandersetzung mit der unmittelbaren Umgebung, mit der eigenen

Lebenssituation und ihrer Krisen, mit Beziehungsproblemen zu. Entsprechend dem individuellen Anspruch auf Authentizität ohne verbindliche Leitvorstellung ist häufig die Ich-Erzählung zu finden. In diesem Zusammenhang sei auch die Frauenbewegung genannt, die Emanzipationsprozesse provoziert und vorantreibt, Bewusstseinsänderungen anstößt und auch der Literatur neue Impulse verleiht. Erwähnt werden sollte die Gründung der Zeitschriften *Courage* (1976) und *Emma* (1977). Bekannte Autorinnen sind Ingeborg Bachmann, Ulla Hahn, Elfriede Jelinek, Sarah Kirsch, Brigitte Kronauer, Gabriele Wohmann; für die DDR Brigitte Reimann, Maxie Wander und Christa Wolf.
Die Diskussion Mitte der 1980er-Jahre unter dem Stichwort „Multikultur" eröffnet den Blick für eine deutschsprachige Literatur ethnischer und kultureller Minoritäten, die die Dominanz der deutschen Perspektive durchbricht zugunsten einer differenzierten Sichtweise des Eigenen durch die Konfrontation mit dem Fremden. Eine eigenständige Migrantenliteratur gewinnt seit Ende der 1970er-Jahre an Kontur, wird Bestandteil der deutschen Gegenwartsliteratur und thematisiert Erfahrungen der Zerrissenheit und Heimatlosigkeit, das Leben zwischen den Kulturen, Parallelwelten innerhalb der deutschen Gesellschaft sowie Auseinandersetzungen mit der deutschen Sprache, mit positiv genutzter Zweisprachigkeit sowie Sprachverlust.

Feridun Zaimoğlu, deutscher Schriftsteller türkischer Herkunft, wurde zunächst, als 1995 sein Buch *Kanak Sprak – 24 Misstöne vom Rande der Gesellschaft* erschien, als „Bürgerschreck" abgetan, bevor er 2003 für seine Erzählung *Häute* in seinem literarischen Anspruch gewürdigt wurde. Zaimoğlu wendet die diskriminierenden Neologismen des Titels ins Gegenteil. Hatten die Deutschen früher Gastarbeiter als „Kanaken" herabgewürdigt, macht er diesen Ausdruck mutig zu einem kulturellen Kennzeichen und entwickelt eine „Kunstsprache" für seine 24 konstruierten Interviews mit realem Gehalt, die einen eigenen Blick auf Deutschland werfen.

In der **DDR** gestaltet sich die anfängliche Entwicklung anders. In der kritischen Auseinandersetzung mit der Zeit des Nationalsozialismus wird Exilliteratur stark rezipiert; der in der DDR aufgelegte KZ-Roman *Das siebte Kreuz* (1942/46) von Anna Seghers findet besondere Beachtung. Rasch erfolgt die Einbürgerung der Elite der antifaschistischen Literatur, denn diese wird als Instrument zum Aufbau des Sozialismus verstanden. Die Literatur der DDR ist in erster Linie kulturpolitisch gesteuert. So entsteht Preislyrik auf Lenin und Stalin; die polemische Abgrenzung zur BRD ist wichtig. Man benutzt den Terminus „Ankunftsliteratur" (nach dem Roman *Ankunft im Alltag* von Brigitte Reimann). 1959 wird die erste Bitterfelder Konferenz mit dem Motto „Greif zur Feder, Kumpel" abgehalten: Arbeiter werden aufgefordert, ihren sozialistischen Arbeitsalltag literarisch umzusetzen, Schriftsteller(innen) gehen in die Produktion. Die Literatur der DDR ist bis zum Ende der 1960er-Jahre eng verbunden mit dem in der Sowjetunion entwickelten Schreibkonzept des „Sozialistischen Realismus", das auf den beiden Bitterfelder Konferenzen 1959 und 1964 programmatisch formuliert wird. Das gesellschaftspolitische Ziel dieses Schreibkonzepts ist es, die Erziehung zur sozialistischen Persönlichkeit, die Identifikation mit den Zielen des politischen Systems, ein positives Handeln (literarische Figuren als Vorbilder) zur Beschleunigung des politisch-ökonomischen Fortschritts zu ermöglichen. Beispiele hierfür sind u. a. Christa Wolfs 1963 erschienene Erzählung

Der geteilte Himmel und Erik Neutschs Roman *Spur der Steine* aus dem Jahr 1964. Formexperimente und das Bemühen um den Anschluss an die literarische Moderne, wie sie die Literatur der Bundesrepublik der 1960er-Jahre kennzeichnet, werden in der DDR als „Formalismus“ oder „Subjektivismus“ von der offiziellen Kulturpolitik abgelehnt.
Die von Partei und Regierung gesetzten Vorgaben wirken sich unterschiedlich auf das künstlerische Schaffen aus: Neben affirmativen Grundhaltungen (Johannes R. Becher, Hermann Kant) zeigen sich auch Tendenzen, die Widersprüche, Risse, Brüche in der Gesellschaft anhand der Auseinandersetzung des Individuums mit den gesellschaftlichen Rahmenbedingungen aufzuzeigen (u. a. Volker Braun, Stefan Heym, Günter Kunert, Reiner Kunze, Erich Loest, Ulrich Plenzdorf, Brigitte Reimann, Christa Wolf).
Nach der Ablösung des Staatsratsvorsitzenden Walter Ulbricht durch Erich Honecker sind Liberalisierungstendenzen zu bemerken. Honeckers Aussage vom „Ende aller Tabus in der Kunst“ fördert eine lebhafte Diskussion um die Möglichkeiten und Grenzen der schriftstellerischen Arbeit.
In dieser Zeit finden sich auch in der DDR Schriftstellerinnen und Schriftsteller, die die Perspektive Jugendlicher einnehmen und deren Recht auf eigene Lebensgestaltung reklamieren. Dabei wird anhand elementarer Alltagssituationen das Leben Jugendlicher in der DDR gespiegelt.
Andere kritische Autor(inn)en werden mit Schreibverbot belegt und vom Staatssicherheitsdienst überwacht. Spektakulär ist die Ausbürgerung Wolf Biermanns 1976 nach einem Konzertauftritt in Köln, die eine gemeinsam unterzeichnete Protestaktion von über 70 Kulturschaffenden nach sich zieht. Als Reaktion darauf folgen Repressalien gegen die Protestierenden in Form von Hausarresten, Verhaftungen, Publikationsverboten, Ausschlüssen aus dem Schriftstellerverband. Über 100 Künstler(innen) verlassen in dieser Zeit freiwillig oder unfreiwillig die DDR, z. B. Jurek Becker, Peter Huchel, Uwe Johnson, Reiner Kunze, Günter Kunert, Monika Maron, Sarah Kirsch.

In **Ulrich Plenzdorfs** 1978 verfasster Erzählung *kein runter kein fern,* die 1984 veröffentlicht wurde, ist die grundlegende Problematik des repressiven Staates in der individuellen Geschichte eines jungen Protagonisten gefasst. Dieser hat unter den Disziplinierungsmethoden seines autoritären Vaters, Mitarbeiter bei der Staatssicherheit, zu leiden und darf zur Strafe nicht runter zum Spielen und auch nicht fernsehen. Am zwanzigsten Jahrestag der Gründung der DDR gerät er irrtümlich in eine Demonstration, die ihn an der Berliner Mauer mit seinem älteren Bruder konfrontiert, der als „Grenzschützer“ einem Schießbefehl zu folgen hat.

Stellt man die zwei deutschen Literaturen der 1970er-Jahre gegenüber, fallen gemeinsame Grunderfahrungen auf: Adoleszenz-Probleme, die in der eigenen Persönlichkeit bis hin zum Äußeren begründet sind, die Brüchigkeit von Freundschaft in dieser Zeit, das Leben in einem ganz eigenen „Mikrokosmos“ und ein entsprechendes Lebensgefühl (in Abgrenzung zur Erwachsenenwelt), daneben Probleme in der Beziehung zum anderen Geschlecht. Dies sind gemeinsame Lebensgefühle, die im Kontext unterschiedlicher politischer Rahmenbedingungen und damit Wirklichkeitserfahrungen stehen.
In der Thematik nähern sich die beiden Literaturen ab Anfang der 1980er-Jahre einander an: wachsendes Katastrophenbewusstsein, Angst vor atomarer Bedrohung, Rückzug in die Innerlichkeit (Volker Braun, Christoph Hein, Irmtraut Morgner, Christa Wolf) prägen die Literatur. Auch die neue Lyrikgeneration zeigt sich kritisch gegenüber dem

Reiner Kunze wurde ausgewiesen, nachdem er das Manuskript seiner 1975 entstandenen Prosasammlung mit dem ironisch gemeinten Titel *Die wunderbaren Jahre* 1976 in den Westen hatte schmuggeln und veröffentlichen lassen. In seinen Texten fordert er für Jugendliche letztendlich immer wieder die Freiheit zu individueller Entwicklung ohne den politischen Druck, sich um die Gesellschaft „verdient" zu machen.

Ein literarisch verdichteter Spiegel des Familienzerfalls, entstanden zur Zeit der zerfallenden DDR, ist die Erzählung *Das Muschelessen,* mit der **Birgit Vanderbeke** 1990 ihr literarisches Debüt gab. Szenario ist eine Wartesituation vor dem titelgebenden Miesmuschelessen: Über etwa vier Stunden erwartet eine Mutter mit ihren beiden volljährigen Kindern die Rückkehr des Vaters von einer Dienstreise. Im Laufe dieser Wartezeit erfahren Tochter, Sohn und Leser von der Ich-Erzählerin viel über den Vater, dessen Familiengeschichte, der Flucht aus der DDR, seinen Werdegang im Westen und den Hintergrund der gelebten autoritären, an seinen Bedürfnissen ausgerichteten Familienstrukturen.

Staat (Stefan Döring, Reiner Kunze, Lutz Rathenow). Emotionen werden zentrales Gestaltungsmoment.
Mitte der 1980er- bis in die 1990er-Jahre hinein wird der aus der Kunsttheorie stammende und ebenfalls von der Architektur besetzte Begriff der „Postmoderne" populär. Im Rückgriff auf traditionelle literarische Erzähltechniken (z. B. das auktoriale Erzählen, die chronologisch aufgebaute, geschlossene Erzählung), konventionelle Themen und historische Aspekte setzt sich diese Literatur mit der Moderne (1880 – 1925) kritisch auseinander. Die Vielzahl der Stile und Stilmischungen, die ironische Brechung der konventionellen Erzählfigur und Thematik kennzeichnen diese Literatur, die mit der Tradition spielt. Unzählige Anspielungen auf bekannte Werke, die in Form der Intertextualität in den Werken zu finden sind, setzen ein gut informiertes Lesepublikum voraus.

Literatur nach der Wende

Die 1990er-Jahre werden oft als Zeit der „Spaßgesellschaft" bezeichnet, die sich durch Illusionsverlust und Gleichgültigkeit auszeichne.
Entscheidendes Ereignis für neue Themen innerhalb der Gegenwartsliteratur ist die „Wende" 1989/90 mit der Wiedervereinigung der beiden deutschen Staaten. Die Auseinandersetzung mit der jeweiligen Vergangenheit, historische Erinnerungen, geistige, politische und finanzielle Probleme der Vereinigung, Berlin als neue Hauptstadt, persönlicher und kultureller Identitätsverlust, hohe Arbeitslosigkeit, Fremdenhass werden zu zentralen Themen. Die Authentizitätssuche dauert bis in das neue Jahrtausend hinein.

Sibylle Berg zeichnet dieses Lebensgefühl in ihrem Roman *Ein paar Leute suchen das Glück und lachen sich tot* (1997) plastisch nach. Ihre zehn in fast seziererischem Stil profilierten Protagonisten haben alle etwas Zeittypisches gemeinsam: ihre Empfindungen und ihre Worte bleiben schal, ihre Sehnsüchte unerfüllt.
Die Diskrepanz von Ersehntem und dann Erlebtem thematisiert sie auch in ihrer Kurzgeschichte *Hauptsache weit* aus dem Jahr 2001, in der sie die Geschichte eines jungen Mannes erzählt, der eine dreimonatige Asienreise macht. Wirkungsvoll vermittelt die Autorin Wahrnehmungen, Gefühle und Gedanken des Protagonisten in der empfundenen Einsamkeit, die sich nur in Momenten der Kommunikation mit den Daheimgebliebenen aufhellen.

Trotz der vielen Autobiografien, Tagebücher, Essays und Romane als vielfältige literarische Formen der 1990er-Jahre schreiben Literaturwissenschaftler der Literatur dieser Zeit Zeichen der Krise zu: Ihr wird Langeweile, wenig Talent vorgeworfen. Literaturdebatten lösen immer noch maßgebliche Autoren der „Gruppe 47" aus, so Günter Grass mit *Ein weites Feld* (1995) und Martin Walser mit *Tod eines Kritikers* (2002).

Tendenzen im neuen Jahrtausend

Ein weiterer Umbruch ist beim Übergang vom 20. zum 21. Jahrhundert zu konstatieren: Die neue Informations- und Medienkultur, das Internet, die Globalisierung sowie die Popkultur finden sich als Themen in der Literatur wieder.
Exemplarisch sei hier der Autor und Journalist Benjamin von Stuckrad-Barre genannt. Sein Debütroman *Soloalbum* (1998) erzählt in Ich-Form von einem namenlosen Protagonisten, der nach einer beendeten Liebesbeziehung sozial verwahrlost. Daneben feiern die Feuilletons der deutschsprachigen Presse Jungautorinnen und rufen das Fräuleinwunder aus für Debütromane von Judith Herrmann, Tanja Duckers, Julia Franck, Juli Zeh, Jenny Erpenbeck, Zoë Jenny, Karen Duve usw.
Neben formalen Experimenten, alternativen Erzählformen ohne Erzählerinstanz oder lineares Erzählen rücken vor allem Fremdheitserfahrungen und (inter)kulturelle Identitäten sowie Erfahrungen mit der Zweitsprache und sprachspielerischen Experimenten in der Literatur deutschschreibender Literaten anderer Herkunftskulturen in den Fokus. Diese *Migrationsliteratur* bzw. *Interkulturelle Literatur* repräsentieren u. a. Feridun Zaimoğlu, Rafik Schami, Yōko Tawada, Wladimir Kaminer, Terézia Mora, Zsuzsa Bánk, Saša Stanišić und die deutsch-rumänische Literaturnobelpreistragerin Herta Müller.
Zudem verhandelt die Literatur neue Gefahren wie Terrorismus, Finanzkrise, Klimawandel, Umgang mit dem Internet sowie gesellschaftliche Themen wie zerrüttete Familienverhältnisse, Mobbing, Armut durch sozialen Abstieg oder Ausgrenzung. Die Autorinnen und Autoren verarbeiten aktuelle gesellschaftspolitische, auch regionale Themen, auch in der boomenden *Kriminalliteratur*.

Die neuen technischen und gestalterischen Möglichkeiten durch das Internet verändern zum einen die Schreibweisen in der gedruckten Literatur, zum andern tritt das Internet als Ort der Veröffentlichung mit Weblogs und der sogenannten Netzliteratur in Konkurrenz dazu. Diese Digitalität ermöglicht literarische Verfahren, die so nur im Netz möglich sind. Interaktivität, Hypertextstrukturen/Verlinkungen, Intermedialitat, z. B. durch visuelle Reize, schaffen „netzförmige Texte", die konventionelles Erzählen ablösen, neue Erzählräume eröffnen und die Lesenden zu Co-Autor(inn)en machen bzw. Autor(inn)enkollektive generieren. Insgesamt ist die literarische Gegenwart von einer zyklischen Bewegung zum Teil gegenläufiger Tendenzen geprägt: von Politisierung über neue Subjektivität und Ästhetisierung zu experimenteller Literatur von sogenannten *Hybridtexten* durch Digitalisierung und zunehmender Visualisierung wie in der *Graphic Novel*. Im deutschen Markt definiert man eine Distanz zwischen der „anspruchsvollen" Literatur, die mit Literaturpreisen ausgezeichnet wird, und der kommerziell erfolgreichen „leichten" Literatur. Nur wenigen Autor(inn)en gelingt der Spagat, wie etwa Wolfgang Herrndorf mit seinem Jugendroman *Tschick* (2010), für den er 2011 den Deutschen Ju-

gendliteraturpreis bekam, oder Daniel Kehlmann. Dessen Roman *Die Vermessung der Welt* (2005) wurde in 40 Sprachen übersetzt und mit dem Literaturpreis der Konrad-Adenauer-Stiftung und dem Kleist-Preis ausgezeichnet. Beide Romane wurden erfolgreich verfilmt.
Typisch ist das Nebeneinander vieler verschiedener Stilarten, Schreibweisen und Textsorten, man spricht von einer „Gleichzeitigkeit des Ungleichzeitigen“ oder der „Demokratisierung“ des Literatur- oder Kunstbegriffs. Im Zuge dessen sind neue Formen des Schreibens erfolgreich, so z. B. das Bloggen, das Schreiben von Onlinetagebüchern, die alle verfassen und lesen können. Populär sind *Poetry Slams,* Gedichtwettbewerbe, bei denen Autorinnen und Autoren ihre Texte vortragen und neben dem Text auch ihre Performance entscheidend ist, also die künstlerische Gestaltung ihres Vortrags.

Die **Gegenwartslyrik** zeigt ein genauso uneinheitliches Bild: Da es keine verbindliche oder verbindende Poetik gibt, aber eine Vielzahl von theoretischen Texten, in denen die Lyrikerinnen und Lyriker Auskunft geben, kann man von einer Diversifizierung in unterschiedliche Lyrikszenen sprechen. Experimentelle Formen wie Lautgedichte, visuelle Gedichtkonstruktionen (etwa die Wortlisten und Faux Amis von Uljana Wolff) oder intertextuelle Sprachspielereien (Ann Cotten, Dagmara Krauss) setzen zum einen die Tradition der konkreten Poesie der 1960er-Jahre (u. a. Ernst Jandl) fort. Zum anderen werden in Auseinandersetzung mit traditionellen Formen (Sonett, Ode, Elegie) und Bildern sowie persönlichen Erfahrungen (Erlebnislyrik des 18. Jahrhunderts vs. Selbstinszenierung oder Ereignislyrik) neue poetische Ausdrucksvariationen entwickelt. Mehrsprachigkeit ist ein wichtiges Thema und hängt mit der multikulturellen Sozialisation der Autor(inn)en sowie mit ihrer Übersetzungstätigkeit zusammen. Die Gedichte experimentieren mit Sprache, reflektieren Möglichkeiten eigenen Sprechens und hinterfragen analog eigene poetische Wirklichkeitskonstruktionen. Weiterhin geht es um konventionelle, alltägliche, aber auch gesellschaftskritische Themen, Kommunikationsformen mit, durch und über Medien sowie digitale Informationstechnologien.

Die **Gegenwartsdramatik** präsentiert sich mit einer Vielzahl von Stilen, Formen und Themen. In der Theaterwissenschaft wird das moderne Theater mit den Etiketten „dramatisches“ oder „postdramatisches“ Theater versehen. Im Zentrum steht nicht mehr das theatrale Agieren, der Text selbst, sondern Theaterformen, die als einer Performance nahe beschrieben werden können. Das moderne Theater gilt nicht als Lesetext, sondern existiert vor allem in der Umsetzung auf der Bühne (z. B. das Theater von René Pollesch). Zudem experimentiert das Theater wieder viel, sprachlich und formal, indem z. B. der Entstehungsprozess der Texte im Vordergrund steht.
Thema sind des Öfteren gestörte Familien- bzw. Freundesbeziehungen (Lutz Hübner, Yasmina Reza) sowie gestörte bzw. sich verändernde Kommunikationsformen durch soziale Netze und Internet (Igor Bauersima *norway.today,* Yasmina Reza, Dea Loher). Seit 2014 kommen zunehmend Dramen zur Aufführung, die politische Krisen, Krieg, Vertreibung, Flucht, Identitätsproblematik thematisieren. Diese Stücke sind oft dokumentarische Fiktionen und das kreative Material entstammt der aktuellen Wirklichkeit.

Rahmenthema 6: Reflexion über Sprache und Sprachgebrauch

Tendenzen in der deutschen Gegenwartssprache

Die zunehmende Globalisierung und die dabei vermehrt entstehenden multikulturellen Gesellschaftsformen ebenso wie der Einzug der neuen Medien in unser Alltagsleben fordern und fördern gegenwärtig interlinguale, also sprachübergreifende Entwicklungsprozesse. Unterschiedliche Kulturen und Sprachräume wachsen enger zusammen, sodass sich Sprachen stärker mischen. Zugleich wandeln sich die Kommunikationsformen in unserer Gesellschaft rasant.

Blick zurück in die Sprachgeschichte

Sprache kann zu keinem Zeitpunkt als fertiges Gebilde verstanden werden. Alle Sprachen unterliegen einem kontinuierlichen Entwicklungsprozess. Veränderungen der Sprache stehen in der Regel in einem Bezug zu gesellschaftlichen Veränderungen. Sprache ist gleichsam als ein lebendiger Organismus zu betrachten, der auf gesellschaftliche Verhältnisse reagiert, aber diese auch beeinflussen kann. Unter phylogenetischem (stammesgeschichtlichem) Blickwinkel geht man davon aus, dass die Sprachentwicklung der einzelnen Sprachen ein Prozess ständiger Bereicherung bei zunehmender Komplexität des Systems ist. Veränderungen der Sprache vollziehen sich im Allgemeinen fließend über einen längeren Zeitraum hinweg bei Verwendung in der Praxis durch „Selbstregulation".

Einfluss der Anglizismen auf die deutsche Sprache

Sprachschützer bzw. -pfleger sahen und sehen in dem Einfluss fremder Sprachen, so im zunehmenden Anteil an Anglizismen in der deutschen Sprache, einen Verlust der Identität. Diese sprachpuristischen Tendenzen werden häufig als Ausdruck des Nationalstolzes interpretiert. So ist beispielsweise zu erklären, warum in Frankreich der Computer als „ordinateur" bezeichnet wird. Deutsche Sprachgesellschaften wie der 1997 gegründete „Verein Deutsche Sprache e. V." setzen sich für die Pflege der deutschen Sprache ein, indem sie z. B. einen Anglizismenindex als Nachschlagewerk veröffentlichen, dem deutsche Entsprechungen entnommen werden können. Mit Nachdruck wird betont, dass dieser Index weder fremdenfeindlich noch sprachpuristisch motiviert sei, sondern lediglich dazu anrege, deutsche Ausdrücke zu verwenden, um einer Durchmischung der deutschen Sprache entgegenzuwirken.
Kritiker setzen dagegen, Sprachen an sich könnten nicht zerstört werden, seien vielmehr einem ständigen Wandel der Zeit unterworfen und besäßen einen Mechanismus der Selbstregulation. Interlinguale Entwicklungsprozesse werden hier vielmehr als eine Bereicherung verstanden und sind für sie Anlass zu einer fruchtbaren Auseinandersetzung mit Bedeutungsverschiebungen.

Einebnung von Unterschieden zwischen den Varietäten

„Varietäten" nennt man solche Sprachformen, deren Gebrauch durch Einflussfaktoren geprägt ist, die außerhalb der Sprache selbst liegen. Dies sind vor allem Zeit, Raum, Schicht, Situation u. a., die in den verschiedenen Bereichen der Sprechgestaltung (Pho-

netik, Wortschatz, Syntax ...) zu unterschiedlichem Sprachgebrauch führen. Varietäten stehen nicht klar abgegrenzt nebeneinander, sondern besitzen Teilschnittmengen. Sprecherinnen und Sprecher besitzen zumeist eine „innere Mehrsprachigkeit", d.h. ein gewisses Repertoire an Varietäten, und wählen daraus, wenn auch nicht unbedingt bewusst gesteuert, je nach Gesprächspartner und situativem Kontext.
Exemplarisch als Einebnungstendenz ist im KC II der Rückgang der regional begrenzten Dialekte benannt. Daneben wird auf die Assimilation fachsprachlicher Termini in der Allgemeinsprache hingewiesen, die nicht nur an den Bereich der neuen Medien gebunden ist.

Einebnung von Unterschieden zwischen geschriebener und gesprochener Sprache

Während mit der Schriftlichkeit einerseits und der Mündlichkeit andererseits traditionell zwischen zwei medialen Erscheinungsformen der Sprache unterschieden wird, findet sich in der geschriebenen Umgangssprache im Kontext der Verwendung neuer Medien heute ein sich rasant ausbreitendes Phänomen, das diese klare Grenzziehung überschreitet.
Charakteristisch für die Rahmenbedingungen der schriftlichen Kommunikation ist ursprünglich die raumzeitliche Distanz zwischen Sender und Empfänger. Für die Kommunikation bedeutet dies zunächst, dass nonverbale und paraverbale Mittel (wie etwa Mimik und Gestik bzw. Modulationen der Stimme und der Sprechlautstärke) im Prozess des Schreibens nicht zur Verfügung stehen. Da eine direkte Rückmeldung oder Rückfragen des Empfängers nicht möglich sind, ist schriftsprachliche Kommunikation primär monologisch, was wiederum bedeutet, dass die entsprechende sprachliche Äußerung im Vorfeld sehr genau geplant werden muss, um Missverständnisse zu vermeiden und um sicherzustellen, dass der Empfänger alle zum Verständnis notwendigen Informationen erhält. Klassischerweise wird dabei zum Abfassen von Briefen, Mitteilungen, Protokollen usw. die standardsprachliche Varietät gewählt, deren ursprüngliche Funktion auch darin bestand, schriftliche Kommunikation über nationale Dialektgrenzen hinweg zu ermöglichen.
Die fortschreitende Entwicklung der Kommunikationstechnologie führt in vielen Zusammenhängen zur Verwendung der Umgangssprache auch in schriftlichen Mitteilungen, wie hauptsächlich in Kurznachrichten via WhatsApp oder Facebook Messenger. Da hier eine raumzeitliche Distanz zwischen Sender und Empfänger besteht, wird versucht, non- und paraverbale Informationen etwa mittels sogenannter Emojis (Smileys, die die jeweilige Befindlichkeit des Senders ausdrücken sollen) zu kommunizieren.

Einebnung von Unterschieden zwischen den Stilebenen

Im schriftlichen wie mündlichen Sprachgebrauch zu findende Ausdrucksformen bezeichnet man auch als Stile. Ein Stil wird dadurch charakteristisch, dass spezifische, an einen Mitteilungszweck geknüpfte Stilmittel, zu denen auch die „rhetorischen Figuren" zählen, verwendet werden. Unterschieden werden

- **Zeitstil,** der erkennbar zeittypische Gestaltungsmerkmale aufweist und besonders in schriftlich verfassten Texten deutlich wird,

- **Funktionalstil,** der je nach kommunikativer Funktion in bestimmten gesellschaftlichen Bereichen, z. B. in der Presse und der Verwaltung, aber auch im Alltag verwendet wird,
- **Gruppenstil,** der sich vor allem in berufs- und altersspezifischen Stilelementen manifestiert,
- **Individualstil,** mit dem die typischen sprachlichen Eigenheiten einer/eines einzelnen Sprechenden bzw. einer Autorin oder eines Autors klassifiziert werden.

Die Grenzen zwischen den einzelnen Stilebenen verschwimmen jedoch zunehmend. Auf die Verwendung gehobener Sprachstile wird im alltäglichen Sprachgebrauch immer häufiger verzichtet. Solche Veränderungen betreffen nicht nur die Schreibweise und den Wortbestand, sondern auch die Grammatik, wie z. B. die Ersetzung des Genitivs durch Dativkonstruktionen zeigt („der Hut vom Mann" statt „der Hut des Mannes") oder der weitgehende Verzicht auf die Verwendung des Konjunktivs I bei der indirekten Rede.

Sprachwandel oder Sprachverfall?

Durch Untersuchungen gerade auf der Stilebene sehen sich die Sprachkritiker in ihrer Position gestützt, dass die Sprache verfalle. Es ist Arbeitsfeld der sogenannten **Sprachkritik** im Sinne der **Sprachpflege** bzw. **Stil-/Textkritik,** sich mit bestehenden Sprachnormen auseinanderzusetzen, um diese zu bewerten und auf unangemessenen Sprachgebrauch aufmerksam zu machen. Im Zentrum des Interesses stehen dabei in erster Linie das gesprochene (und geschriebene) Wort in öffentlichen Institutionen (Politik, Medien usw.), aber auch das sich verändernde Sprechen überhaupt. Erklärtes Ziel ist es, durch das Aufzeigen von Missständen (z. B. Bürokratensprache, Häufung von Fremdwörtern, falsche Verbstellung im Kausalsatz, falscher Kasusgebrauch, Häufung von Anglizismen und Wörtern aus anderen Sprachen, sexistischer Sprachgebrauch) einen Beitrag zu Bewusstwerdung und so zur Verbesserung der Sprachkultur zu leisten.
Vor diesem Hintergrund ist die jährliche Wahl **Unwort des Jahres** durch die Jury „Sprachkritische Aktion: Unwort des Jahres" zu verstehen. In den ausgesuchten Unworten spiegeln sich gesellschaftliche Veränderungen und damit einhergehende problematische Haltungen. Durch die Veröffentlichung des z. T. inhumanen Sprachgebrauchs sollen diese Mechanismen bewusst gemacht werden. Während z. B. „Klimahysterie" zum Unwort des Jahres 2019 gewählt wurde, ist „Menschenmaterial" das Unwort des 20. Jahrhunderts. Den umgekehrten Weg beschreitet die „Gesellschaft für deutsche Sprache", die für das **Wort des Jahres** Positivbeispiele auswählt. So wurde z. B. „Respektrente" das Wort des Jahres 2019, da der Ausdruck ein politisches Projekt bezeichnet, das nicht nur zur Bekämpfung der Altersarmut beitragen soll, sondern vor allem um Anerkennung und Respekt wirbt. In diesem Fall betrifft das diejenigen, die mindestens 35 Jahre erwerbstätig waren, deren eigentliche Rente sich dennoch unterhalb des Existenzminimums befindet. Gegen derlei Aktionen steht die Position anderer Sprachforscher, die bei der Sprachentwicklung von den wirksamen Kräften der Selbstregulation, entsprechend eher neutral von einem **Sprachwandel** statt von einem Sprachverfall sprechen.

Sprachliche Vielfalt: Der multidimensionale Varietätenraum der deutschen Sprache

Innere Mehrsprachigkeit: Varietäten und Stile der deutschen Gegenwartssprache

Der Blick öffnet sich mit diesem Unterrichtsaspekt auf die deutsche Standardsprache und ihre Varietäten. Die **Standardsprache,** auch als „Hochdeutsch" bezeichnet, ist von überregionaler Geltung und wird besonders in der Schriftsprache, in den Medien sowie in allen Zusammenhängen benutzt, in denen Sprechende Wert auf eine normierte, schriftnahe Ausdrucksweise legen. Der, wenn auch keineswegs konsensfähige, Terminus der (regionalen) **Umgangssprache** bezeichnet demgegenüber die im Alltag gesprochene Sprache. Auf der Wort- und Satzebene finden sich hier sogenannte Regelaufweichungen (beispielhaft haben Sie sich möglicherweise mit der Konjunktion „weil" befasst), daneben besondere Auffälligkeiten in der Aussprache, die teils aus dem Dialekt abgeleitet sind, zudem häufig Füllwörter usw.
Spezifischer wird der Begriff des **Soziolektes** verwendet, der unterschiedlich definiert, teils auch als Synonym für „Gruppensprache" gebraucht wird, im engeren Sinne aber als an eine soziale Schicht gebunden verstanden werden kann, der eine Sprecherin / ein Sprecher angehört. Sogenannte **Sondersprachen** sind an eine definierte Gruppe gebunden, die etwas gemeinsam hat (z. B. Alter, gemeinsames Hobby) und über die Sprache ihre Zusammengehörigkeit stärkt. Dies kann auch eine Geheimsprache sein. Die **Fachsprache** teilen sich Sprechende von Berufsgruppen. Da sie teils nicht mehr für die Allgemeinheit verständlich ist, wird (oft abwertend) vom „Jargon" (z. B. Sportjargon) gesprochen.

Zwei weitere Varietäten seien abschließend angeführt: der **Genderlekt** als spezifischer Sprachgebrauch von Männern bzw. Frauen, der aktuellen Forschungsergebnissen zufolge sozialisationsgeprägt und nicht durch das biologische Geschlecht bestimmt ist, und schließlich der **Idiolekt** (griechisch: „eigentümlich Gesagtes"), der die individuelle Sprachverwendung einer einzelnen Person fasst. Er wird unter Berücksichtigung der Herkunft, Sozialisation und Bildung der Sprechenden analysiert und ist in Bezug auf die jeweilige(n) Sprachgruppen, zu denen die Sprechenden gehören, zu verstehen.

Jugendkulturen und Sprachstile Jugendlicher

Vielfältig verknüpfbar auch mit den anderen Rahmenthemen ist das Thema **Jugendsprache.** Die Jugendsprache ist eine zumeist mündliche, aber in modernen medialen Kommunikationsformen durchaus auch schriftlich verwendete, altersspezifische Gruppensprache, die identitätsstiftende Interaktion ermöglicht. Sie unterliegt einem besonders raschen Wandel, der sich vor allem auf der Ebene der Sprechweise (Lautkürzungen, -schwächungen, -abwandlungen wie bei dem Gebrauch des Substantivs „Alter") vollzieht. Im Bereich der Lexik zeichnet sich die Jugendsprache durch Wortneuschöpfungen und Übertragungen aus dem Englischen aus, in der Phraseologie durch feststehende Formulierungen und Redensarten, in der Semantik durch Neubedeutungen wie bei „ätzend" und in der Syntax beispielsweise durch verkürzten Satzbau und Ähnliches. Die

Jugendsprache wird einerseits für ihre Kreativität und Innovation gelobt, andererseits aber auch als Beispiel des Sprachverfalls beklagt. Diese Klage wird verstärkt laut, seit die Jugendsprache aufgrund der neuen Medien verstärkt Einzug in die Schriftsprache gehalten hat und z. B. auch in die Jugendliteratur übernommen wird.

Übergangsvarietäten: Migration und Sprachgebrauch

Die sogenannte **Kanak Sprak** (hawaiian. „kanaka" = „Mensch", Ende des 18. Jahrhunderts wurde das Wort negativ konnotiert) ist als **Übergangsvarietät,** gesprochen von Menschen mit Migrationshintergrund, zu verstehen. Sie besitzt Besonderheiten in der Wortwahl, Wortbildung und Syntax und wird heute überwiegend von türkischstämmigen Jugendlichen gesprochen. Aber auch deutsche Jugendliche, besonders in Großstädten, verwenden sie zum Teil. Man spricht in diesem Fall von Transgression.

Die deutsche Sprache unter dem Einfluss der digitalen Medien

Die Sprachverwendung in SMS-, E-Mail- und Messengerdienst-Nachrichten bewegt sich, je nach Grad der Privatheit und der Adressat(inn)enbezogenheit, in einem Kontinuum zwischen Standard- und Umgangssprache. Die Sprachverwendung in Onlinechats, auch als **Internetslang** oder **Netspeak** bezeichnet, ist im Wesentlichen durch die gleichen Merkmale geprägt, wobei hier, anders als bei den oben genannten Sprachverwendungsformen über neue Medien, die Kommunikationssituation sowohl synchron als auch dialogisch und somit der echten Mündlichkeit vergleichbar ist. Dies wiederum führt zu einer relativ geringen Distanz zwischen Sender und Empfänger und zu einem ausgeprägten Grad an Spontaneität der Kommunikation. Dadurch ist eine hohe Frequenz von Regelverstößen hinsichtlich Orthografie und Grammatik bedingt, die in der Standardsprache inakzeptabel wäre, jedoch in der Privatheit des Chats als Form der geschriebenen Umgangssprache die Regel ist. Eine sprachliche Sonderform der Chatkommunikation stellt die sogenannte **Leetspeak** dar, bei der die Mitteilungen verschlüsselt werden, indem Buchstaben durch Zahlen oder Sonderzeichen ersetzt werden, um so etwa in öffentlichen Chaträumen unerwünschte Zuhörer von der eigenen Kommunikation auszuschließen. Die Möglichkeiten heutiger Smartphonenutzung eröffnen der mündlichen Kommunikation neben dem schriftlichen Austausch wieder mehr Raum.

Prüfungsrelevantes Wahlpflichtmodul: Sprache – Denken – Wirklichkeit (Abitur 2024)

Wichtige Informationen und ausführliche Hinweise zum prüfungsrelevanten Wahlpflichtmodul „Sprache – Denken – Wiirklichkeit" finden Sie auf den Seiten 18 bis 21.

Rahmenthema 7: Medienwelten

Der Einfluss und der Konsum von Medien sind omnipräsent. Täglich greifen wir zum Smartphone, Tablet oder zur Zeitung, surfen im Internet, hören Radio oder schauen Filme. Globale Krisensituationen, z. B. bei den Themen Klimawandel und Corona, zeigen uns, dass wir u. a. bildungspolitisch und sozial auf Medien angewiesen sind. Um sich in unserer Medienwelt zurechtzufinden, bedarf es jedoch einer sachgerechten und reflektierten Auseinandersetzung. Die Fähigkeit, Text-Bild- bzw. Text-Bild-Ton-Beziehungen zu untersuchen (auch über die Gestaltung eigener Produkte), die Bedingungen der Medienvermittlung einzubeziehen, ihre Wirkungsmöglichkeiten im selbstreflexiven Zugang einzuschätzen (wozu auch der Datenschutz gehört), sind unabdingbar. Damit kommt die Schule mit dem Rahmenthema 7 und seinen Wahlpflichtmodulen einem wichtigen und notwendigen Bildungsauftrag nach.

Das Pflichtmodul **Medien im Wandel** fordert dazu auf, sich vorerst mit dem Medienbegriff zu beschäftigen, um eine gemeinsame Terminologie festzulegen, denn im Alltag oder in den Wissenschaften wird dieser unterschiedlich verwendet. Um einer Beliebigkeit in der Begriffsnutzung zu begegnen, gibt es mögliche Unterrichtstexte wie *Mediendefinitionen* von Jochen Hörisch, der meint, Medien „speichern und/oder transportieren über unterschiedliche Kanäle [...] Mitteilungen und Informationen“. Ergiebig kann ebenso der Text *Kommunikationswissenschaft im Überblick* des Kommunikationswissenschaftlers Maletzke sein, der die Merkmale traditioneller Massenmedien bestimmt. Je nach Medienbegriff ergibt sich auch eine andere Mediengeschichte (z. B. beginnend mit dem Buchdruck oder mit Entwicklung elektronischer Medien), die in dem Pflichtmodul samt Medienrevolutionen thematisiert werden soll. So begreift beispielweise Werner Faulstich Mediengeschichte als Kulturgeschichte.
Vorangehendes mündet in der kritischen Auseinandersetzung der heutigen Mediennutzung. Hierzu bieten sich sowohl die JIM-Studien (aktuelle und ältere) sowie Bilder und Karikaturen an, die nicht nur die Lust auf unsere Medienwelt verdeutlichen, sondern auch die Schwierigkeiten, die mit dieser verbunden sind. Die Auswirkungen medialer Alltagspräsenz auf das Individuum in der westlichen Gesellschaft kann einen Schwerpunkt bilden.

Kurse auf dem erhöhten Anforderungsniveau vertiefen die gewonnenen Einsichten über den Unterrichtsaspekt „Medienkritik“. Zur Diskussion zum Verfall der Moral oder der Kommunikation lädt beispielsweise der Text *Das digitale Evangelium* von Hans Magnus Enzensberger ein. Der Essay thematisiert u. a. die Seite der „Propheten“, die alle Probleme der Zukunft durch digitale Medien gelöst sehen. Eine weitere Position eröffnet der Text *Standardsituationen der Technologiekritik* von Kathrin Passig, die ausführt, dass sich das Potenzial eines Mediums nur im zeitlichen Verlauf ersehen lasse.

Umgang mit Texten

Epische Texte

Was ist Epik?

Die Begriffe *Epik* und *episch* benennen die Gattung der erzählenden Dichtung (lat. *prosa*) und gehen zurück auf die griechischen Wörter *epos* bzw. *epikos*: das „Gesagte", „Berichtete" oder die „Erzählung". Das griechische Epos, z. B. die *Ilias* von Homer, ist ein umfangreiches Erzählgedicht in Versform, das augenscheinlich für den öffentlichen Vortrag bestimmt war. Mit den Ritterepen des Mittelalters, z. B. das *Nibelungenlied,* hält die Epik Einzug in die frühe deutsche Literaturgeschichte.
Ein epischer Text erzählt eine Geschichte. Dem Erzähltext liegt ein Erzählgegenstand zugrunde, eine Fabel (Story, Plot). Die Fabel stellt die Summe der Handlungen eines Textes in ihrer logischen Verknüpfung dar. Damit ist die Fabel ein geordneter, gegliederter und in Zusammenhänge gebrachter Stoff. Sie braucht nicht vollständig oder linear erzählt zu sein: Rückblenden können Vergangenes, Ausgespartes ergänzen, Vorgriffe können auf Zukünftiges hinweisen, Einschübe können Gedanken und Gefühle verdeutlichen. Manches wird stillschweigend übergangen und konkretisiert sich erst in der Fantasie der Lesenden (sogenannte Leerstellen des Textes), anderes bekommt durch die detaillierte Beschreibung besonderes Gewicht.
Das die Gattung bestimmende Element ist das Vorhandensein *einer (fiktiven) Erzählfigur* als Vermittlerin der Handlung (Achtung: Erzählerin/Erzähler ist nicht identisch mit Autorin/Autor!), die in unterschiedlicher Form im Text in Erscheinung tritt. Sie kann selbst ein Teil des fiktiven epischen Figurenensembles sein oder auch als engagierte/-r oder distanzierte/-r Beobachtende/-r außerhalb der Handlung das Geschehen darbieten.
Im Verlauf der Gattungsgeschichte nimmt die Erzählfigur in einem epischen Text höchst unterschiedliche Rollen ein, gebunden an den jeweils historischen Kontext, dem ein Text entstammt. So weist der traditionelle *Entwicklungs- und Bildungsroman* des 18. und 19. Jahrhunderts vor allem das auktoriale Erzählverhalten (→ S. 179) auf, während bereits am Ende des 19. Jahrhunderts und vor allem im 20. Jahrhundert das personale bzw. neutrale Erzählverhalten (→ S. 179) überwiegt.
In der Literatur der 1970er-Jahre und speziell der *Gegenwartsliteratur* (→ S. 168 ff.) findet man vor allem die Erzählform der *Ich-Erzählerin* / des *Ich-Erzählers*, während die *Literatur der Postmoderne* (1980er- und 1990er-Jahre) mit den Erzählhaltungen und Erzählformen der traditionellen Epik spielt und das auktoriale Erzählverhalten in ironischer Weise bricht.

Ein kurzer Abriss zur Geschichte der Gattung

Die ersten Romane unseres Kulturkreises entstammen der hellenistischen Zeit nach Alexander dem Großen. Der Roman zählte jedoch nicht zur Dichtung, sondern galt als „Unterhaltung". Die wenigen Romane, die erhalten blieben, wie z. B. der *Alexanderroman* und der *abenteuerliche Liebesroman*, dienten als Vorlage für die mittelalter-

lichen Versromane und den Roman im → Barock (H. J. Ch. von Grimmelshausen *Simplicissimus*). Auch die deutsche Poetik nimmt den Roman erst seit dem 18. Jahrhundert ernst. Johann Wolfgang Goethe schuf mit seinem Briefroman *Die Leiden des jungen Werther* den ersten Weltbestseller; auch seine späteren Romane *Wilhelm Meisters Lehrjahre, Wilhelm Meisters Wanderjahre* (Entwicklungs- und Bildungsroman) und *Die Wahlverwandtschaften* sowie der psychologische Roman *Anton Reiser* von Karl Philipp Moritz gelten als Vorzeigemuster ihrer Gattung. Der beliebte Trivialroman des 18. Jahrhunderts nimmt sich hingegen Ritter-, Räuber- und Schauergeschichten zum Thema.
Die Epoche der Romantik ist reich an Romanen von Autoren wie Jean Paul, Novalis, Friedrich Schlegel und E. T. A. Hoffmann und bevorzugt den *Künstlerroman*. Seit 1830 entwickelt sich der *realistische Roman* (Karl Immermann, Otto Ludwig, Friedrich Spielhagen, Wilhelm Raabe, Gottfried Keller, Adalbert Stifter, Theodor Fontane), der sich auch an den großen europäischen Vorbildern (Gustave Flaubert, Leo Tolstoi) orientiert. Im Naturalismus des ausgehenden 19. Jahrhunderts dienen ebenfalls ausländische Autoren wie Émile Zola und Fjodor Dostojewski als Modell.
Die großen Romane des Epochenumbruchs zu Beginn des 20. Jahrhunderts verfassen die Brüder Thomas Mann (*Buddenbrooks*) und Heinrich Mann (*Professor Unrat, Der Untertan*) sowie Hermann Hesse und Joseph Roth mit gesellschaftskritischen Romanen. Sie eröffnen neue Gestaltungsmöglichkeiten, die von Autoren wie Franz Werfel, aber auch expressionistischen Autoren wie Franz Kafka (*Der Prozess, Amerika*) und Alfred Döblin (*Berlin Alexanderplatz*) sowie von Robert Musil (*Der Mann ohne Eigenschaften*) weiterentwickelt werden und schließlich zu einer Formauflösung führen unter Verzicht auf einen stringenten, linearen Handlungsablauf durch Montage von Erlebnissen des Unbewussten (erlebte Rede, innerer Monolog, Stream of Consciousness, → S. 181).
Neue Anregungen nach 1945 erhält der deutsche Roman durch amerikanische Vorbilder (Ernest Hemingway, William Faulkner). Grundthema der Nachkriegsliteratur wird die Orientierung in einer veränderten Welt und die Aufarbeitung der Vergangenheit bei den Mitgliedern der „Gruppe 47", Heinrich Böll (*Ansichten eines Clowns*), Günter Grass (*Die Blechtrommel*), Wolfgang Koeppen (*Tauben im Gras*), Alfred Andersch (*Kirschen der Freiheit*). Charakteristisch jedoch für die Zeit der späten 1950er- und frühen 1960er-Jahre ist der Moment des Aufbruchs, der sich gegen die Erstarrung der sogenannten „Wirtschaftswundergesellschaft" richtet und neues politisch-gesellschaftliches Engagement zeigt und fordert (Uwe Johnson, Martin Walser, Max Frisch, Siegfried Lenz, Peter Handke).
Die Gegenwartsliteratur ist nicht mehr mit der Literatur nach 1945 (Nachkriegsliteratur) identisch, sondern grenzt sich formal und inhaltlich von dieser ab. Sie ist so heterogen, sowohl Brüche als auch Traditionen des Erzählens manifestierend, dass es unmöglich ist, all diese unterschiedlichen Tendenzen in einem Überblick zusammenfassend darzustellen. Als Stichworte seien u. a. genannt: *politisch engagierte Literatur, Arbeiterliteratur, Dokumentarliteratur, Subjektivismus und Rückzug in die Innerlichkeit, Frauenliteratur, experimenteller Roman, Intertextualität, Postmoderne, interkulturelle Literatur, Netzliteratur, Hybridtexte* usw. (→ *Gegenwartsliteratur,* S. 168 ff.).

Formen und Elemente epischer Texte

Zur Epik gehören unterschiedlich lange und unterschiedlich strukturierte Textsorten wie

- der Roman als epische Großform: u. a. *Abenteuerroman, Bildungsroman, Entwicklungsroman, historischer Roman, psychologischer Roman, Zeitroman* sowie
- epische Kleinformen: u. a. *Anekdote, Erzählung, Fabel, Gleichnis, Parabel, Legende, Märchen, Novelle, Kurzgeschichte, Sage*.

Epische Kleinformen bieten den Lesenden immer nur einen Ausschnitt aus der Welt, eine pointierte Begebenheit, während der Roman in epischer Breite Anspruch auf die Darstellung eines größeren äußeren oder innerseelischen Zeitraums beansprucht. Jedoch sind weder die oben erwähnten Romanformen und Textsorten noch die dem Text vorangestellten Bezeichnungen immer eindeutig, einheitlich und trennscharf.
Im Folgenden werden aus der Gattungsgeschichte und inhaltsbezogenen Einteilungen Zugriffe auf epische Texte vorgestellt, Grundbegriffe zur Beschreibung und Analyse präsentiert sowie Tipps und Hinweise zur schriftlichen Interpretation unterbreitet.

Grundformen des Erzählens

Erzählsituation	
Erzählverhalten	- **auktorial**: Die Erzählfigur ist allwissend („olympisches Erzählen"), verfügt souverän über alle Momente des epischen Textes, kommentiert, reflektiert, bewertet, blickt zurück oder voraus; das Geschehen und dessen Deutung wird von ihr gelenkt; sie führt die Lesenden durch den Text. - **personal**: aus der Sicht einer Figur, von einem Standpunkt im Geschehen, daher eingeschränkte Sichtweise; subjektiv; Lesende erhalten unmittelbaren Einblick in subjektives Erleben; um Monotonie zu entgehen und verschiedene Sichtweisen zu verdeutlichen, oft in der direkten Figurenrede die Darstellung mehrerer Figuren (Multi-/Polyperspektivität) - **neutral**: sachlich, unkommentiert, weder aus der Sicht einer Figur noch aus der einer auktorialen Erzählfigur; Erweckung des Anscheins von größter Objektivität
Erzählform	- **Er/Sie-Form**: Es wird von anderen erzählt. - **Ich-Form**: Ich-Erzähler/-in: subjektiv, eingeschränkt, authentisch anmutend - *Erzählerbericht* als Grundform des auktorialen Erzählens: Auch in der Ich-Form kann die Erzählfigur auktorial als sich erinnerndes, erzählendes Ich rückblickend erzählen. - *Erlebte Rede* und *innerer Monolog* sind Hauptformen des personalen Erzählens. - *Sachlicher, dokumentarischer Vergangenheitsbericht* oder *szenisches Erzählen* sind Hauptformen der neutralen Erzählfigur, z. B. Gesprächswiedergabe ohne Kommentare.

Erzählperspektive	– **Außensicht**: Aussehen, äußerliche Informationen über Figuren, Handlungen, Beobachtungen – **Innensicht**: Gefühle und Gedanken einer Figur, ihre Überlegungen
Erzählstandort	Position der Erzählfigur zum Erzählten: Nähe/Distanz in räumlicher oder auch zeitlicher Hinsicht
Erzählhaltung	Einstellung der Erzählfigur zum Erzählten: neutral, ironisch, kritisch, (ab)wertend, ambivalent, zustimmend, euphorisch ...
Figuren	
direkte Figurencharakterisierung	Charakterisierung einer Figur durch die Erzählfigur selbst (in der Außensicht) oder von anderen Figuren (in der Innensicht), indem z. B. ihr Äußeres näher beschrieben, ihre Beziehungen zu anderen Personen dargestellt, ihr Handeln vor dem Hintergrund bestimmter Situationen thematisiert wird
indirekte Figurencharakterisierung	wenn sich die Figuren durch Inhalt und Form ihrer eigenen Äußerungen (z. B. Verhalten, wörtliche Rede, Gedanken) und ihr erzähltes Verhalten selbst charakterisieren
Figurenkonzeption	– statische, sich nicht verändernde und – dynamische, sich verändernde Figuren – (Zeit-)Typus (eine auf wenig verallgemeinerbare Züge konzentrierte Figur) – Individuum (eine Figur mit individuell ausgestaltetem Persönlichkeitsprofil)
Figurenkonstellation	Das Zusammenwirken der Figuren und ihr Verhältnis zueinander: Aus der Figurenkonstellation ergibt sich meist der zentrale Konflikt des epischen Textes. Prägung durch – die Art der Beziehung der Figuren zueinander je nach: Geschlecht, Alter, Verwandtschaft, Bildung, beruflicher Stellung, Herkunft/Milieu, sozialem Status, Werthaltung, Normorientierung, charakterlicher Einstellung und psychischem Verhalten (z. B. Interessen, Gefühle, Wünsche, Bedürfnisse, Antriebe) – die kompositorische Konstellation der Figuren: *Parallelfiguren* (Wiederholung bestimmter Figurengruppen, z. B. auf einer anderen sozialen Ebene), *Kontrastfiguren* (z. B. bei Entgegensetzung von Lebensentwürfen)

Redeformen	
Erzählerrede	abgegrenzt von der direkten oder Figurenrede: Erzählerbericht, indirekte (Figuren-)Rede, Erzählerkommentar, Beschreibung
direkte Figurenrede	szenische Darstellung, Dialoge, in denen sich die Figuren unmittelbar mitteilen, in traditionellen Texten durch Anführungszeichen gekennzeichnet; gibt dem Text einen dramatischen Akzent, bezieht die Lesenden direkt in das Geschehen mit ein; die Erzählfigur tritt hinter die Figuren zurück
indirekte Figurenrede	oft im Konjunktiv durch die Erzählfigur wiedergegeben, erzeugt Distanz zum erzählten Geschehen
erlebte Rede	Wiedergabe der Gedanken einer Figur aus der Innensicht; in der Regel im Indikativ Präteritum der 3. Pers. Singular (zu sich selbst Distanz schaffend): Mischung von direkter und indirekter Rede; ot nicht direkt zu erkennen, wo die indirekte Rede aufhört und die erlebte Rede beginnt, da diese nicht ausdrücklich gekennzeichnet wird
innerer Monolog	unmittelbare Wiedergabe der Gedanken einer Figur in Form eines Selbstgesprächs; völliges Zurücktreten der Erzählfigur; in der Regel im Präsens und in der 1. Person Singular
Stream of Consciousness / Bewusstseinsstrom	vielschichtig verflochtene, formlose Aneinanderreihung von Bewusstseinsinhalten (Gedanken, Ideen, Wahrnehmungen, Gefühle, Wünsche, Träume usw.) einer Figur; erzähltechnisch eine Erweiterung des inneren Monologs, da im Stream of Consciousness oft auch Satz- und Wortfetzen vorkommen und Grammatik- oder Syntaxregeln nicht eingehalten werden (müssen); dennoch sind z. B. leitmotivische Wiederholungen durchaus erkennbar
Zeitstrukturen	
Erzähltempus	Im traditionellen Roman ist das Präteritum das Erzähltempus, weil nur erzählt werden kann, was bereits geschehen ist. Das sogenannte „historische Präsens“, eingebettet in das Erzähltempus des Präteritums, kann an besonders zentralen Stellen des Textes die Funktion des Präteritums übernehmen. Die Erzählung im Präsens besitzt größere Unmittelbarkeit. Das Präsens suggeriert den Lesenden, die erzählte Geschichte sei noch nicht fertig, alles sei noch möglich, jedoch bedeutet die Verwendung des Präsens auch einen Mangel an Illusion und Geschlossenheit.
historische Zeit	der historische Kontext, in den ein Text eingebettet ist, der die Handlungen der Figuren bestimmt und auf den der Text in vielfältiger Weise (Accessoires, Sprachduktus, Thematik, Topografie, Daten usw.) Bezug nimmt

Erzählzeit **erzählte Zeit**	zeitliche Dauer des Erzählvorgangs zeitliche Dauer des erzählten Geschehens Das Verhältnis beider Aspekte ist interessant: – sie können in etwa deckungsgleich sein, – die erzählte Zeit kann vielfach gerafft werden, – die erzählte Zeit kann über ihre eigentliche Zeitdauer gedehnt werden. Modernere und experimentellere Umgangsformen mit der Zeit in epischen Texten zielen z. T. auf eine Auflösung der chronologischen Struktur ab. Bei Anwendung der Montagetechnik wird die lineare Zeitstruktur aufgelöst, um Simultaneität vorzuspiegeln.
Motive und Raumgestaltung	
Motiv	Das Motiv ist die kleinste strukturbildende und bedeutungstragende Einheit in einem Werk oder Text. Eine spezielle Form ist das *Leitmotiv*, z. B. Farben, Stimmungen, Symbole, Personen, Sätze, Redewendungen und vieles mehr. Ein Leitmotiv kann als sprachliches Bild eine ordnende oder verbindende Funktion innerhalb eines Textes haben oder durch seine häufige Wiederholung die Charakteristika einer Figur, eines Ortes, eines Konflikts betonen.
Raum/ Schauplatz	Der Raum spiegelt nicht immer eine reale Topografie wider. Selbst wenn das fiktive Geschehen an einem in der Realität auffindbaren und konkret benannten Ort spielt, dient dieser vor allem dazu, die Atmosphäre, das soziale Umfeld, das Lokalkolorit zu vermitteln, in denen die Figuren leben und handeln und das sie prägt. Der Text kann von daher ein hohes Maß an Authentizität gewinnen sowie eine Wiedererkennungs- und Identifikationsmöglichkeit für die Lesenden schaffen (besonders im „Historischen Roman“ bzw. im „Zeitroman“). Die fiktive Topografie eines epischen Textes weist vielseitige gestalterische Funktionen auf, da sie immer in Bezug zum Handeln der Protagonisten entsteht und dieses z. B. beeinflussen, konterkarieren, motivieren kann. Im realistischen Zeit- und Gesellschaftsroman des 19. Jahrhunderts können topografische Besonderheiten leitmotivische Funktion innerhalb des Textes übernehmen. Die Raumgestaltung kann durchaus auch jeden realen Bezug verlieren und der Spiegelung und Vergegenständlichung innerer Zustände und Prozesse (innerseelische Topografie) dienen.

Lyrische Texte

Da die Gattung *Lyrik* den Schwerpunkt eines der sieben verbindlich vorgeschriebenen Rahmenthemen bildet (Rahmenthema 4: Vielfalt lyrischen Sprechens), sind alle wichtigen Grundlagen zur Lyrik im Kapitel „Basiswissen zu den Rahmenthemen" enthalten. Bitte schlagen Sie auf Seite 150 ff. nach.
Hinweise zu Tendenzen der **Gegenwartslyrik** finden Sie auf Seite 170.

Dramatische Texte

Da die Gattung *Drama* den Schwerpunkt eines der sieben verbindlich vorgeschriebenen Rahmenthemen bildet (Rahmenthema 2: Drama und Kommunikation), sind alle wichtigen Grundlagen zu dramatischen Texten im Kapitel „Basiswissen zu den Rahmenthemen" enthalten. Bitte schlagen Sie auf Seite 132 ff. nach.
Hinweise zu Tendenzen der **Gegenwartsdramatik** finden Sie auf Seite 170.

Literarische Texte in Prüfungsaufgaben

Aufgabenformate im Überblick

In der Abiturprüfung wird von Ihnen erwartet, dass sie „textbezogen" oder „materialgestützt" einen eigenen zusammenhängenden Text zu der Ihnen gestellten Aufgabe verfassen. Für die Bearbeitung der Aufgabe erhalten Sie in der Regel einen literarischen oder pragmatischen Text, der nicht Gegenstand des Unterrichts war. Je nach Aufgabenformat können Ihnen auch mehrere Texte vorliegen, die Sie entsprechend der Aufgabe zu bearbeiten haben. Ein wesentlicher Bestandteil der Aufgabenstellung sind die **Operatoren** für das Fach Deutsch, denen Sie u. a. entnehmen können, in welchem Anforderungsbereich Sie sich beim Verfassen Ihres Textes bewegen. Generell gilt, dass in der Abiturprüfung alle Anforderungsbereiche abgedeckt sein müssen. Unter https://nibis.de/uploads/1gohrgs/operatoren_2021/DE_2021Abi_Operatoren.pdf finden Sie eine sehr hilfreiche Operatorenliste.
Die folgende Aufzählung stellt die abiturrelevanten Aufgabenformate im Überblick dar. Die einzelnen Formate werden Ihnen nachfolgend erläutert.

1) **Textbezogenes Schreiben**
   - Interpretation literarischer Texte
   - Erörterung literarischer Texte
   - Analyse pragmatischer Texte
   - Erörterung pragmatischer Texte

2) **Materialgestützte Schreiben**
   - Materialgestütztes Verfassen eines informierenden Textes
   - Materialgestütztes Verfassen eines argumentierenden Textes

Epische, lyrische und dramatische Texte in Prüfungsaufgaben

Die Analyse eines Romanauszugs, eines Gedichts oder einer Dramenszene kann prinzipiell in zwei unterschiedlichen Aufgabenformen vorkommen (siehe oben):
- Textinterpretation
- Literarische Erörterung

Aufgrund der Vergleichbarkeit der Prüfungsleistung ist es eher unwahrscheinlich, dass eine Aufgabe gestellt wird, in der eine Szene oder ein Textauszug aus einem der Texte entnommen wird, die obligatorisch im Unterricht behandelt werden mussten. Wahrscheinlicher ist, dass ein anderer literarischer Text ausgewählt wird und erst in einer weiterführenden Aufgabe dazu aufgefordert wird, Bezüge zu einem der im Unterricht behandelten Texte herzustellen. Im Zusammenhang mit einer vergleichenden Textinterpretation oder einer literarischen Erörterung ist es auch möglich, dass ein Auszug aus einem unbekannten Roman, ein unbekanntes Gedicht oder eine Szene aus einem unbekannten Drama analysiert und dabei im Hinblick auf bestimmte Inhalts- oder Gestaltungsmerkmale mit dem Anfang oder mit einem Textauszug eines bekannten Romans, mit einem bekannten Gedicht oder mit einer Szene aus einem der bekannten Dramen verglichen werden soll. Denkbar ist auch, dass im Rahmen einer Textanalyse zunächst ein Sachtext (Rezension zu einem literarischen Text bzw. einer Inszenierung, ein programmatischer oder theoretischer Text) zu analysieren ist (→ S. 186 ff.) und im nächsten Aufgabenteil Bezüge zu den bekannten Werken hergestellt werden müssen.

Kompetenzen

Die Abiturientin bzw. der Abiturient muss bei der Bearbeitung zeigen, dass sie/er
- epische, lyrische und dramatische Texte anhand unterschiedlicher Präsentations- und Darstellungsformen unterscheiden und zentrale Merkmale der jeweiligen Gattung bestimmen kann,
- ein Inventar an Begriffen und Methoden zur Untersuchung von literarischen Texten kennt und korrekt anwenden kann,
- Elemente und Strukturen als Möglichkeiten der Handlungsführung erarbeiten, raumzeitliche Verhältnisse analysieren, Motive erschließen kann,
- Motive und Absichten, Haltungen und Verhaltensweisen, Entwicklungen und Diktion von Figuren erschließen kann (bei Lyrik nur bei Figurengedichten),
- unterschiedliche Redeformen (Dialoge, Monologe, Chorlieder im Drama, Erzählerbericht, Beschreibung, Reflexion, lyrische Sprecherin / lyrischer Sprecher) unter Berücksichtigung kommunikativer und sprachlicher Aspekte untersuchen kann,
- verschiedene Typen des Dramas, des epischen Textes, des Gedichts bestimmen und unterscheiden kann.

Prüfungsaufgabe: Textinterpretation

Bei dieser Aufgabenart wird erwartet, dass Sie – ausgehend von einer Interpretations- bzw. Deutungshypothese – mithilfe analytisch-interpretativer Verfahren sowohl formale als auch inhaltliche Aspekte des gegebenen Textes herausarbeiten. Dabei ist es von besonderer Wichtigkeit, dass Sie die Form und den Inhalt eines literarischen Werkes stets aufeinander beziehen. Der Auftrag kann zum Beispiel „Interpretieren Sie das Gedicht von XY", „Analysieren und interpretieren Sie das Gedicht von XY" oder – mit einem besonderen Akzent versehen – „Interpretieren Sie den Romananfang / den Romanauszug / die Dramenszene von XY unter der Berücksichtigung von ABC (dem historischen Entstehungskontext / der Personenkonstellation / der Schauplatzgestaltung / der Verwendung eines bestimmten Motivs usw.)" lauten.

Im Anschluss an eine Textinterpretation ist (auch als Teilaufgabe) eine gestaltende Interpretation ebenso denkbar wie eine Erörterung als argumentative Stellungnahme.

<u>Beispiel- und Originalaufgaben in FiNALE:</u>
→ S. 39 ff., S. 56 ff., S. 68 ff., S. 76 ff., S. 105 ff., S. 115 ff.

Prüfungsaufgabe: Literarische Erörterung

Ausgehend von der analytischen Erschließung eines Textauszugs bzw. eines kompletten kürzeren Texts sollen Sie sich bei dieser Aufgabenart mit bestimmten inhaltlichen oder formalen Aspekten der Vorlage erörternd auseinandersetzen. Vorstellbar ist dabei etwa, dass Sie anhand der Analyse der Textgrundlage die Verwendung eines spezifischen Motivs erarbeiten sollen. In einem zweiten Schritt würden Sie diese Motivverwendung mit der Darstellung des Motivs in anderen Ihnen bekannten Werken zu vergleichen haben. Es wäre aber auch möglich, über die Erarbeitung von Textmerkmalen eine begründete Zuordnung des entsprechenden Texts zu einer Epoche vorzunehmen oder auch generelle gattungspoetische Fragen zu erörtern. Eine mögliche Aufgabenstellung könnte lauten „Erörtern Sie, ausgehend von dem vorliegenden Gedicht, inwiefern das Thema ‚Sehnsucht' charakteristisch für die Literatur der Romantik ist".

<u>Beispielaufgabe in FiNALE:</u>
→ S. 51 ff.

Sachtexte

Was ist ein Sachtext?

Unter Sachtexten versteht man in der Regel alle nichtfiktionalen Texte. Das heißt, Sachtexte beziehen sich direkt auf Sachverhalte aus der Wirklichkeit. So ist für den *Reisebericht* der Bezugspunkt das Land, das er beschreibt, für die Gebrauchsanweisung der Gegenstand, den sie erklärt, für die Analyse eines fiktionalen Textes der Text, den sie untersucht. Damit haben Sachtexte in praktischen Handlungskontexten einen Gebrauchswert.
Sachtexte umfassen ein breites Textsortenspektrum. Dabei kann es sich um geschriebene oder gesprochene Sachtexte handeln (z. B. Nachrichten, Wissenschafts- oder Kultursendungen). Darüber hinaus unterscheidet man zwischen *kontinuierlichen* Sachtexten (Fließtexten) und *diskontinuierlichen* Sachtexten (Diagramme, Schaubilder, Tabellen usw.). Hilfreich ist es, bei der Klassifizierung von der (vermuteten) Intention der Verfasserin / des Verfassers und der damit verbundenen Funktion des jeweiligen Sachtextes auszugehen.

Welche Funktionen können Sachtexte wahrnehmen?

informieren darstellen instruieren	**argumentieren erörtern**	**appellieren**	**regulieren**
Typische Textsorten – Nachricht – Textanalyse – Wissenschaftliche Untersuchung (z. B. literatur- oder sprachtheoretische Texte) – Gebrauchsanweisung – …	**Typische Textsorten** – Kommentar – Leserbrief – Rezension – Kritiken – …	**Typische Textsorten** – Werbung – Flugblatt – Wahlrede – …	**Typische Textsorten** – Gesetzestext – …

Hinweis

Die meisten Textsorten umfassen sowohl informierende, argumentierende als auch appellierende Elemente. Bei jeder Textsorte steht jedoch eine Funktion im Vordergrund. Wer einen Leserbrief schreibt, will vor allem seine Haltung zu einem Sachverhalt darlegen und nicht in erster Linie sachlich informieren. Dennoch enthält ein Leserbrief selbstverständlich informierende und evtl. auch appellierende Elemente.

Sachtexte – Ein Überblick über wichtige Textsorten

Folgende Textsorten werden im Unterricht der Sekundarstufe II häufig behandelt. Dabei hängt die Wahl der Textsorte maßgeblich von der Intention der Verfasserin / des Verfassers ab.

Abhandlung (in wissenschaftlicher und populärwissenschaftlicher Form): insbesondere literaturwissenschaftliche oder literaturhistorische Texte, sprachwissenschaftliche oder sprachhistorische Texte, Darstellung von Modellen (z. B. Kommunikationsmodelle)

Essay: geistreiche, anspruchsvolle und persönlich gefärbte Abhandlung zu einem allgemein-gesellschaftlichen Thema

Glosse: satirisch witzige, manchmal auch bissige Auseinandersetzung mit einem aktuellen gesellschaftspolitischen oder kulturellen Thema; die Grenze zwischen Glosse und Kommentar ist fließend

Kolumne: regelmäßig – zumeist unter einer festgelegten Überschrift – erscheinender, kommentierender Kurzartikel, der zu einem aktuellen Problem Stellung nimmt

Kommentar: subjektive, oft analysierende Stellungnahme zu einem politisch-gesellschaftlichen oder kulturellen Thema, Kommentare sollen zur Meinungsbildung anregen

Leserbrief: subjektive persönliche Stellungnahme von Leserinnen und Lesern zu ausgewählten Artikeln und Kommentaren einer Zeitung

Rede: insbesondere politische Reden mit allgemein-gesellschaftlichen bzw. kulturellen Themen

Rezension und Kritik: kritische subjektive Auseinandersetzung mit einer zumeist aktuellen kulturellen Leistung, z. B. Buchbesprechung, Theater- oder Filmkritik; die Sprache der Kritik richtet sich nach dem Adressat(inn)enkreis, die Rezension eines Popkonzertes hat einen anderen Stil als eine Theaterkritik

Texte der neuen Medien: insbesondere Auszüge aus Blogs, Chats, Foren oder sozialen Netzwerken, in denen mehrere Personen über ein Thema diskutieren; diese Texte besitzen zumeist interaktiven Charakter

Vortrag: informierender, Wissen vermittelnder Text, der mündlich präsentiert werden soll und im Unterschied zur (politischen) Rede weitgehend auf Meinung und Zuspitzung verzichtet, sich aber darum bemüht, für die Zuhörerinnen und Zuhörer anregend und Interesse weckend zu sein

Elemente von Sachtexten

Die Textstruktur von Sachtexten ist durch immer wiederkehrende Bauelemente gekennzeichnet.

- Bei *informierenden Sachtexten* werden ausgehend von einem Aufhänger, der die Aufmerksamkeit der Leserinnen und Leser binden soll, die verschiedenen Teilbereiche eines Themas nacheinander entfaltet. Die Teilbereiche werden häufig mit Zwischenüberschriften gekennzeichnet.
- Bei *argumentierenden Sachtexten* stellt der Verfasserin / der Verfasser ihre/seine Position zu einem bestimmten Thema mittels Thesen, Argumenten und Beispielen dar. Dabei bezieht sie/er mögliche Gegenpositionen und damit verbundene Argumente in die Überlegungen ein.

Die Übergänge zwischen informierenden und argumentierenden Sachtexten sind fließend. Die Fachbegriffe werden auch bei der Sachtextanalyse zur Kennzeichnung der einzelnen Bauelemente eines Sachtextes unter Angabe ihrer Funktion verwendet.

Informierende Sachtexte	**Bauelemente von Sachtexten**	**Argumentierende Sachtexte**
Information über das Thema des Textes	**Titel**	Information über das Thema des Textes
mögliche Eingrenzung des Themas auf einen Aspekt, z. B. eine spezielle Forschungsfrage	**Untertitel**	Verdeutlichung der Position, die die Autorin / der Autor gegenüber dem Thema einnimmt
Aspekt, der die Aufmerksamkeit der Leserinnen/Leser binden soll, z. B. ein Zitat	**Aufhänger**	Aspekt, der die Aufmerksamkeit der Leserinnen/Leser binden soll, z. B. ein Zitat
	Aufbau	
Abfolge des Gedankenganges, Aufeinanderfolge einzelner Aspekte (roter Faden)	**Makrostruktur**	Formulierung der These und evtl. der Antithese, Darstellung von Argumenten und/oder Gegenargumenten nach ihrer jeweiligen Gewichtung und ihren thematischen Zusammenhängen
Detailinformationen der einzelnen Sinnabschnitte bezogen auf das Thema	**Mikrostruktur**	Detailinformationen zu einzelnen Argumenten, Veranschaulichung durch Beispiele
Bündelung der Ergebnisse	**Zusammenfassung**	Bekräftigung der These mit Hinweis auf die gewichtigsten Argumente
Ableitung von Folgen aus den Arbeitsergebnissen	**evtl. Schlussfolgerung**	Ableitung von Folgen aus den Arbeitsergebnissen

Die sprachliche Gestaltung von Sachtexten

Die Aussageabsicht, der Adressat(inn)enkreis und damit verbunden die Wahl der Textsorte (→ S. 187) bestimmen die sprachlich-formale Gestaltung eines Sachtextes. Der Leitartikel einer Tages- oder Wochenzeitung, der wesentlich zur öffentlichen Meinungsbildung beitragen soll, verlangt eine andere sprachliche Gestaltung als ein populärwissenschaftlicher Artikel, der über die neueren Entwicklungen auf einem bestimmten wissenschaftlichen Gebiet informieren soll; ein literaturwissenschaftlicher Interpretationsansatz folgt anderen sprachlichen Gestaltungsnormen als eine Rezension.
Der gezielte Einsatz ausgewählter sprachlich-formaler Gestaltungsmittel verstärkt die jeweilige Aussageabsicht. Deshalb müssen die sprachlich-formalen Gestaltungsmittel immer mit Blick auf ihre Funktion beschrieben werden.

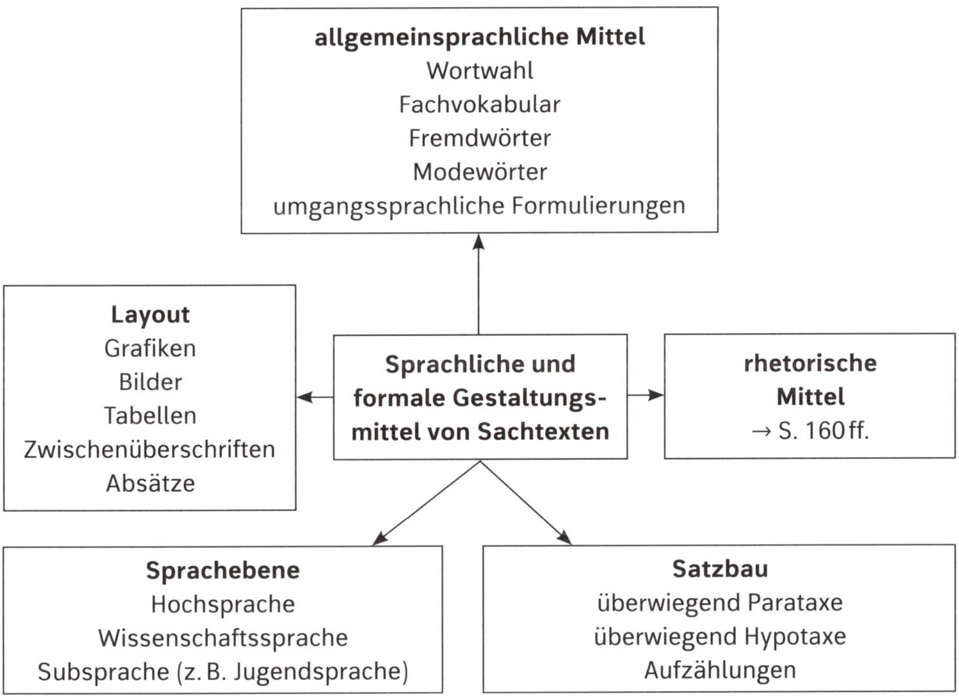

Sachtexte in Prüfungsaufgaben

In den Prüfungsaufgaben für das Abitur im Fach Deutsch finden Sie Sachtexte, die eine informierende, argumentative oder appellative Funktion als Schwerpunkt haben.

- Bei hauptsächlich *informierenden Sachtexten* handelt es sich in der Regel um literaturtheoretische oder literaturhistorische Analysen bzw. um wissenschaftliche bzw. auch populärwissenschaftliche Darstellungen zu kulturellen, gesellschaftlichen oder philosophischen Themen, die in der Qualifikationsphase angesprochen worden sind.
- *Argumentative Sachtexte* sind häufig Rezensionen oder Kritiken, die auf im Unterricht behandelte fiktionale Texte Bezug nehmen, oder Kommentare, die Position zu einem im Unterricht behandelten Thema beziehen.
- *Appellative Texte* sind häufig Auszüge aus Reden, deren historisch-gesellschaftlicher oder kultureller Kontext aus dem Unterricht bekannt ist.

Inhaltliches Vorwissen zu einem bestimmten Themenbereich erleichtert außerordentlich die Auseinandersetzung mit dazugehörigen Sachtexten.

Grundsätzlich unterscheidet man drei Aufgabenarten:

- Textanalyse
- Texterörterung, auch als freie Erörterung
- adressat(inn)enbezogenes Schreiben

Kompetenzen

Die Abiturientin bzw. der Abiturient muss bei der Bearbeitung zeigen, dass sie/er

- Sachtexte sowohl mithilfe von Texterschließungsstrategien selbstständig erschließen als auch Sachtexte mithilfe von Schreibstrategien eigenständig verfassen kann,
- verschiedene prüfungsrelevante Textsorten erkennen und anhand ihrer textsortenspezifischen Merkmale unterscheiden kann,
- Informationen aus Sachtexten bezogen auf eine bestimmte Aufgabenstellung entnehmen, ordnen, vergleichen, prüfen, beurteilen und durch eigene Kenntnisse ergänzen kann,
- Text- und Argumentationsstrukturen erkennen und verbalisieren kann,
- Zusammenhänge zwischen der Intention der Autorin / des Autors, der Textsorte und der sprachlichen Gestaltung des Textes und der möglichen Wirkung auf die Lesenden aufzeigen kann sowie
- zu einem aufgezeigten Sachverhalt und dessen Darstellung sachlich fundiert und argumentativ schlüssig Stellung nehmen kann.

Prüfungsaufgabe: Analyse pragmatischer Texte

Bei einer Textanalyse wird von Ihnen erwartet, dass Sie einen informierenden, argumentierenden oder appellierenden Sachtext im Hinblick auf seine zentralen Aussagen, seine Argumentationsstruktur und seine Machart analysieren können. An eine Textanalyse kann sich eine Stellungnahme Ihrerseits zu der Position der Autorin / des Autors anschließen; diese kann auch mit einem produktionsorientierten Auftrag in Form adressat(inn)enbezogenen Schreibens verbunden sein (z. B. einen Vortrag verfassen, einen Leserbrief schreiben).

Zeilenzähler	Makrostruktur: Gliederung des Textes in Sinnabschnitte und Angabe ihrer Funktion	Mikrostruktur: Detailaussagen der Sinnabschnitte und ihre Funktion	Sprachliche Gestaltung und ihre jeweilige Funktion
Welche Zeilen umfasst jeweils ein Abschnitt?	In welche Sinnabschnitte ist der Text unterteilt? Welche Funktion haben die Sinnabschnitte? (z. B. Textaufhänger, These, Argumente, Beispiele ...)	Welche detaillierten inhaltlichen Aussagen enthalten die einzelnen Sinnabschnitte?	Mit welchen formalen und sprachlichen Mitteln wird der Argumentationsgang unterstützt?
	Welche Wirkung soll damit beim Adressat(inn)en erzeugt werden?		

Beispielaufgabe in FiNALE:
→ S. 83 ff.

Prüfungsaufgabe: Erörterung pragmatischer Texte

Ausgehend von einer zuvor von Ihnen analysierten Textvorlage sollen Sie bei dieser Aufgabenart eine in der Vorlage thematisierte Problemstellung argumentativ erörtern. Dabei ist es das Ziel, dass Sie, Pro- und Kontrapositionen gegeneinander abwägend, zu einer begründeten Stellungnahme gelangen. Als Grundlage hierfür können neben pragmatischen Texten auch bildliche Darstellungen dienen: Grafiken, Schaubilder und Karikaturen oder auch Statistiken und Tabellen.
Im Gegensatz zu dieser „text- bzw. materialgebundenen Erörterung“ ist als Variante auch eine „freie Erörterung“ möglich, bei der ggf. nur ein Problem oder auch ein kurzes Impulszitat gegeben werden, mit dem Sie sich dann thematisch auseinandersetzen sollen. In beiden Fälle ist besonders darauf zu achten, dass der von Ihnen eingeschlagene Argumentationsgang in sich schlüssig und anschließend auch nachvollziehbar ist. Eine mögliche Aufgabe wäre: „Erörtern Sie, inwiefern Sie den schulischen Literaturunterricht für sinnvoll erachten.“

Beispielaufgabe in FiNALE:
→ S. 83 ff.

Prüfungsaufgabe: Materialgestütztes Schreiben

Ziel dieser in Niedersachsen noch relativ neuen Aufgabenart ist es, auf der Grundlage verschiedener Materialien einen **informierenden** oder **argumentierenden** Text zu verfassen. Einen Überblick über die eventuell von Ihnen zu verfassenden Textsorten erhalten Sie auf Seite 187 dieses Buches. Argumentierende Texte sind z. B. eine Rezension oder ein Kommentar. Ein Lexikonartikel oder ein Beitrag für ein Programmheft wären dagegen primär informierende Texte. Im Gegensatz zum textbezogenen Schreiben erhalten Sie für Ihren materialgestützten Text deutlich mehr Texte, denen Sie relevante Informationen im Hinblick auf das zu realisierende Schreibziel entnehmen müssen. Während bei der Analyse und Interpretation einzelner Texte (textbezogenes Schreiben) eine inhaltlich, sprachlich und formal sehr genaue und tiefgründige Bearbeitung mit sehr klarem Bezug zum Text (Arbeit mit Textbelegen und Zitaten) von Ihnen erwartet wird, geht es beim Umgang mit den zahlreichen Texten beim materialgestützten Schreiben vor allem darum, relevante Informationen für das eigene Schreibziel im Kontext zu erfassen, mit eigenen Kenntnissen zu verknüpfen und im Hinblick auf den zu verfassenden Text sinnvoll zu strukturieren.

Beim **Verfassen eines informierenden Textes** lautet Ihr Ziel, das Lesepublikum einer bestimmten Adressat(inn)engruppe (Aufgabenstellung und/oder Kommunikationssituation berücksichtigen!) über einen Sachverhalt genau zu informieren. Es ist Ihre Aufgabe, dem Materialpool die wesentlichen Aussagen zu dem vorgegebenen Thema zu entnehmen, mit eigenen Worten darzustellen und so zu erklären, dass sie nachvollziehbar und verständlich sind. Dabei wird in der Regel auf Textbelege verzichtet. Zitate werden nur dann eingesetzt, wenn sie eine besondere Aussagekraft haben. Beim Verfassen Ihres Textes müssen Sie alle vorgegebenen Materialien (direkt oder indirekt) verwenden.

Beim **Verfassen eines argumentierenden Textes** sollen Sie zu einem strittigen Thema Position beziehen und das Lesepublikum durch eine kohärente Argumentation überzeugen. Es ist Ihre Aufgabe, den vorgegebenen Materialien nicht nur Informationen zu entnehmen, sondern auch die Position der Autorin / des Autors zu erfassen und auf diese zu reagieren. Im Vordergrund Ihres Textes steht aber Ihre eigene Positionierung zu der Problemfrage, die sie argumentativ und (je nach zu verfassender Textsorte) auch sprachlich-stilistisch geschickt vertreten müssen. Um ihre Position zu stützen, ist es in der Regel erlaubt, aus den Materialien auszuwählen und nur jene Argumente zu nutzen, die Ihrer subjektiven Darstellung zugutekommen.

<u>Beispielaufgabe in FiNALE:</u>
→ S. 94 ff.